知覚・認知心理学

（改訂版）知覚・認知心理学（'23）

装丁デザイン：牧野剛士
本文デザイン：畑中　猛

m-32

まえがき

本書は，文字通り，「知覚」と「認知」の「心理学」を扱った教材である。

「知覚・認知心理学」というタイトルは，本音を言わせてもらうと，違和感を拭いえない。以前より，「知覚心理学」や「認知心理学」という領域や大学の授業は存在した。前者は，視覚，聴覚，体性感覚などの諸感覚の発生やメカニズム，および，色知覚，運動知覚，奥行き知覚，形態知覚，相貌知覚（いわゆる，顔や表情の知覚）やその障害など，を扱っている。後者は，主として，記憶，推論，問題解決，判断・意思決定などを扱う領域として，「知覚心理学」を基盤としつつも，高次な認知過程を射程としていた。

実際，私がこれまで，教材執筆の参考とした主な教材などを挙げると，Sekuler & Blake「Perception」，Wolf *et al.*「Sensation & Perception」（*et al.* とは，「その他」の意味である），大山他「感覚・知覚心理学ハンドブック」などが，「感覚・知覚」領域である。一方，「認知領域」では，Anderson「Cognitive Psychology and Its Implications」，Smith & Kosslyn「Cognitive Psychology」，Eysenck & Keane「Cognitive Psychology」，その他「認知」と名の付く沢山の日本語の教材などとなる。このように，この領域の主な教材では，「Perception & Cognition」というタイトルは，あまり見かけない。また，「認知心理学」の教材の方は，その前半の数章で「知覚」を扱っていることが多いが，「知覚心理学」の教材の方で，記憶などの「認知」を扱っている教材は，ほとんどない。

このように，従来は，「知覚心理学」と「認知心理学」とは，少し重なるけれど，概ね個別の領域であり，大学の授業でも，個別の科目であった（ところが多い)。尤も，私が本務校で行っていた「認知心理学」の授業は，前半の内容は「知覚心理学」，後半の内容はいわゆる「認知心理学」であり，つまりは，その内容は，個々の教員の裁量に任されていた。従って，冒頭で述べた違和感の正体は，名称の問題に過ぎない。

流れが変わったのは，やはり，「公認心理師」の登場であろう。「公認心理師試験設計表（ブループリント)」には，大項目 7「知覚及び認知」，中項目「（1）人の感覚・知覚の機序及び障害」，「（2）人の認知・思考の機序及びその障害」とあり，まさに「知覚・認知心理学」である。この「公認心理師」の登場以来，多くの大学の授業科目は，上記のブループリントに則り，知覚心理学や認知心理学を「知覚・認知心理学」と，内容も含めて，改編した。そして，教員の裁量に任されていた個別領域も，このブループリントを参考とせざるを得なくなった。放送大学の授業科目も，ご多分に漏れず，「認知心理学」から「知覚・認知心理学」へと変更されたのである。

以上が「知覚・認知心理学」といった科目設定の経緯である。以下は，その内容に関する「まえがき」である

※

知覚・認知心理学とは，「知覚・認知」の「心理学」である。この「知覚」と「認知」とを包括するために，私は，「考える」をキーワードとした。「考える」という機能は，意識的だけではなく，無意識的な機能も含む。感覚や知覚の多くは，「無意識的に考える」機能，認知は，主として，「意識的に考える」機能である。そこで，知覚・認知心理学を「考えることの科学」として捉える。私の本意が分かったかな？　詳しい内容は，テキスト読んでいただくとして，知覚・認知心理学とは，人間特有の，あるいは，人間を人間たらしめている基本的能力，「考える」

ことを，いかに「科学」のまな板にのせるか，それを中心に据えた学問である。「考える」ことは，多様な能力の総称なので，その切り口も多様である。本書の目次を見ていただきたい。

本書は,「知覚・認知心理学（'19)」の後継版であり，章立てや内容も，多少，変更されている。第1章から第3章までは，総論に相当する。第4章から第15章は各論である。「知覚・認知心理学（'19)」と大きく変わったのは，第12章「知覚・認知と言語」を新たに設けたことと，第15章「知覚・認知の障害」を別建てにした点である。「言語」に関するトピックスは，放送大学教材「学習・言語心理学」で扱っているのだが，認知と言語は切り離せないと考え，本書では，1つの章を設けた。また「知覚・認知の障害」を別建てにしたのは，個々の章で触れつつも，最後にまとめた方が理解が深まると考えたからである。2つの章が加わったので,「知覚・認知心理学（'19)」では2つの章で解説した「知覚のしくみ」を1つの章にまとめ，また,「クリティカルに考える」を割愛した。興味のある方は,「知覚・認知心理学（'19)」も併せて読まれると，関心領域が広がるかもしれない。

さて，ここまで辛抱強く読んで下さった皆様なら，このテキストを読破する忍耐力はあると信じる。ぜひ読み切って,「考えることの科学」の奥深さを感じてほしいと願って,「まえがき」を終える。「知覚・認知心理学（'19)」と同じ口上でまとめる心苦しさを感じつつ。

2022年10月

石口　彰

目次

1 知覚・認知心理学の概要
―「考える」ことの科学―

石口　彰

《**目標＆ポイント**》 知覚・認知心理学は，広い意味での「考える」ことの科学である。「考える」ことには，意識的に「考える」ことと無意識的に「考える」ことがあるが，日常生活上で「考える」ことの例を挙げ，その事を確認する。「考える」ことがうまく働くためには，何らかの仕組みが必要である。そこで，情報処理システムに触れ，それが，「考える」こととどのように関連するか，理解する。
《**キーワード**》 意識的，無意識的，順問題，逆問題，不良設定問題，情報処理システム，逐次処理，同時処理

1．感覚・知覚・認知

本テキストは，「知覚・認知」心理学に関するものであるが，初めに，知覚と認知の違い，さらには，感覚との違いは何なのか，といった素朴な，しかし答えにくい問いに触れておこう。なお，以下の説明は，誰もが受け入れているわけではないことを，あらかじめ言っておく。

パターン認知を例に挙げると，感覚とは，モノの存在を認識するレベル（「何か音がする」），知覚とは，モノの正体を認識するレベル（「人の声だ」），認知とは，モノの意味を認識するレベル（「アキラさんの笑い声だ」）と言えよう（なお，「認識」という用語は，ここでは専門用語ではなく，「知る」や「わかる」といった一般用語として使用する）。レベルとは，第５節で紹介する情報処理の水準のことである。ただし，これらは明瞭に線引きできるものではなく，図１-１に示すように，互いに

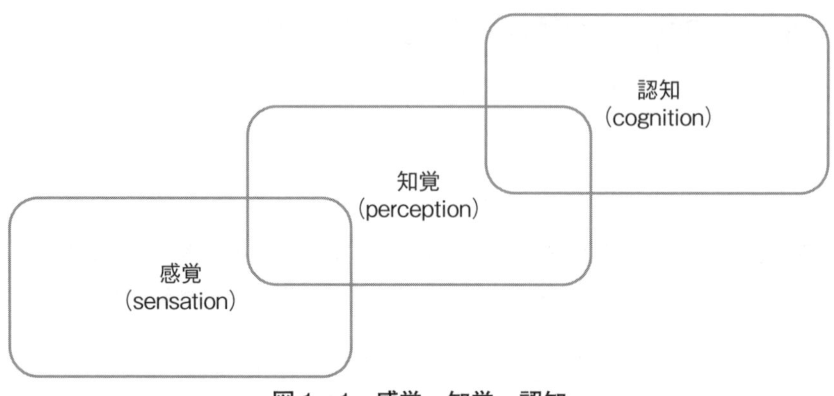

図1－1　感覚・知覚・認知

重なり合っている。また，「認知」は，知識や経験，環境，行動などと深く関わっており，極めて多様な機能を持つ。しかし，無意識的なプロセスに着目すれば，「感覚」や「知覚」も同様である。そこで，本テキストでは，感覚・知覚・認知を，「考える」といった包括的な機能で捉えることとする。

2.「考える」こと

(1) 人間は「考える」存在

人間が，生きることに汲々としていた時代には，「考えることとは？」などということに頭を悩ますことはなかった。生活に余裕ができると，自己の存在に疑問が生じ始め，「人間とは何か」，「人間が他の存在と異なるのは何か」について夢想し始める。古代ギリシャ時代，プラトン (Plato) やアリストテレス (Aristotle) も，心について言及しているが，まだ，「考える」ことが人間の本質であるとは語っていない。しかし，その後，「考える」ことこそが，人間らしいことだと気づき始める。17世紀の哲学者デカルト (Descartes, R) は，「こころと身体は別物である」

という心身2元論で有名であるが，その著書「方法序説」の中で，哲学の第一原理として「われ思う，ゆえに，われあり cogito ergo sum」，すなわち，「考える」ことこそ，人間の本質であると言及している。また，同じく17世紀の哲学者・数学者パスカル（Pascal, B）は，その遺稿集「省察録　パンセ」の中で，「人間は考える葦である」と名言を残している。同じ著書の中で，「人間は明らかに考えるために作られている。それが，彼のすべての尊厳，彼のすべての価値である」（第146項）とも述べている。彼らの言及している「考える」は，それぞれ文脈の中で，いろいろ解釈されているが，それは哲学史に譲るとして，「考える」ことが人間の重要な特性であることには変わりはない。では，「考える」こととは，いったいどのようなことなのか。

（2）日常生活における「考える」こと

日常生活においては，様々な場面で，人間は「考えて」いる。例えば，

①　空が暗くなっている，これから雨が降るかもしれない。
②　沖縄旅行に行きたいけど，どうしたらよいだろうか？
③　昨日の夜，何を食べたかな？
④　Frailty, thy name is woman　この英文の意味は何？
⑤　ガヤガヤしたパーティで，上司が何か話しているが，何を話しているか気になる。
⑥　お店で，何を食べようか迷う。

等々

そのほかにも，いろいろ「考える」ことの事例が思い浮かぶだろう。

さて，これら「考える」ことを科学的に探究するのが，知覚・認知心理学（以下，認知心理学と略す）なのである。そして，上記の例を認知心理学で扱う場合，以下のような，認知心理学を構成する多様な領域が

該当する。①の例は「推論・推測」，②は「問題解決・プランニング」，③は「記憶・想起」，④は「言語理解」，⑤は「選択的注意」，⑥は「判断・意思決定」。

ところで，上記の例はいずれも，「意識的に考える」ことである。「考える」ことはそれだけだろうか。「何を言っているのだ。考えることは意識的でしかありえない。」という反論も予想されるが，意識的に考えることは，「考える」ことの氷山の一角に過ぎないのである。

（3）無意識的に「考える」

図1-2に注目してみよう。2つのテーブルがあるが，天板の形はどのように見えるだろうか。一見，右側の天板の方が細く長く見える。だが実際には，両方の天板は紙面上では同じである。疑うならば，切り抜いて確かめられたい。これはシェパード錯視（Shepard illusion）と呼ばれ，人間は，無意識的に奥行き情報を組み入れて，形の知覚を成立させた結果，物理的な形態とは異なった知覚像を形成しているのである。この場合は，目に映った画像は同じでも，「奥に広がった物は長い」と無意識的に「考えた」のである。この場合，「こう見えるはず」といったような「意図」は関与しない。

言語の例でいえば，“You missed my history lectures” を “You

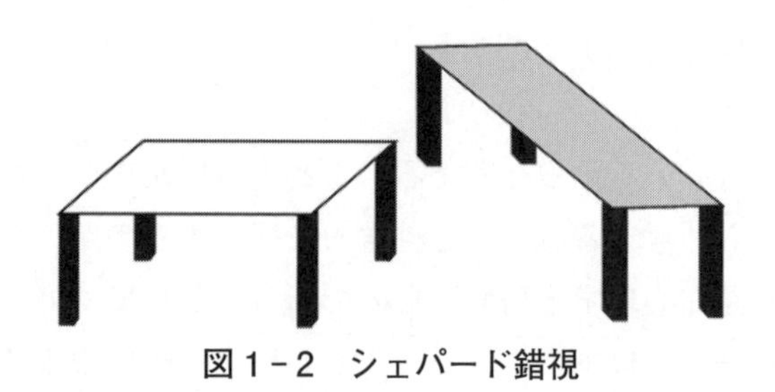

図1-2　シェパード錯視

hissed my mystery lectures”と言ったり（郡司，1984），「たまご」を「たがも」と言ったり。この「言い間違え」は，自分の意図に反した（と思われる），無意識的な言語産出メカニズムが働いた結果といえる。

つまり，「無意識的に考える」とは，脳が「意図」に左右されずに「考える」ことである。

(4)「考える」ことの基本

「考える」ことの基本は，広い意味で，問題を解決することである。「意識的に考える」ことならば，問題を解決することは日常的に行っている。例えば，数学の問題を解く，昨晩何を食べたか自問する，あるいは，現在の空模様から明日の天気を推測するという問題を解くなど，意識的に「考える」ことの基本は，このような問題を意識的に解決することである。一方，「無意識的に考える」場合も同様である。「目の前にいる動物は何か」，偶然会った友人に話しかけるとき「何を話そうか」といった問題を無意識的に設定し，「ねこ！」，「調子はどう？」などの解を無意識的に作り出す。この場合，様々な解を意識的に検討することは，余りない。

問題を意識的・無意識的に解決することの詳細は次節以降で紹介するが，その前に，問題を2種類に分類してみる。それは，「順問題」と「逆問題」という分類である。

いま $ax=b$ という等式を考える。aとxの値が与えられている場合（例えば，$a=2$，$x=3$），bの値を求める問題は**順問題**である。一方，bが与えられて（例えば $b=10$），aやxを求める問題は，**逆問題**である。

上記の式の左辺を原因，右辺を結果と考えれば，順問題は原因から結果を考える問題，逆問題は結果から原因を考える問題といえる。従って，現在の情報を基に，今後のことを予測するのは，順問題を解くことになる。一方，現在の情報を基に，過去の出来事を想起したり，原因を推測したりするのは，逆問題を解くことになる。なお，上記の例で，b＝10が与えられても，aやxは一義的に決められない。つまり，ax＝10を満たすaやxは，それが実数ならば，それを満たす解は無限に存在する（解は不定)。このような逆問題は，特に，**不良設定問題**（ill-posed problem）と呼ばれる。しかし，仮にaが与えられれば，xの値は求まる。以上の点は重要なのであるが，その具体的な話は第3，4節を見てほしい。

3.「意識的に考える」ことの事例と特徴

意識的に考える事例は，日常，たくさんあるし，本テキストの後半では，その事例が多く紹介されている。従って，ここでは，記憶に関する有名な現象を1つだけ紹介しよう。

「昨日の夜，何を食べたっけ？」と自問し，頭を巡らせるとき，これは，まさに，意識的に考えている。つまり，記憶（この場合は想起）は，意識的に考えることの典型例である。

ところで，**フラッシュバルブ**（閃光）**記憶**という現象がある。周囲が薄暗い時，カメラのフラッシュを焚くと，そこには鮮明な画像が写し出される。そのように，過去の記憶でも，自分にとって重要な出来事の記憶は，まるで，フラッシュバルブを焚いて写した写真のように，鮮明で正確，時にはその時の感情までが伴って想起される，といわれている。しかしながら，記憶の研究によれば，人間の記憶というものは，コンピュータのメモリ上の情報とは異なり，かなり，創作的であることがわかっている。

アメリカ合衆国で起きた，9.11事件を覚えているだろうか。ニューヨークの世界貿易センタービルに，乗っ取られた2機のジェット機が激突した事件は，質問を受けたアメリカ人の学生の多くが，鮮明に正確に覚えていると答えている。フラッシュバルブ記憶である。そして，１機目のジェット機が激突した映像を，73％の学生が「見ていた」と証言しているのである（Pezdek, 2003）。実際には，そのような映像は残っていない。残っているのは，２機目のジェット機の激突映像である。彼らの記憶は，意識的に作られたものであろうか。いや，その当時の時間的・空間的，あるいは感情的な文脈を基に，無意識的に再構築された可能性が大きい。

過去の出来事を思い出すというのは，意識的に「考える」ことに含まれる重要な機能の一例であるが，上記の事例には，考えることの特徴が表れている。つまり，意識的に「考える」ことには，無意識的なプロセスも関与している可能性があるということである。なお，記憶に関しては，第7，８章で，詳しく説明する。

4.「無意識的に考える」ことの事例と特徴

先に紹介した錯視現象は，脳が無意識的に考えている事例であった。そこで，より単純な事例を用いて，「無意識的考える」ことの特徴を探ってゆこう。

図１-３をじっくり観察してみよう。これは，単純な楕円形である。しかし，日常場面では，楕円形を目にすることは，数学のテキストに掲載されたり，ホワイトボードに描かれたりするくらいで，その例は少な

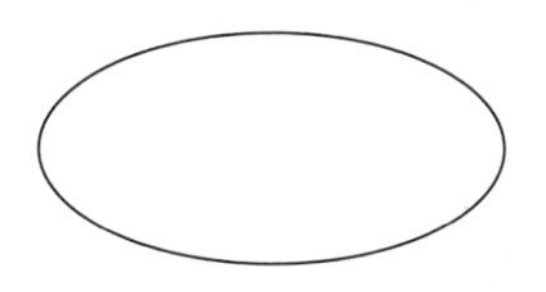

図１-３　楕円形の知覚

い。身の回りに楕円形が少ないからか，2次元画像として描かれた楕円形をじっと見ていると，楕円形ではなく，3次元の円形図形が奥の方に傾いているように見えてくる。その場合，楕円形の上部の曲線は奥に，下部の曲線は手前に見える。これは，なぜなのだろうか。

われわれは3次元の奥行きを持った世界に生きている。そして，2次元網膜画像から3次元知覚世界を脳内で作り出している。さらに，視覚系は，外界のモノやその配置に，安定性や単純性，不変性を求めている（この辺は，何を言っているか解らないかもしれないが，気にすることはない）。勝手な推測だが，それは認知活動に必要とされるエネルギーが少なくて済むからかもしれない。つまり，節約率の原理である。対称性はその特性を備えている。対称性の中でも，円形は，対称軸が無限に存在するという意味で，対称性の極みである。したがって，われわれは，2次元の楕円画像から3次元の円形を抽出する傾向が強い。また，われわれ人間は二足歩行する動物である。地面に沿って歩くから，必然的に，視線はやや下向きになる（水平より下向きの角度を俯角という）。前方にあるマンホールは，実際には円形だが，網膜上では，楕円形に写る。視覚系は，上記の理由から，無意識的に考えて，2次元の楕円形から3次元の円形のマンホールを復元して知覚する。楕円形の長軸と短軸との比から，俯角が算出できるので，ax＝bのxが解けるのである。

そしてマンホールならば，楕円形の上部は奥に，下の部分は手前にあると無意識に考える。しかし，よく考えてみよう。天井にある円形の電灯も，斜め下から見上げれば，眼には楕円形の像を結び，その場合には，楕円形の上部は手前，下部は奥になるはずである。しかし，図1-3を初めて観察した場合には，そのような知覚が生じることは，少ないであろう。それは，先に述べた歩行動作と視線との関係が，脳内に組み込まれているからといえよう。つまり，無意識的に考えることには，広い意味での学習や経験が関与する。

このように，無意識的に考えることでも，感覚や知覚，パターン認知などは，感覚器官に入ってきた信号を基に情報源を推測することであり，これは，先に述べた逆問題を解いていることになる。視覚認知でいえば，網膜上の画像から，外界の事物の形や色を推測することであり，これは，逆問題，それも，不良設定問題を解くことになる。

日常で経験することの例をもう1つ挙げよう。先に「色を推測する」と述べたので，モノの色を知覚することを考える。色知覚は，人間を含めた生体の機能であって，光に色がついているわけではない。モノに光（太陽光や照明光）が当たって，それが反射され，その反射光が目に入り，脳で，それを復元することにより，色知覚が成立する。そこで，そのメカニズムを単純化する意味で，再度，ax＝b を活用する。色知覚では，a は照明光の色成分（正確には照明光スペクトル），x はモノに固有の色成分（反射率スペクトル），b は目に入ってくる光の色成分（入射光スペクトル　図1－4参照）。色知覚では，目に入ってきた光 b を基に，モノの色 x を復元している，つまり，b を基に x を推測しているのである。これが，不良設定問題であることはすぐにわかるであろう。a がわからなければ（通常は，意識的には，わからない），x は一義的に求まらないからである。しかしながら，われわれは，モノの色を一義的に認知している。つまり，無意識的に不良設定問題を解いているのである。太陽光の下でも，オレンジ色や青色を帯びた照明光の部屋でも，赤いバラは赤く感じ，白いチョークは白く感じるのである。

上記の例のように，知覚は無意識的に考えることの顕著な一例であるが，これは，19世紀の物理学者・生理学者で，光の3色説でも有名なヘルムホルツ（von Helmholtz, H）がすでに指摘している。ヘルムホルツは，その著書「生理光学」の中で，「知覚は一種の解釈であり無意識

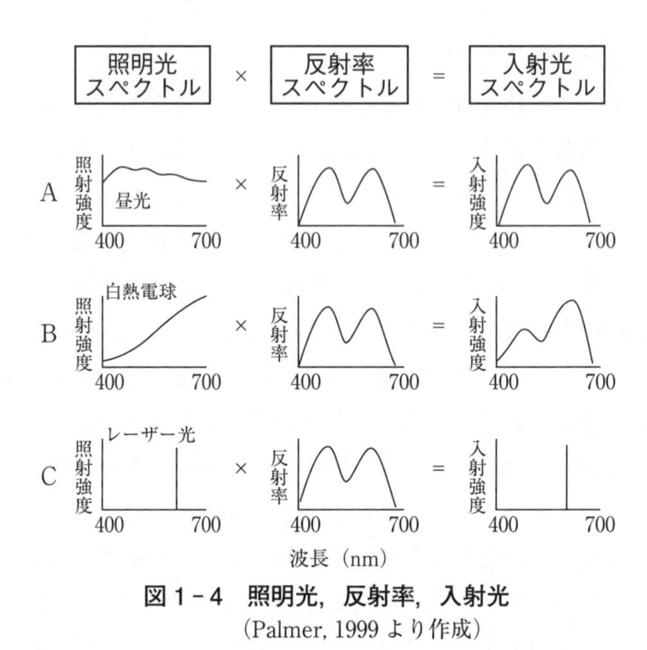

図 1－4　照明光，反射率，入射光
（Palmer, 1999 より作成）

的推論（unconscious inference）の結果である」と述べている。その説明では，無意識的推論には，経験・学習が関与しているという主張であり，イギリス経験主義の色合いが強いが，学習をより広い意味でとらえ，進化の過程で獲得された特性も含むと考える方が適切ではないだろうか。

5.「考える」ことの基本システム―情報処理システム―

これまでは，人間の特色である「考える」という機能に関して説明し，認知心理学とは，「考えることの科学」であると述べてきた。この節では，このような機能を可能にする基本構造（アーキテクチャ），について，説明しよう。ここでのキーワードは，**情報処理システム**である。

「考える」ことに関して「情報」の概念は重要である。考えることの対象が何であるか，そしてそれをどのように扱うかの方法論に関わるからである。認知心理学で扱う「情報」とは，心の働きに変化を与えるものの総称であり，「情報」を特定することで，「考える」ことの対象が明確になる。

「情報」が科学として注目されたのは，20世紀も四半世紀を過ぎたあたり，イギリスの数学者チューリング（Turing, A. M.）の提唱したチューリングマシンが1つのきっかけであろう。それは，情報の**表現**（representation，基本的には，記号表現），情報の受け手の**内部状態**，および**操作**（operation）をモデル化した，汎用の「情報処理モデル」である。詳細は他書に譲るとして，肝心なのは，「考える」ことを理解するためには，幽霊のような形のない「情報」を，心の内部で，何らかの表現として捉え，それを操作することで，心の内部状態が変化する，という視点を有することにある。

（1）システム

ところで，情報処理システムの話に入る前に，そもそも，**システム**（system）とは何かについて，簡単に触れておこう。システムとは，系統，体系，組織，制度をあらわし，その反対語はカオス（chaos 混沌）と呼ばれる。システムは，種々の異なった多数の要素が，①ある所期の目的を達成するために，②相互に関連しあい，③集合体として統一された機能を果たすもの，と考えられる（石井ら，1984）。システムは，我々の身の回りに数多く存在する。例えば，教育システムや経済システムといった大きなシステムから，家事分担システムのような身近なシステムなどである。大きなシステムは，その下に，下位のシステム（サブシステム）を持ち，またその下にさらにサブシステムを持つといった，階層構造を有している場合が多い。例えば，教育システムの下には，学校システムがあり，その下には，大学システム，大学事務システム，……といった具合である。情報処理システムもその1つである。なお，サブシステムが装置，機器の一部分であり，とりはずし可能で，独立な場合，**モジュール**（module）と呼ばれる場合もある。

さて，「情報処理システム」というと，何を思い浮かべるだろうか。多分，「コンピュータ」であろう。それは，正しいが，コンピュータも，「情報処理システム」の1つにすぎないことに注意すべきである。

（2）情報処理システムの構成

コンピュータに代表される「情報処理システム」は，基本的には，入力・処理・出力といったサブシステムを有する。すなわち，一般に**情報処理システム**は，情報を収集し（入力サブシステム），内部表現を作り出し，加工・分析・記録し，新たな情報を作りだし（処理サブシステム），伝達・動作する（出力サブシステム）といったサブシステムからなる基本構造（アーキテクチャ）を有する。コンピュータでは，ハードウェア（物理的機構）と基本ソフトウェア（論理的機構）に，応用ソフトウェアが組み込まれて，情報処理システムが構成される。

情報処理システムでは，**符号化**（encoding）と**復号化**（decoding）という概念が重要である。符号化は，ある情報／信号／表現Aを一定の規則の下で別の情報／信号／表現αに変換することであり，復号化は，αからAへ変換することである。符号化や復号化は，本来は通信システムで使用された概念である。例えば，光ファイバ通信システムでは，情報源の画像を光信号に符号化し，その信号を他所に伝達し，受け手で光信号から画像へ復号化して情報を復元する。

コンピュータのような情報処理システムも，入力システムや処理システムにおいて，情報の符号化，復号化が行われる。入力システムには，キーボードやマウス，タッチセンサー，カメラなどがあり，そこで，電気信号への符号化が行われる。その信号がCPUで処理され，内部表現を作り出し（復号化），記憶システムとの間で照合が行われ，情報として認識される。そして，それらは，ディスプレイやスピーカーを通して，画像情報や音声情報として出力される。

この基本的な特徴は，通信システムやコンピュータだけでなく，人間にも当てはまる。つまり，人間もまた，入力・処理（理解）・出力システムを備えた情報処理システムといえる（これを，認知の**情報処理アプローチ**と呼ぶ場合もある）。例えば，道で友人に出会ったとしよう。友人の姿や声は，光信号や音声信号となり（符号化），目や耳といった感覚器官を通して入力され（そこで，神経系を伝播する電気信号に変換される：再符号化），脳の中で，脳内表現が形成される（復号化）。そして，それが既存の知識と照合され，「友人である」と認知される（図1－5）。あとは，ハグする（動作出力）か「やあ」といった挨拶する（音声出力）か，である。

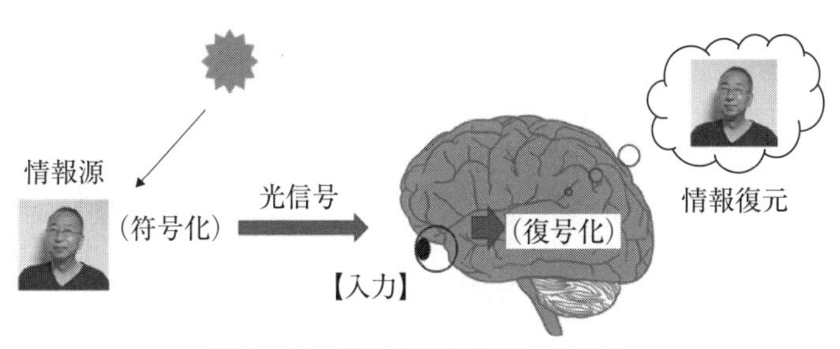

図1－5　脳と情報処理システム

（3）情報処理の様式

情報処理は，いくつかの様式に分けられる（図1－6参照。個々の四角枠は処理レベルを表す）。

逐次処理（sequential processing）とは，1つ前の処理の出力（結果）に対して次の処理が進む，文字通り逐次的に処理が行われる様式である。直列処理ともいう。通常の対話における処理をイメージすればよいだろう。

同時処理（simultaneous processing）とは，1つの入力に対して，同時に複数の処理が行われる様式である。並列処理ともいう。人の網膜における光情報処理は並列処理といわれている（第4章参照）。

これら2つの様式を組み合わせたものが混合型処理（combined processing）である。ある水準では並列処理が行われ，その出力が次の水準に送られ，そこでさらに並列処理が行われる。図1－1に示した感覚・知覚・認知の関係は，この混合型の処理様式が想定される。

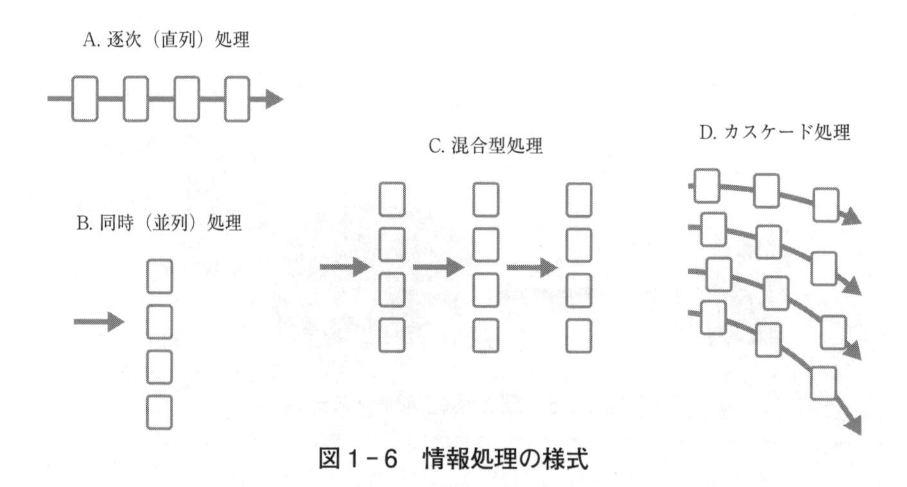

図1－6　情報処理の様式

カスケード処理（cascade processing）とは，複雑な問題に直面した時の情報処理で，複数のほぼ独立した逐次処理（あるいは混合型の処理）が同時に遂行される（枝垂れ処理と言いたいが，正式名称ではない）。人は複数の認知課題を同時に行うことが多い。授業で先生の話を聴き，あるいは，黒板の文字を見ながら，ノートをとる。この時，視覚や聴覚，言語処理，動作といった複数の処理が同時に行われなくてはならない。

（4）情報処理アプローチの有用性

情報処理アプローチとは，人間を情報処理システムとしてとらえることであるが，そのことによって，他の情報処理システムとの対比が可能となり，人間の認知の特性が理解できる。

例えば，コンピュータの情報処理は，基本的には命令を1つずつ処理する逐次処理であるが，人間の情報処理システムは，例えば，視覚は目の前の画像を，一度に処理しているようにも考えられる。また人間では，コンピュータと違って，ハードウェアとソフトウェアとが渾然一体となっているが，これは，進んだ情報処理システムの姿といえるのかもしれない。最近の人工知能 AI では，コンピュータ自ら学習し，プログラマー自身が AI の振る舞いを理解できないといった事態が生じている。

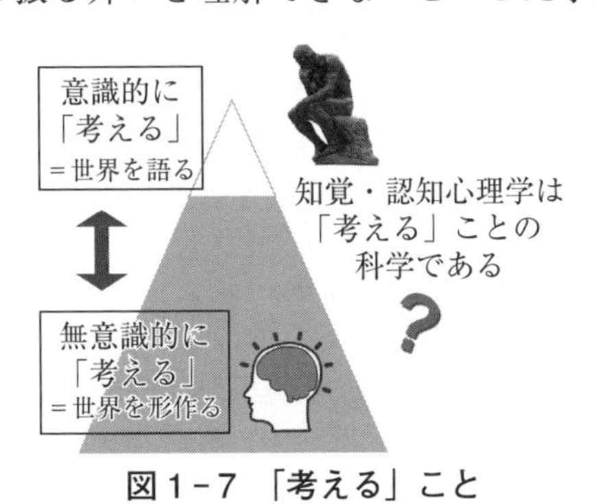

図1-7　「考える」こと

これは，まさに，人間が「考える」ことの背後で，いったい何が生じているのか理解できていない現状を鏡映しているともいえる。

今回は，「考える」ことが知覚・認知心理学の対象であることを紹介した。「考える」ことでは，意識的に「考える」ことと無意識的に「考える」こととが，相互に協力しながら働いている。別な言い方をすれば，無意識的に「考える」こととは，自分を含む世界を形作る機能であり，意識的に「考える」こととは，その世界を語る機能ともいえよう（図1－7）。

学習課題

課題1　順問題，逆問題，不良設定問題を説明しなさい。

課題2　「無意識的に考える」とはどういうことか，本書の枠組みで具体的に説明しなさい。

課題3　「情報処理システム」を説明しなさい。

課題4　情報処理の様式と人間の知覚認知機能との関連を説明しなさい。

学習課題のポイント

課題1　ax＝b などの，簡単な数式を例にして，何を基に何を求めるのが順問題であり逆問題なのか，また，どの様な場合に，不良設定問題となるのかを併せて説明する。さらに，原因，結果，推測といった用語も用いると，さらに良い解答となる。

課題2　「無意識的に考える」とは，意図が関与せずに，脳が勝手に考えることである。その観点から，感覚，知覚，言語，記憶などの諸現象から，事例を取り上げればよい。

課題3　「情報処理システム」の基本構成：「入力」，「処理」，「出力」を説明し，加えて，「符号化」，「復号化」を，例を挙げて説明する。さらに，人間も情報処理システムであることを具体的に示す。

課題４　逐次処理，同時処理，混合型，カスケード処理の概要を説明するとともに，それぞれに当てはまる知覚認知機能を，具体的に記述する。ただし，カスケード処理に関しては，エビデンスが多く知られているわけではないので，「自分はこうだと思う」くらいの口調で良い。

参考文献

Anderson, J. R. (2020) *Cognitive Psychology and Its Implications. 9th edition.* New York：WORTH

★認知心理学の第一人者のテキスト。第一版は，日本語訳あり。

Eysenck, M. W. & Keane, M. T. (2020) *Cognitive Psychology. A Student's Handbook. 8th edition* Psychology Press.

★最新の研究が網羅されている，分厚いテキスト。英語版なので，リキのある人には，おすすめ。

箱田　他（2010）『認知心理学』有斐閣

★認知心理学の全体像を日本語で理解した人には役に立つ。ただし，章によっては，読みづらいところあり。

パスカル，B（著）前田陽一，由木康（訳）（1973）『パンセ』中公文庫

★知ってはいても，読んだことはないだろう。認知心理学の観点から読むと，新しい発見があるかもしれない。

2 知覚・認知の神経的基盤
—脳が考える—

石口　彰

《目標＆ポイント》「考える」ことは，脳で行われている。それを前提とし，「考える」ことを担うハードウェアとしての神経的基盤を学ぶ。まず神経系の構造とその特性，信号の発生と伝播，さらに，シナプスにおける信号の調整作用を理解することが第一の目標。さらに，神経系の集合体として，脳，特に，大脳皮質の構造と機能とを理解することが，第二の目標となる。
《キーワード》 神経，活動電位，シナプス，大脳皮質，ブロードマンの脳地図

第1章では，知覚・認知心理学を「考えることの科学」と捉えると説明した。第2章では，人間に代表される生体にとって「考える」ことの物理的・生理的な担い手である，脳・神経系（brain & nervous system）について解説する。

1．情報の伝達

人は，目の前の世界を，自分とは独立に存在すると考える。確かに，物理的には，独立に存在することに間違いはない。しかし，目の前に見える世界，聞こえる世界，つまり，知覚像は，実は，その人の脳が作り出していることに気づいていない場合が多い。しかし，目を開けたままで瞼の上から目玉を押してみよう。世界は歪むし，目も回る。目の前の物理的世界は歪むはずはないのに。そこで，知覚像は，眼球から繋がる脳が作り出していることに，少しは納得する。

目の前の世界の知覚像が脳内で作り出されているにしても，その仕組

みはどうなっているだろうか。それを理解するためには，例えば，視覚に関して，外部の情報源から，入力器としての眼を通して，どのように信号が伝わり，どのように外部の情報が復元されているのかを理解する必要があるだろう。

テレビを見ていると，ライブ映像などが映し出される。その仕組みは，対象（情報源）からの光信号（反射光など）を映写機でとらえ，それを電気信号に変換（符号化）して伝達し，受像機側（テレビ）で電気信号から映像（情報）を復元することになる（途中に介在する中継プロセスは割愛する)。人間の情報処理システムも，同様に考えることができる。眼に入った光信号は，生体電気信号に変換・加工され，脳で，復元される。その信号を伝達し，加工する担い手が，神経系なのである。つまり，眼に入った映像がそのままの形で脳に伝えられるわけではない。図２-１は，のこのこ歩いてきた猫を抱き上げるまでの，視覚情報処理と動作の一連のプロセスを図式化したものである。

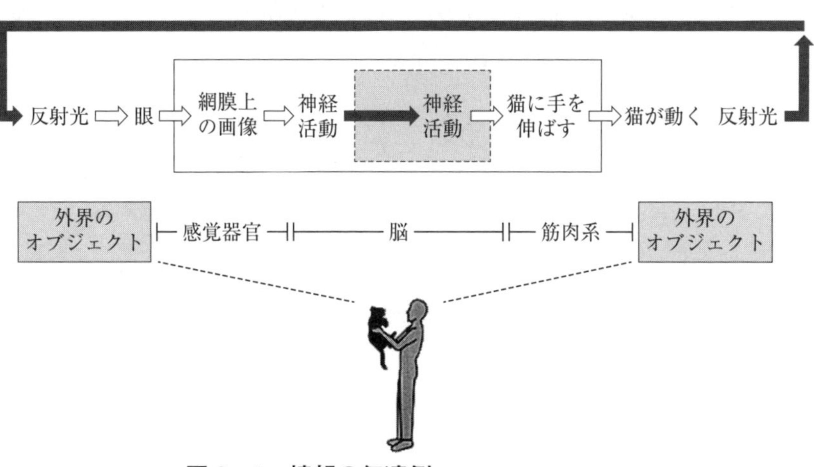

図２-１　情報の伝達例
(Sekuler & Blake, 1993 より作成)

2. 神経系の構造

人間の知覚系は，センサーとしての感覚器（眼球や耳，皮膚など）が外部信号を受け取り，その場で，それを電気信号に変換する。その電気信号は，**神経細胞**（ニューロン neuron）を通じて脳に運ばれる。単一の神経で信号が脳に運ばれるのではなく，他の神経が介在することで，いろいろな処理が施されながら，信号が脳に運ばれる。複数の神経が協同して仕事をする，すなわち，システム（系）として働くので，神経系と呼ばれる。神経系には，大きく分けると，**中枢神経系**と末梢神経系とがある。末梢神経系はさらに体性神経系と自律神経系とがある。

個々の神経は，様々な形態をしているが，図2－2はその代表的なものである。球根のような部分が神経の本体である**細胞体**（cell body），そこから根っこのように何本も伸びているのが**樹状突起**（dendrite），細胞体から長い茎のように伸びているのが**軸索**（axon）である。軸索は末端付近で分岐し，他の神経の，主として樹状突起と，接触している。

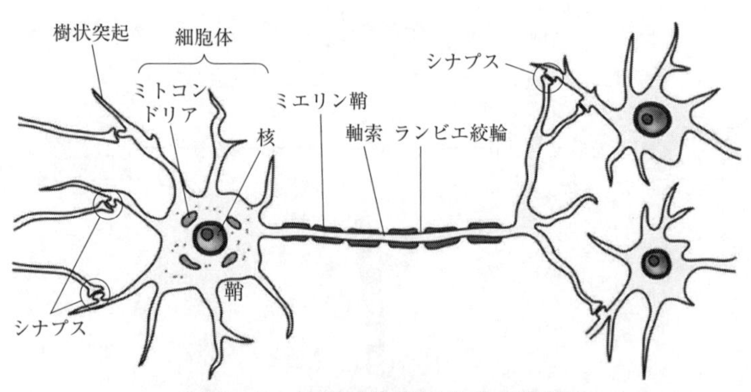

図2－2　神経の代表例とその連結
（真鍋ら，2013）

この接触部分は**シナプス**（synapse）と呼ばれ，信号伝達で重要な役割を演じている。神経系における信号伝達の基本は，樹状突起で他の神経から信号を受け取り，細胞体でそれらをまとめ上げ，軸索を通して，その信号を他の神経に伝えることである。この信号は，先に述べたように，電気信号なので，この電気信号について説明しよう。

3. 活動電位の発生と伝達・伝導

モールス信号（符号）は，聞いたことがあるだろう。俗にトン・ツーパターンと呼ばれ，言語情報（アルファベットや数字など）を短点（・：トン）と長点（―：ツー）の組み合わせで表現したものである。ちなみに，“SOS”は，「・・・―――・・・：トントントンツーツーツートントントン」である。言語情報がモールス信号に変換（符号化）され，続いてそれが電波や音波などで伝達され，その信号を受け手が，解読表を基に，言語情報に復元（復号化）する。つまり，情報の伝達法の一種である。このことを，頭の片隅に入れて置いてほしい。

1つの神経細胞で電気信号が発生し，それを他の神経細胞に伝達する仕組みは，活動電位とシナプスがキーワードとなる。

(1) 活動電位

神経細胞は，細胞膜によって覆われているが，細胞膜内外での電解質（イオン：Na^{+}，K^{+}，Cl^{-}など）の分布により，定常的には，細胞膜の内側の方が外側と比較して約-70mvの電位差（分極状態にあるという）を持つ。これを**静止膜電位**という。そこに刺激が与えられると，一時的に細胞膜内外の電位差が逆転して（大まかにいえば，Na^{+}の流入が原因），細胞膜の内側の方がプラスの電位になり，そして瞬時に元に戻る（Na^{+}の流入が止まりK^{+}が細胞膜の内側から流出）。これが，**活動電位**

(action potential) と呼ばれるものである (図2-3)。図からわかるように，活動電位の発生は，分極状態→脱分極状態→過分極状態→分極状態と進む。なお，活動電位の発生を，発火と称することが多い。プロセスの詳細は，章末の参考文献を読まれたい。

活動電位は，大きさが一定の電位であり，発生するか否か，つまり，1か0かのデジタル的性質を有する。刺激強度に応じて連続的にその大きさが変化するようなアナログ的なものではない。活動電位の持続時間は約2ミリ秒である。

自然な状態では，神経細胞における活動電位の発生場所は軸索の付け根部分（**軸索小丘**）である。この活動電位は，上記のように，Na^+やK^+の流入・流出が主たる要因であり，それが波のように，軸索内部に広がり，基本的には，軸索の先端の方に伝わっていく。これを特に**伝導** (conduction) という。例えて言うならば，ロープの一端を持って，それを上下にゆすると，上下の振動が波のようにロープの他端に伝わるようなものである。なお，活動電位の発生には，エネルギーが消費される。

中枢神経系における神経細胞の軸索は**ミエリン鞘** (myelin sheath 髄

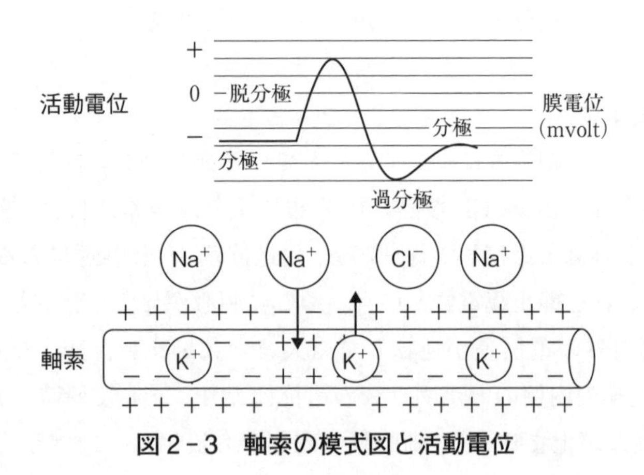

図2-3　軸索の模式図と活動電位

鞘）という，いわば絶縁体に覆われ（図２－２参照），この部分では軸索の本体は細胞外と直接には接触していないので，細胞内外でのイオン流入・流出はなく，活動電位は発生しない。しかし，一定間隔でその鞘が切れている部分（ランビエ絞輪 Ranvier node）があり，この部分では，活動電位が発生する。すなわち，活動電位は軸索上では連続的に発生するのではなく，一定間隔（ミエリン鞘の切れ間）ごとに発生する。これを**跳躍伝導**という。跳躍伝導のおかげで，活動電位の伝達速度が上がるし，エネルギーの消費も抑えられる。単純な信号を伝えるのには，飛脚を使うよりも，狼煙を使った方が早いし疲れないのと同じである。生体は，なんと精巧な装置を作ったものか。なお，ミエリン鞘の内側では，電位変化はイオンの移動として伝播される。そこで，活動電位の発生を伴う伝導を**能動的伝導**，発生を伴わない伝導を**受動的伝導**という。受動的伝導だけで信号を伝えればよいではないか，という疑問が生じるかもしれないが，受動的伝導は，距離に応じて，信号が減弱してしまう。従って，ところどころで，増幅（つまりは，能動的伝導）が必要なのである。

活動電位は，第３章で説明する微小電極法で測定できる。図２－４は，刺激を提示した時の，ある神経の活動電位を測定したものである。縦線で示したのが，１回の活動電位を表す。この測定でいえることは，弱い刺激（薄暗いとか，音が小さいとか）に対する活動電位の生起状態と強い刺激に対する生起状態は，その頻度が異なるという点である。このパターンを見ると，何だか，モールス信号に似ているが，少し違う。モールス信号では，トンとツーの２種類の信号の組み合わせからなるが，活動電位の場合には，いわば，トンだけである。では，どのようにして，活動電位のパターンから，外部の情報を復元できるのであろうか。

図２－４で説明したように，弱い刺激には活動電位の発生頻度は少なく，強い刺激には発生頻度が多い。つまり，活動電位の頻度は，その神

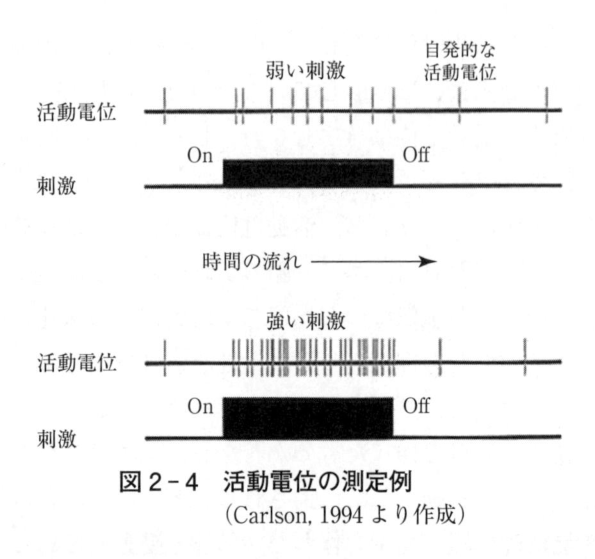

図 2-4　活動電位の測定例
（Carlson, 1994 より作成）

経が担う刺激の強度を表現（符号化）している。「その神経が担う刺激」とはどういう意味かと疑問に思うかもしれない。この点は，完全には解明されていないのだが，例えば，脳内のある部位の神経 A は人間の顔の検出を担う細胞であり，神経 B は自動車の検出を担う細胞とする。人間の顔に類似した顔（強い刺激）には，A は高頻度で発火し，馬の顔（弱い刺激）には，発火頻度が少ないことになる。B はいずれの刺激（無関連刺激）にも，ほとんど発火しない。すなわち，外部の情報を復元するには，脳のどの部位にある，どの神経細胞が，どれだけの頻度で発火するかが，重要な要因となっているようである。このほかに，複数の神経細胞の中で，どの神経細胞がどのタイミングで発火するかといった，神経細胞を単一ではなく集合としてとらえる点や時間的同期性といった点も，情報復元の鍵となると考えられている。詳細は，章末の参考文献を参照されたい。

（2）神経ネットワーク

ここまでの説明で，単一の神経細胞とその機能は理解されたかもしれないが，神経は単独で働くものではなく，情報が伝達されるためには，多数の神経がネットワークとして繋がることが必要である。先の図2-2はネットワークとしての神経細胞の繋がりをも示しており，図2-5はそれを図式化したものである。円は細胞体，矢線は軸索に相当する。このように，1つの神経には多数の神経から信号が入力され，さらに，それ自身から他の多数の神経に出力している。これが神経ネットワークの特性である。最近の研究では，脳には約860億個の神経細胞があり，1つの神経細胞は，近隣の約10,000個もの神経細胞と結びついているらしい。

1つの神経細胞が他の神経細胞と結びついている部分がシナプスである。この部分が，脳の情報処理，つまり，機能上極めて重要な役割を担っている。

（3）シナプス

神経ネットワークは，文字通り網の目状に構成されているのであるが，個々の神経が，虫取り網のように，隙間なく繋がっているのか，そ

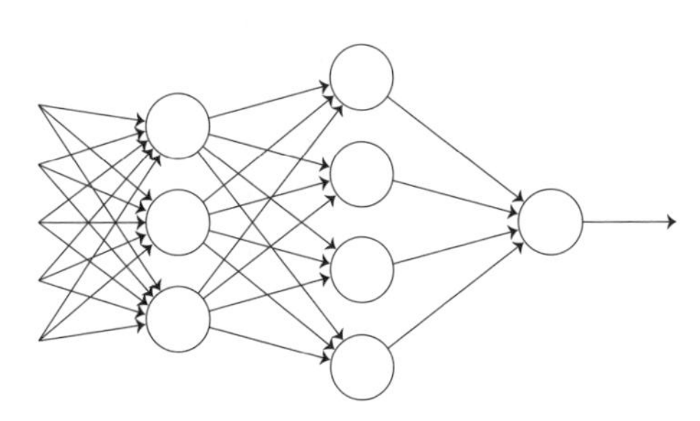

図2-5　神経ネットワークの模式図

れとも，神経と神経の間には間隙が存在するのか，20世紀の前半に論争が繰り広げられた。前者はゴルジ，後者はカハールという，ともにノーベル賞を受賞した研究者が代表的な主張者なのだが，結論を言うと，基本的には後者が正しい。神経ネットワークといえども，神経間には間隙が存在する。その部分を**シナプス**（synapse），あるいはシナプス間隙という。この部分で，重要な信号伝達が行われる（図2-6）。

軸索の末端に伝えられた電気信号（活動電位）によって，神経細胞間の間隙，つまりシナプス部分で，多くの場合，送り手の神経細胞（シナプス前細胞）から**神経伝達物質**（neurotransmitter）が放出される。それが，受け手の神経細胞（シナプス後細胞）の細胞膜にある受容器に取り込まれると，その細胞膜の電気的性質（**シナプス後電位** post-synaptic potential）が変わる。シナプス後細胞内に主として Na^+ が流入し，活動電位が発生しやすくなる状態（興奮性シナプス後電位 EPSP）と，逆に，細胞外へ K^+ が流出したり，細胞内へ塩素イオン Cl^- が流入したりで，活動電位が発生しにくくなる状態（抑制性シナプス後電位 IPSP）とがある。

神経伝達物質には，アセチルコリンやドーパミン，ノルアドレナリン，

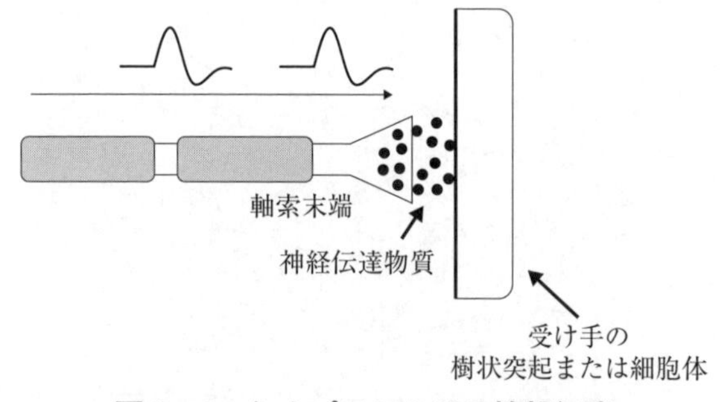

図2-6　シナプスにおける情報伝達

セロトニン，グルタミン酸やGABA（γアミノ酪酸）のほか，多数の化学物質が知られているが，これらは人間の様々な行動や生命維持に必要不可欠なものである。神経伝達物質の生成や受容器での取り込みが阻害されると，あるいは，過度に促進されると，様々な障害が生じる。例えば，食中毒の一種であるボツリヌス菌の毒素は，アセチルコリンの放出を阻害するが，その結果，筋肉系の障害を引き起こし，呼吸困難に陥る場合がある。

「考える」ことの神経的基盤は，まさに，このシナプスでの情報伝達にあるといっても過言ではない。外界からの各種信号が，感覚器で活動電位という電気信号に変換されるが，それは，多数の神経細胞を経由して，脳内のしかるべきところに到達する。個々の神経細胞間には，関所のようなシナプスが存在し，何らかの方法で神経伝達物質の放出を調節して，促進や抑制など信号のやり取りを調整している。ある信号が以前

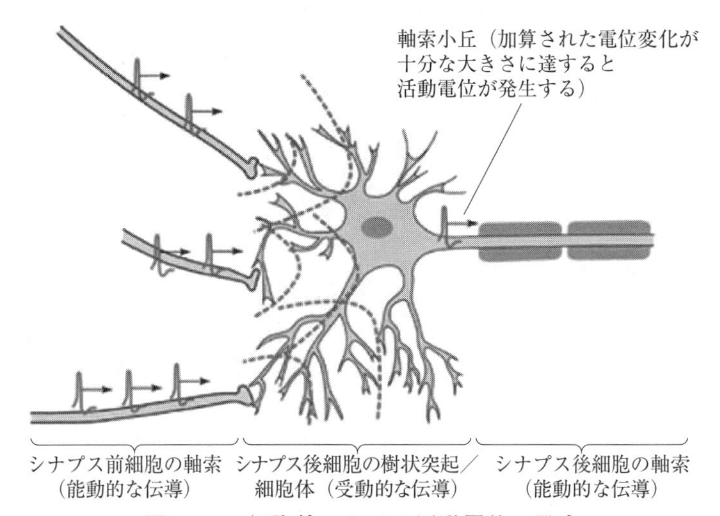

図2－7　細胞体における活動電位の発生
（Ward, 2020より作成）

より通りやすく，あるいは通りにくくなれば，特定の部位で活動電位が変化し，それは，記憶や学習の成立を意味するのかもしれない。ある信号に対して，以前にも増して脳が活性化（あるいは，不活性化）すれば，それは，脳がその信号を「覚えている」ことになると考えればよい。

シナプス部分での神経伝達物質のやり取りで，受け手側の細胞膜の電気特性が変化するが，この場所（多くは，樹状突起部分）では，活動電位は発生しない。図２-７のように，１つの神経細胞は多数の神経細胞からそれぞれのシナプスで信号を受け取り，電位変化が生じる。それらが加算されて，ある閾値を超えると，その神経細胞は，**軸索小丘**の部分で活動電位を発生し，軸索を通して，次の神経へ信号を送る。もし抑制性の信号を多く受け取ったら，活動電位が発生しにくいことになる。先に示した図２-４を見てもわかるように，神経細胞は，明確な刺激が無くても，ときどき，自発的に活動電位を発生する。抑制が嵩むと，それさえも抑えられる。いつも煩い子が急に黙ってしまったら，周りは心配するだろう。つまりその子は，何等かの信号を発生していることになる。それと同様に，抑制性の信号を受け取って，急に発火率が抑えられたら，それもまた信号なのである。抑制というのは，実は，いろいろなレベルで人間活動には欠かせない機序である。

4．脳の構造と機能

「考える」ことのハードウェア的な基盤が，コンピュータでは電子回路であるように，人間を含む動物では，神経細胞やそのネットワークであるという点に，本書は，立脚している（つまり，「心臓」が考えるわけではない，という立場)。神経細胞及び神経ネットワークを使った情報処理の中枢が，脳である。そこで，この節では，脳の解剖学的特徴と機能を説明する。

人間の脳は，全体重の約2%を占めるに過ぎないが，酸素消費量は全身の消費量の約20%，エネルギー源であるグルコースの消費量は全身の消費量の約25%にも達する（長田，2017）。また，人間は脳神経の10%しか使用していないという話が流布されているが，この一種の神話は，脳を構成する細胞の約10%が神経細胞であり，残りの90%はグリア細胞である，ということに起因しているらしい。しかし，この比率も，最近は疑われているようだ（Ward, 2020）。

頭蓋を取り除いて，上から見ると，脳は左右に分かれている。**左脳**（左半球）と**右脳**（右半球）である（図2－8）。解剖学的には類似しているが，機能的には異なる部分が多い。これを，**ラテラリティ**（laterality，大脳半球機能差）という。例えば，左脳は言語処理に優れ，右脳は空間処理に優れるといった違いである。図でもわかるように，脳の表面は襞になっており，表層部分が内側に折り畳まれている。この襞構造によって，実際の表面積を大きくしているのである。

脳の水平断面の一例が図2－9である。これは第3章で紹介するMRI

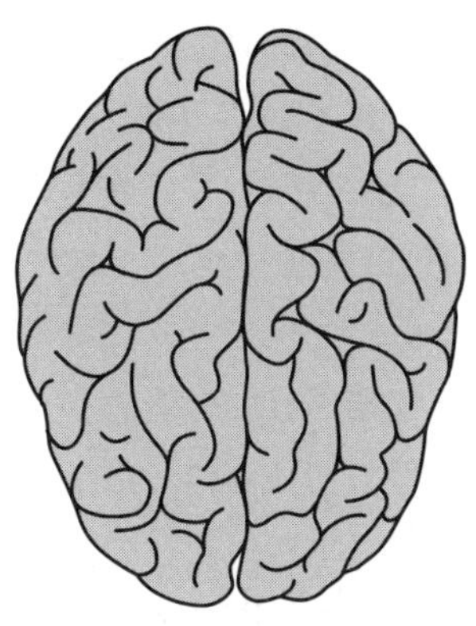

図2－8　左脳と右脳

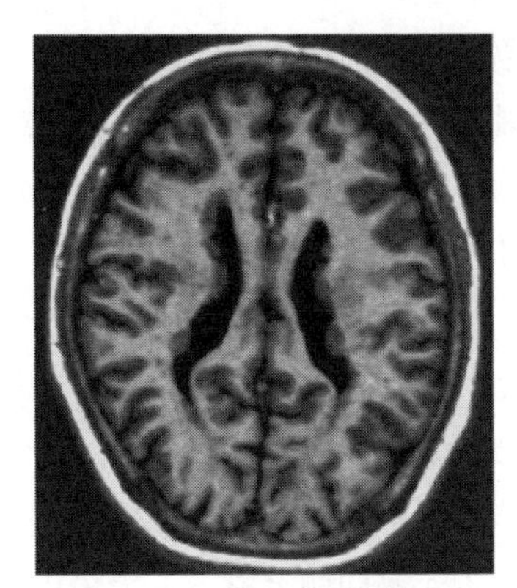

図2－9　脳の水平断面図
（MRI画像）

画像であり，頭蓋も写し出されている。神経細胞は細胞体と軸索とで見えの明るさが異なり（細胞体の方が暗い），そのことから細胞体は灰白質，軸索は白質と呼ばれる。図 2－9 では，脳の内部は神経細胞で詰まっており，表面部分は細胞体，内側に軸索が集積している様子が伺える。ただし，大脳皮質は厚さ 3mm 程であり，この図では，皮質下も写し出されていることに注意してほしい。なお，この図でも，表層部分が内側に括れこんでいるのがわかる。

脳を側面から見てみよう。脳は，玉ねぎのように，内側から外側に向けて，層状の構造になっており，これは，進化の過程で構築されたものである。そして，内側から外側に行くにつれて，人間特有の機能，つまり「考える」ことを司る領域が広がるようになっている。一番外側が，前述したように厚さ約 3mm の**大脳皮質**（cerebral cortex）である。大脳皮質は，図 2－10A のように大きく分けて，**前頭葉**，**頭頂葉**，**後頭葉**，**側頭葉**からなる。これらはいずれも，情報処理の担い手である神経細胞と，それらを支え，養分補給や脳内の掃除などを司るグリア細胞からなる。

大脳皮質を細胞構築学の観点から分類したものとして，**ブロードマンの脳地図**（Brodmann's areas：BA）が知られている（図 2－10A, B）。これは，細胞の密集度や形状などの細胞構造が類似しているものを一塊として，区分けしたものである。1 番から 52 番までラベル付けされており，例えば，BA17 という表記は，ブロードマン 17 野のことであり，後頭葉の視覚第一皮質（一次視覚野）として知られている。

脳の機能，つまり，どのような情報を処理しているのかは，どこにある神経細胞が，どのタイミングで，どの程度（毎秒何回）の活動電位を発生するかが問題となる。この中で，「どこにある神経細胞」が，という問題は，第 3 章で解説する脳神経生理学的方法や脳損傷を扱った神経

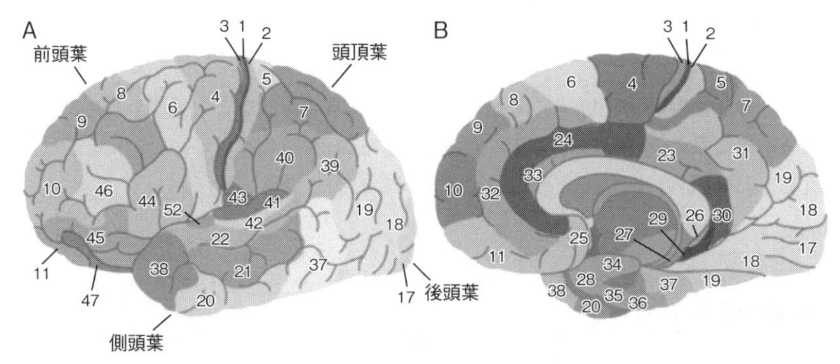

図2－10　ブロードマンの脳地図（A：外側表面，B：内側表面）
（Ward, 2020 より作成）

心理学的方法によって，検討されてきた。例えば，頭頂葉の中でも，前頭葉と接している体性感覚野（図2－10：3, 1, 2）と呼ばれる領域を構成する各神経群は，体表面の各部位からの接触信号を受け取る（体部位局在 somatotopic organization）。ただし，その受け取る神経群の規模は，体性感覚の識別力（触覚2点閾で測定）がよいほど大きい。

このほかにも，視覚や聴覚といった知覚機能（後頭葉，側頭葉，頭頂葉），言語機能（側頭葉や前頭葉など），記憶機能（側頭葉内側部など），運動機能（前頭葉など），意思決定機能（前頭葉など）など，「考える」ことに関与する主要な脳部位は多く提唱されている。しかし，これらを独立した脳部位と考えるのではなく，それぞれが協調して「考える」機能を果たしていると捉えるのが正しい。言語機能を例として挙げると，だれかと話をするには，聴覚，言語理解，言語産出，動作，あるいは表情認知などの機能が相互に協調して初めて正確に機能するものであるから，それらを担当する脳部位が，信号を伝達しあう必要がある。

学習課題

課題 1　神経細胞の活動電位に関して，発生，伝達，特性などを説明しなさい。

課題 2　神経系のシナプスに関して，構造と機能を説明しなさい。

課題 3　大脳皮質に関して，その構造と機能を説明しなさい。

学習課題のポイント

課題 1　静止膜電位と活動電位とを対比し，両者ともにイオンの分布や移動が関与していることを説明する。次いで，活動電位の発生場所，能動的伝導や跳躍的伝導，活動電位と符号化の関係などを説明する。この辺りは，エビデンスが多いので，きっちり書く。

課題 2　神経系におけるシナプスの位置を概説し，シナプスにおける信号伝達の特性を説明する。その際，神経伝達物質がキーワードとなる。さらに，興奮性シナプスと抑制性シナプスの違いと機能に関して説明する。この問いに関しても，エビデンスが多いので，しっかり事実を掴んで，書く。

課題 3　大脳皮質とは何かについて，形状も含めて説明する。次いで，大脳皮質は大きく 4 つに分けられることを説明する。さらに，ブロードマンの脳地図を，具体例を挙げて説明する。最後に，認知機能と大脳皮質との関係を，やはり具体例を挙げて説明する。

参考文献

Bear, M. F. *et al.* (2016) *Neuroscience : Exploring the Brain. 4th Edition* New York: Wolters Kluwer. 邦訳：藤井他（2021）『神経科学　脳の探究　改訂版』西村書店
★神経科学に関して定評あるテキスト。生物学が苦手ではない人にはお勧め。

Carlson, N. R. (2012). *Physiology of Behavior. 11th Edition*. Boston: Allyn and Bacon. 邦訳：泰羅，中村（監訳）(2013)『神経科学テキスト　脳と行動　第 4 版』丸善出版

★神経科学の代表的なテキスト。ただし，大学院レベル。英語版を大学院の演習で使用したことがあるが，理解してくれたのか疑問。
理化学研究所・脳科学総合研究センター編（2011）『脳科学の教科書　神経編』岩波ジュニア新書
★神経科学の入門書。「ジュニア新書」と言いながらも，大学生レベル。
理化学研究所・脳科学総合研究センター編（2013）『脳科学の教科書　こころ編』岩波ジュニア新書
★「神経編」と同様に神経科学の入門書。「神経編」より，記述が平易に感じる。

3 知覚・認知心理学の研究法

―「考える」ことをいかに科学するか―

石口 彰

《目標＆ポイント》 知覚・認知心理学を「考える」ことの科学と捉えるためには，科学的方法論を理解しなくてはならない。この章では，知覚・認知心理学の代表的な研究法である，行動実験的方法，脳神経生理学的方法，神経心理学的方法を理解することを目標とする。
《キーワード》 行動実験，脳神経生理学，神経心理学

第1章では，知覚・認知心理学とは「考える」ことの科学であると説明し，第2章では，「考える」ことの物理的・生理的担い手である脳・神経系を解説した。この第3章では，知覚・認知心理学の研究法を紹介することで，「科学する」ことの概要と実際を垣間見る。

1.「科学する」とは

図3-1は，「科学する」こと，すなわち科学的方法の基本を示している。まず始めは，現実世界における出来事から，不思議だと思うことに注目し，解くべき問題を抽出する。例えば，「朝顔の花の大きさ」に注目し，大きさが異なるのはどうしてだろうか，と考える。次に，その問題に関する仮説やモデルを立てる。例えば，「種が大きいほど大きな花が咲く」という仮説である。現象に注目し，モデルや仮説を構築する際に，注意すべきは，仮説やモデルは「科学的に検証できるもの」に限るという点である。上記の例は，実験や観察で検証できる仮説である。しかし，例えば，「神は存在する」とか「人間は生まれ変われる」などの

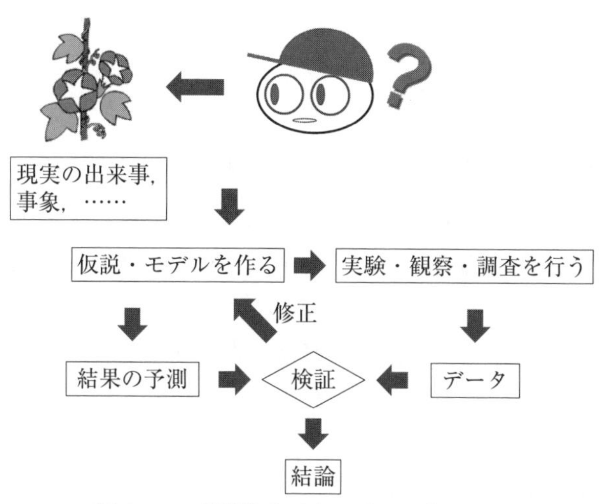

図３－１　「科学する」ことのプロセス

仮説は，少なくとも，現在の技術では，実験や調査で検証できない。しかしそのような仮説も，「『神は存在する』と信じる人の割合に地域差がある」といった形に変えた仮説ならば，検証できる。

次の段階では，仮説から，実験を計画し結果を予測する。「大・中・小の種をまけば，それに応じた大きさの花が咲く」と予測する。これは，仮説から論理的に導いた結論である。そして，実際に，種をまいて，花の大きさを測る。これが，「実験・観察・調査」と「データ」の収集・解析である。そして，先の結果予測と実際のデータとを照合し，それらが食い違えば，仮説やモデルを修正し，再度，予測結果とデータとの照合を行う。両者が合致すれば，結論を導き出す。分野によって，多少の違いはあるが，これが科学的方法の基本である。

知覚・認知心理学も科学の一翼を担うので，上記の方法に則って研究を行うが，実験や観察，調査の方法は，いくつかに分類される。以下の節では，それらを説明する。それらの方法を組み合わせ，相補的に仮説やモデルの検証を行うことが望ましい。

2.「行動実験」的方法

行動実験的方法とは，人間や動物の行動指標（反応）を用いて，実験刺激や実験状況と行動指標との関係を捉えて，「考える」仕組みを検討する方法である。行動指標には，閾値，感覚・知覚量，記憶量，反応時間，カテゴリー判断，発話内容，動作特性（視線，ジェスチャ，表情など）などがあり，多岐にわたる。要は，仮説からそれを検証する課題が設定され，仮説・課題を反映した刺激や状況に対して，人間や動物がどのように反応するかを見るわけである。以下，これら行動指標の中からいくつか具体例を挙げてみよう。

（1）閾値を測る

サブリミナルという言葉を聞いたことがあるだろう。一般には，サブリミナル・パーセプション（閾下知覚）の意味で使用する。サブリミナル（閾下）とは，「閾値より下の」という意味であり，前提として，**閾値**（threshold）の存在を仮定している。閾値とは，感覚や知覚が生じるか否か，あるいは違いが判るか否か，モノが何であるか判るか否かの境となる，刺激の物理量を指す（これらは，検出閾，弁別閾，認知閾などと呼ばれる)。物理量であることを忘れないこと。なお，閾値と感度とは逆数の関係（感度＝1/閾値）にあり，閾値が低い＝感度が高いとなる。

ところで，閾値より下（強度などが小）の刺激に対しては，常に見えない・聞こえない，それより上（強度などが大）の刺激に対しては，必ず見える・聞こえるというわけではない。感覚・知覚が生起するプロセスには，一般の通信システムと同様に，ノイズがつきものであり，ノイズは確率的に変動するので，その結果，閾値も確率的に変動する。従って，刺激の検出実験を繰り返し行ったとしたら，常に同じ値を境に刺激が検出されるというわけではない。図３－２は，視覚刺激を用いて，その強度を変化させる実験を何度も行い，「見えた」反応を測定した仮想的な結果である（横軸は刺激強度，縦軸は「見えた」反応率）。「見えた」反応は，刺激強度が大きくなるにつれて，なだらかに増える（図の実線）。横軸のμの前後で階段状に変化するわけではない（図の破線）。

さて問題は，閾値を求める方法である。図３－２の見える・見えないが五分五分の刺激強度μの値を，便宜的に閾値と考える。したがって，μの値を求めることになる。知覚・認知心理学（あるいは，実験心理学）には，閾値を求めるための古典的な方法（**心理物理的測定法**）があり，恒常法，極限法，上下法，調整法などがそれに含まれる。

例えば，**極限法**では，刺激の物理量を閾値より下のレベルから漸次上げていき，刺激が検出された（イエス反応）なら止める上昇系列と，閾値より上のレベルから漸次下げていき，検出されなくなった（ノー反応）なら止める下降系列とを，何回も繰り返し，それぞれの系列で「止めた」時の物理量の平均をもって，μの推定値とする。

上下法は，極限法の一種で，強度を上げていく上昇系列でイエス反応が生じたら，その点から刺激の物理量のレベルを漸次下げていき，ノー反応が出たら，再度強度を上げる。これを繰り返し，反応の転換点（ノー→イエス，イエス→ノー）の物理量の平均値を求める（実際には，最初の数回の転換点の値は使用しない）。図３－３はその反応プロセスを示したものである。刺激強度の変化幅は，転換が増えるにしたがって，調整される。最近では，上下法を改良し，より短時間で閾値を算出する適応的方法などが提唱されている。詳しくは，市原ら（2017）を参考にされたい。

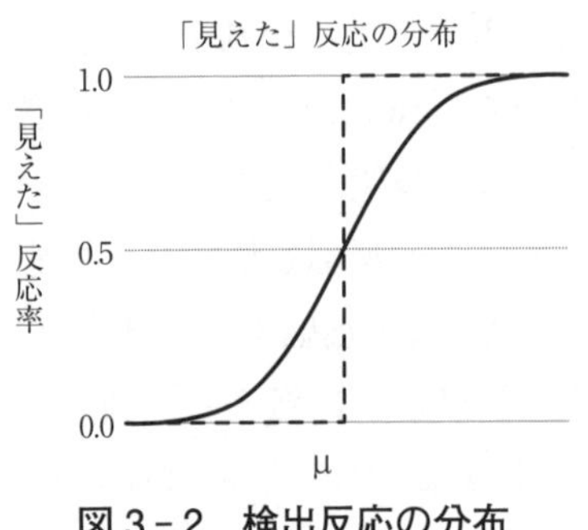

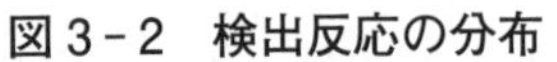

図3－2　検出反応の分布

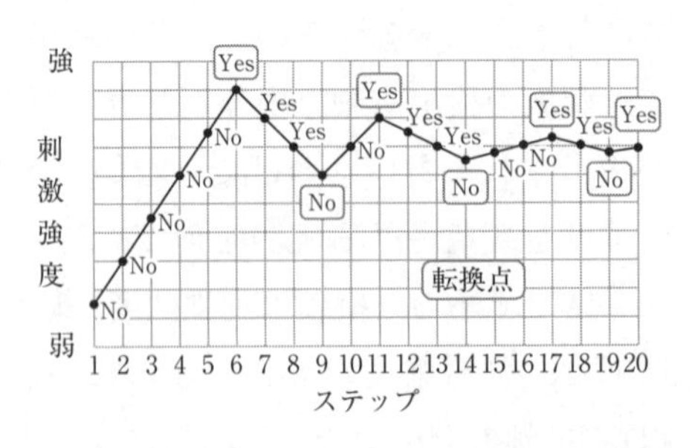

図3－3　上下法を使った場合の反応例

閾値は刺激を検出したり識別したりするのに必要な，刺激の強度などを表す物理量である。これに対して，刺激を提示された際に感じる感覚量・知覚量を測定することもある。この測定に関しては，参考文献を参照のこと。

（2）記憶量を測る

記憶は，それ自体が研究対象であるだけでなく，判断・意思決定や問題解決，言語理解など，他の「意識的に考えること」（高次の認知過程・能力）と密接に関係しているので，記憶量を測定することは，これら高次の認知過程で解かれるべき課題の解決能力（認知能力）の個人差を推定する基盤となりえる。

基本的な記憶課題には**再生**（recall）課題や**再認**（recognition）課題などがある。再生課題は，記憶しているものを正確に想起する課題である。再生課題には，提示された項目をその順序で再生する方法（系列再生法）や，順序に構わず記憶している項目を再生する方法（自由再生法）などがある。再生率は，正確に再生された項目数を基に算出され，0～100%になる。一方，再認課題は，学習・経験しているもの（既学習項目）

と，そうでないもの（未学習項目）を識別する課題である。つまり，見たり聞いたりしたことがあるかを問う課題である。再認率は，提示される既学習項目数と未学習項目数が等しい実験では，およそ50〜100％になる。

再生課題の例を挙げよう。例えば，実験者が数字列を読み上げ，それを順序も含めて正確に復唱する**メモリスパン**（memory span）課題は，系列再生課題である。メモリスパンは，記憶量の基本的な指標であり，発達段階によって異なるが，数字列にせよ，仮名文字列にせよ，一般の成人では，７±２項目程度といわれている。これは，項目が無意味な系列の場合であるが，各項目が単語や有名な年号（794, 1192, 1582, 1600……など），になっても，再生される項目数には，あまり変化がなく，やはり，７±２項目を再生できる。このことから，**チャンク**（chunk）という概念が生まれた。メモリスパンは**短期記憶**（あるいは**ワーキングメモリ**）の指標として用いられ，それを基に記憶障害の診断などに活用されることが多い。

（3）反応時間を測る

反応時間（reaction time）とは，与えられた課題を達成するのに要する時間のことである。状況によっては，**反応潜時**（reaction latency）という用語を使う場合もある。

何らかの作業を遂行するには，作業の内容に応じて時間がかかる。頭の中で行う作業（「考える」ことなど）も同様である。ところが，頭の中の作業は，目に見えない。したがって，作業時間に応じて，作業の内容やプロセスを推測するしかない。つまり，反応時間は，認知的な作業の内容などを推測する道具として用いられる。例を１つ挙げよう。

ストループ効果（Stroop effect）という知覚・認知心理学上よく知ら

れた現象がある。その現象を引き出すストループ課題の典型的な実験条件は3つある。まず,「色漢字条件」では,黒インクで書かれた「赤　青　緑　青　赤　緑　青　緑　赤」といった色名の漢字リストが与えられる。課題は簡単で,このリストを読み上げることである。「色パッチ条件」では,上記の漢字リストの色名に相当する円盤形の色パッチのリストが与えられ,その色を読み上げる。「着色色漢字条件」では,上記の漢字リストのそれぞれの漢字が,色名とは異なったインクで着色され(例えば,青色の「赤」),その着色されたインク名を読み上げる条件である。それぞれの条件で,課題遂行に要する時間を測定する。図3-4は,その典型的な結果例である。着色色漢字条件では,他の条件と比較して,課題遂行に要する時間が長くなる。どうしてかというと,青色の「赤」が提示されると,どうしても「アカ」と答えたくなってしまうからである。つまり,無視すべき文字の読みが,自動的に励起され,実際の課題である色の読みを阻害する。これがストループ効果である。課題に関係ない「文字の読み」という認知機能は,これまで,日常での学習

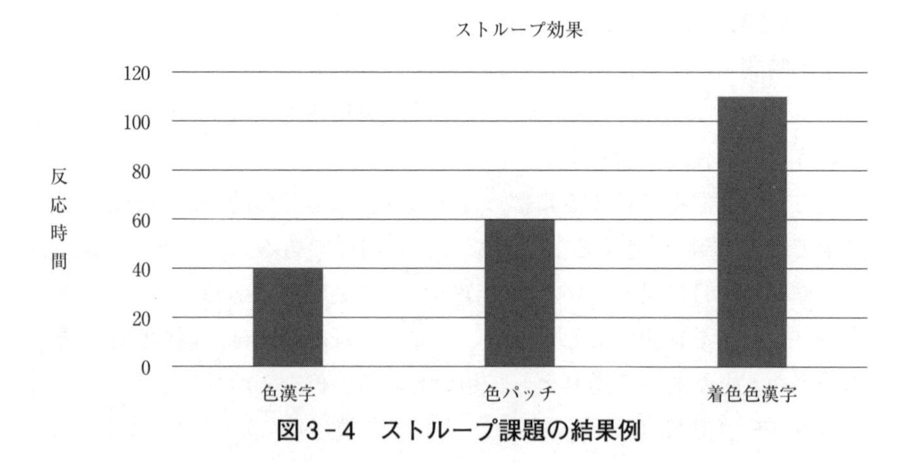

図3-4　ストループ課題の結果例

によって培われ，いわば自動的に働いてしまう。その結果，意識的に色名を読もうとしても，無意識的に文字名を読んでしまう。ただし，これは，結果の解釈である。反応時間の結果から，頭の中の認知活動を推測している。そして，この解釈の妥当性をめぐって，いろいろな研究が行われることになる。

3.「脳神経生理学」的方法

脳神経生理学的方法とは，脳・神経系の活動と認知行動との関係を探る方法である。それには，知覚・認知課題を与えた時の脳・神経系の活動を測定する方法（相関関係推定）と，脳神経の活動を人為的に促進あるいは抑制し，それが知覚・認知系の活動にどのように影響するか探る方法（因果関係推定）とがある。また，これらの方法には，身体内部に直接操作を加えたり，人為的に測定デバイスを埋め込んだりする方法（**侵襲的方法**）と，身体外部から脳・神経系に操作を加えたり脳機能を測定したりする方法（**非侵襲的方法**）とがある。

（１）侵襲的方法（invasive procedure）

侵襲的方法の代表的なものが，破壊法と**微小電極法**である。破壊法とは，文字通り，ターゲットとなる脳の神経を局所的に破壊あるいは削除・切除し，脳部位と知覚・認知機能との関係を，因果的に推定する方法である。治療を目的として人間に適用することもあるが，実験目的では，当然ながら，それはできない。

微小電極法は，微小な電極をターゲットとなる脳の細胞（単一の神経細胞や神経細胞群）や細胞間に挿入し，神経細胞の電気活動を促進したり，測定したりする方法である。前者を細胞内記録法，後者を細胞外記録法という（細胞外記録法の測定例：図３−５参照）。例えば，被験体の

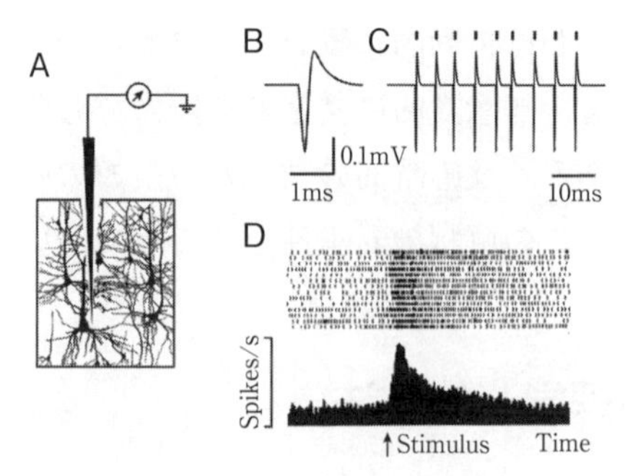

A：電極の挿入　B：活動電位　C：活動電位の時系列　D：複数回の測定例

図３−５　微小電極と測定例

（Ludvig *et al.*, 2011 より作成）

（細胞外記録法では，活動電位の測定値は，図 B のようになる）

視覚特性を検討するために，後頭葉の視覚中枢部分の神経細胞に電極を挿入し，様々な視覚刺激を提示した時の電極部分の神経細胞の活動を測定することで，ターゲットとなる神経細胞がどのような視覚特性（色や運動，奥行きなど）に反応するのか検討することができる。ただし，人間には，通常，使用できない。

侵襲的方法で，人間にも使われているのが，**ポジトロン断層撮影法**（PET）である。これは，知覚・認知課題の遂行に伴う，脳の局所的な代謝（血流量）変化を測定する方法であり，相関関係推定の一種である。微量の放射性物質（放射性トレーサー）を血管から注入するので，侵襲的方法に区分される。放射性物質の厳重な管理が必要であることなどから，一般の知覚・認知心理学研究室で使用されることはない。

（２）非侵襲的方法（noninvasive procedure）

【脳波 EEG】

脳波は脳内神経細胞の活動電位の集合体であり，頭皮表面の各部位に電極を装着して測定する方法である（図3－6参照）。脳波が多く用いられるケースは，脳全体の活性化状態を推定する場合であろう。例えば，睡眠中は睡眠レベルに応じて脳の活動が異なるので，そのレベルを特異的な脳波で推定するとか，脳死判定に使用するなどである。一方，知覚・認知機能との関係では，脳波の一種である**事象関連電位**（ERPs）の測定がある。脳波は，複数の神経の活動が，頭蓋を通して集合体として集められたものであるから，自発的な電気活動やノイズなどが含まれる。これを排除するために，ある知覚・認知課題を繰り返し与え，その際の脳波を繰り返し測定し，それを平均化することで，知覚・認知活動に特異的な脳波（事象関連電位）を抽出する。図3－7がその平均化の一例である（Kolb & Whishaw, 2002）。横軸は時間経過（ミリ秒単位），縦軸は電位の変動を示す。P1とかN1とかは，ある知覚・認知課題に

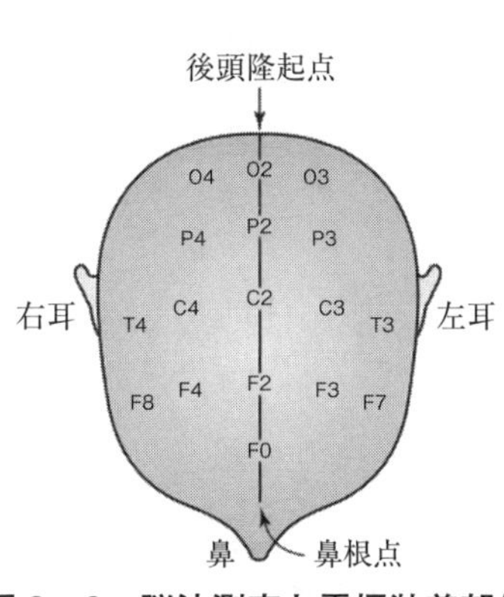

図3－6　脳波測定と電極装着部位
（Ward, 2015より作成）

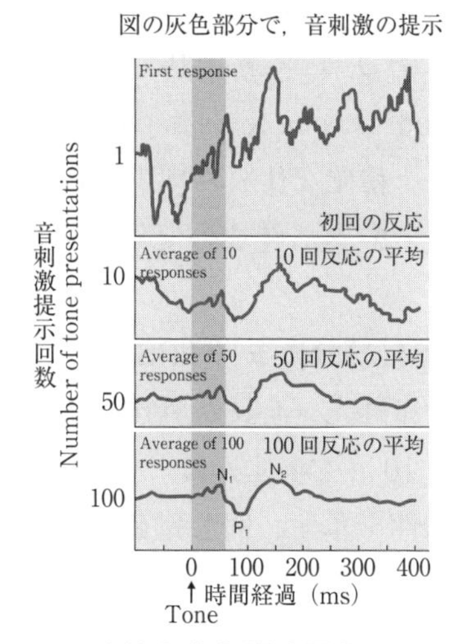

図3－7　脳波と事象関連電位
（Kolb & Whishaw, 2002より作成）

取り組むとき，刺激を与えてから，数百ミリ秒後に特異的に表れる脳波成分で，Pは通常より正の電位，Nは負の電位を表す（図では上方が負の電位)。このように，事象関連電位は，時間分解能が高い，つまり短い時間間隔での脳活動の変化を測定することができる。ただし，空間分解能は低い。つまり，脳を細分化して測定することができない。

【機能的MRI（fMRI)】

機能的MRIとは，核磁気共鳴法（MRI）を用いて，前述のPETと同様に，知覚・認知活動に伴う脳内の局所的な代謝活動の変化を検出することで，脳・神経系の活動を間接的に計測するものである。MRIとは，要は，強力な磁場内でラジオ波を与えると，脳内の細胞に応じたエネルギーを発生するので，それを検出することで，脳の構造を推定する方法である（測定例は第2章参照)。さらに，血流によって運ばれたヘモグロビン（酸素を運ぶタンパク質）が，脳内の活動部位で酸素を解離し，局所的な磁場変化が生じるという性質を利用して，機能的MRIという方法が考案された。機能的MRIで測定された信号が，BOLD（blood oxygen level-dependent contrast）と呼ばれるのも，このためである。精確な仕組みは少し難しいので，「知覚・認知活動に応じた，脳部位の酸素消費量の変化を測定したもの」と理解しておけば良いだろう。

【近赤外線分光法（NIRS)】

近赤外光（波長が700～900ナノメートルの光。眼には見えない。ナノは10^{-9}を表す）は，電磁波の一種であり，生体組織に関して，高い透過性を示す。同じ電磁波の一種であり透過性を示すX線（波長が1ピコメートル～10ナノメートル。ピコは10^{-12}を表す）と異なり，安全性は高い。近赤外線は，血流中の酸素濃度（ヘモグロビン濃度）によって，吸収される度合いが異なるので，そのことを利用して，脳活動に伴

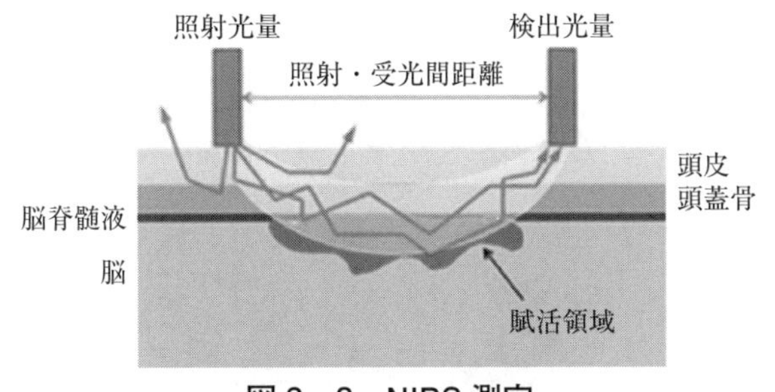

図3－8　NIRS 測定
（星，2014）

う酸素含有量の変化を測定する。従って，この方法も，神経活動の直接的な観測ではなく，脳の活性化に伴う代謝活動の変化を測定するものである。この方法では，図3－8のように，頭皮上に照射器と受光器とを装着し，照射器から入力された連続光を少し離れた受光器で検出する。fMRI や脳磁図と比較して，コンパクトな装置で測定できるが，現状では，頭皮から3cm 程度の深部までしか測定できないといった制約がある。

4.「神経心理学」的方法

脳の構造に関しては，第2章で学んでいるが，**神経心理学**（neuropsychology）的方法とは，基本的には脳・神経系に損傷を負った被験者（脳損傷患者）が，どのような知覚・認知的障害を示すかを検証する方法である。この方法では，実験的に統制された状況を作り出すことが困難なので，事例研究になることが多い。

（1）健忘症（amnesia）

神経心理学的事例として多く引用されるのが，前向性健忘患者の HM

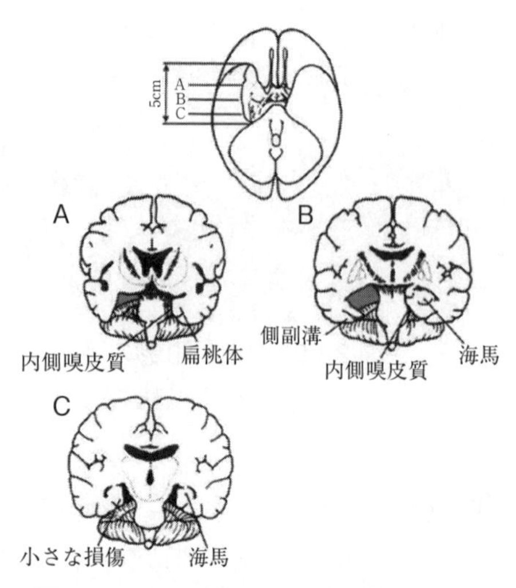

図 3－9　HM 氏の脳切除部位
（Corkin *et al.*, 1997 より作成）

氏の例である。HM 氏は，癲癇の治療のため，側頭葉の内側部，海馬と呼ばれる部位（図 3－9 参照）を削除する手術を受けた。手術後，HM 氏は，手術前の昔の記憶はある程度覚えている一方で，手術後では直前の出来事は報告できるが，しばらくすると忘れてしまう，つまり，新しい出来事を記憶として定着することができないという症状を示した（前向性健忘）。さらに，体で覚えるような，運動技能の習得には，問題が見られないことも示した。このことから，側頭葉内側部の一部は，記憶の定着に関係していること，さらに，出来事の記憶と運動技能の記憶とは別のシステムであることなどが示唆されている（第 7 章参照）。

（2）失語症（aphasia）

別の事例として，失語症の例が挙げられる。古典的な失語症の分類と

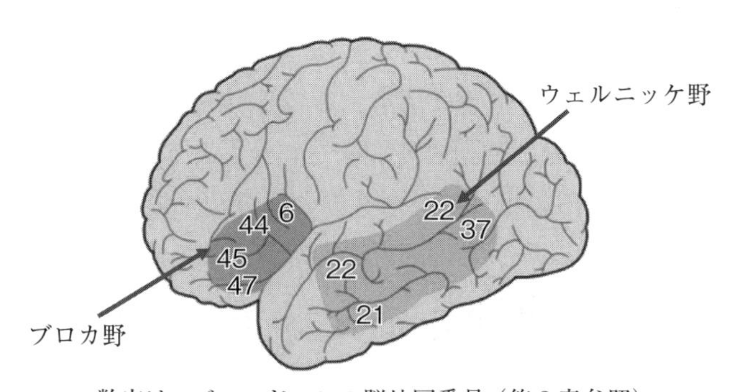

数字は，ブロードマンの脳地図番号（第２章参照）

図３－10　古典的な失語症の部位

（Ward, 2015 より作成）

して，**ブロカ失語**（運動性失語）と**ウェルニッケ失語**（感覚性失語）がある。前者は，大脳皮質の下前頭回（ブロカ野）（図３－10）の損傷により生じる失語症で，音声理解はある程度保たれるが，発話に障害が出る失語症である。後者は，大脳皮質の上側頭回（ウェルニッケ野）に損傷があり，一見流ちょうに話すように聞こえるが，意味内容に欠けていたり，また，音声理解に障害がみられたりする失語症である。いずれも，発見者の名前に由来した失語症の分類であるが，近年では，このような単純な分類ではなく，言語理解・言語産出をネットワークシステムとして考えるようになっている（第 12，15 章参照）。

このように，神経心理学研究は，その方法論としては，多くは事例研究であり，脳損傷患者と機能障害との関係を，様々な事例を通して，縦断的，横断的に探索するものである。

一方，最近では，磁気刺激を頭蓋表面に与えて，脳内の電気信号の伝導に干渉し，一時的に疑似的な脳損傷を生起させる，**経頭蓋磁気刺激法**（TMS）という方法も開発されている。この方法は，実際の脳損傷事例と比較して，実験的統制という面で優れ，特に，特定の脳部位への刺激が可能という利点がある。しかし，磁気パルスを照射するわけであるから，脳内への影響など，慎重に活用する必要がある。

以上，大きく分けて3種類の研究法を紹介したが，「考える」ことを「科学」的に検討するには，これら3種の研究法を組み合わせ，さらにモデリング・シミュレーション的方法も組み入れて，多面的・相補的に検討することが望まれる。

学習課題

課題1 「科学する」ことのプロセスと思われるものを，図を用いて説明しなさい。

課題2 閾値の測定を，具体的に説明しなさい。

課題3 脳神経生理学的方法における「侵襲的方法」と「非侵襲的方法」とを，具体例を基に説明しなさい。

課題4 神経心理学的方法の特徴を，具体例を基に説明しなさい。また，本章では説明していないが，「2重解離 double dissociation」とは何か，調べなさい。

学習課題のポイント

課題1 基本的には，図3-1を，自分なりの具体例を考えて，説明すればよい。その際，科学的とはいえない例を含めると，より説得力が増すであろう。

課題2 まず，閾値の概念を説明する。閾値の測定法としては，極限法が説明しやすいだろう。音の検出などを具体例とすればよい。

課題3 脳・神経系の振る舞いを直接的に扱う（必ずしも，脳の中身に，直接に手で触れる必要はない）か，間接的に扱うか，そして，それぞれどのような具体的方法があるのか列挙する。そしてそれぞれの特徴を挙げれば十分。

課題4 本章で挙げた例の他に，他の章（例えば，第15章「知覚・認知の障害」）での例を取り上げれば，内容が広がる（深くなるかは力量次第）。2重解離は，ネットで調べてもよいし放送テキストを参照しても良い。ただ，2重解離があるんだから，単一解離 single dissociation もあるだろう，くらいの頭は働かせてほしい。

参考文献（第2章の参考文献も参照のこと）

G. A. ゲシャイダー（著）宮岡（監訳）(2002)『心理物理学　—方法・理論・応用—　上巻・下巻』北大路書房

★心理物理学の古典的内容が，丁寧に解説されている。知覚研究に興味ある方は，必読。

市原茂，阿久津洋巳，石口彰（編）(2017)『視覚実験研究ガイドブック』朝倉書店（引用文献欄にも再掲）

★知覚・認知実験の計画・測定法・モデリングなどが，プログラミングも含めて，具体的に解説されている．

Ward, J. (2020) *Student's Handbook of Cognitive Neuroscience. 4th Ed.* New York: Psychology Press.

★認知神経科学の最新テキスト。記述が平易で，わかりやすい。英語が苦手でなければ，一読をお勧めする。第3版（2015年度版）はPDF化されており，手に入りやすい。本章でも，第3版から，一部の図を引用している。YouTubeも開設しているので，視聴可能（2022年8月時点）。

4　感覚のしくみ

薬師神　玲子・石口　彰

《目標＆ポイント》　人は周囲の環境から感覚器（センサー）を通じて情報を取り入れている。五感と呼ばれるように，視覚，聴覚，味覚，嗅覚，体性感覚，それぞれの知覚系に感覚器が備わっており，外部の情報を，神経系を通じて脳に送っている。本章では，知覚・認知の低次過程としての感覚が生起する仕組みを，視聴覚を中心に，目や耳といった感覚器の構造と感覚生起のプロセスを概説する。

《キーワード》　視覚，光受容器，暗順応，受容野，聴覚，蝸牛，可聴域，嗅覚，味覚，体性感覚

1. 環境を知るために

(1) 感覚と生存

自分が生きている環境を知るために，生き物は様々なセンサーを備えている。例えば，ホタテ貝は貝殻の隙間に100個前後の明暗を感じる単眼を持っていて，自分の上を大きな動物が通って光が遮られるのを感知すると，水を噴射して逃げたりする。ガラガラヘビの頬の辺にはピットという器官があり，恒温動物が発する赤外線をこれで感じる（ちなみに，私たち人間も恒温動物なので，赤外線を発している）。赤外線を発しているものが大きければ逃げるか噛みつき，小さければ近づいて飲み込む。感覚を生み出す機構は，身の回りの情報をつかむための仕組みであり，生き物の生存にとって非常に重要なものである。

（2）人の感覚の生起

第1章の冒頭で説明したように，人の知覚・認知システムは，感覚・知覚・認知というように，低次過程（初期過程ともいう）から高次過程に至る，情報処理を行っている。この章では，低次過程である「感覚」について説明する。

図4－1に示すように，人には視覚・聴覚・嗅覚・味覚・体性感覚（触覚など）という，いわゆる五感が備わっているが，その基本的なプロセス（外部刺激の入力→感覚器での受容→神経伝達→脳内での処理）は同じである。ただし，それぞれの感覚はとらえる刺激や感覚器が異なっており，その感覚がもたらす情報やその特徴も様々である。例えば視覚は離れたところにあるものの動きや配置を知るのには適しているが，ガス漏れを感知するのには役立たない。後者に役立つのは嗅覚である。暗闇で移動する時に頼りになるのは聴覚や触覚だし，手に取ったものを食べ

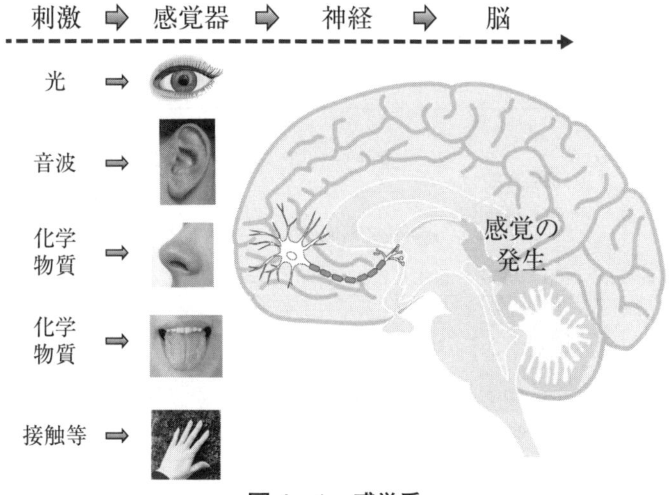

図4－1　感覚系

てよいかどうかを最終的に判断するには味覚が役立つ。人間は，感覚を駆使して，環境内を探索し，周りの人や生き物と交流しながら生きている。以下では，視覚や聴覚を中心に五感が生起する仕組みや特徴を概観する。

2. 視覚

(1) 視覚の刺激：光（可視光線）

視覚は，光を利用する感覚である。人間にとっての光（可視光線）は波長が約400nmから750nm（ナノメートル：nmはmの10億分の1の長さの単位）の電磁波だが（図4-2），動物によって利用できる波長

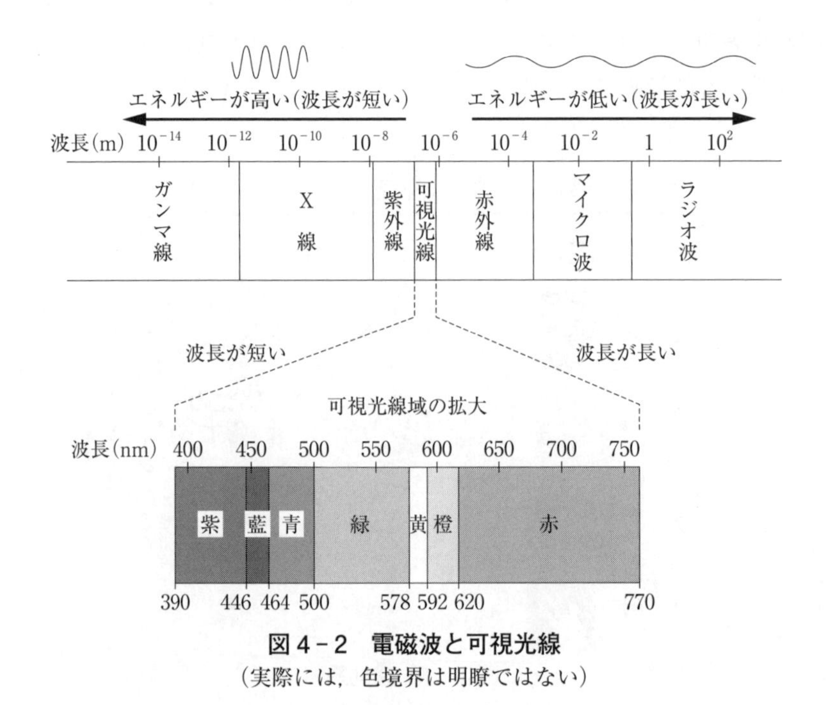

図4-2 電磁波と可視光線
（実際には，色境界は明瞭ではない）

の範囲は異なっている。例えば，ミツバチを含む多くの昆虫では可視光線の範囲が短波長方向にずれており，花などの紫外線模様を見ることができる一方で，人には赤く知覚される700nm付近の光を感知することができない。なお，光には色はついていない。色の感覚・知覚は脳が作り出している。

太陽や電球などの光源から発せられた光は，モノの表面で反射する。眼の方向へ反射された光が眼球の奥にある**網膜**（retina）に届き，網膜を構成する**光受容器**（photoreceptor）によって電気信号へと変換されるのが，視覚のはじまりである。つまり，私たちの視覚システムへの入力刺激は網膜に到達した光の配列ということになる。この光の配列を**網膜像**という。眼に入射した光は瞳孔という小さな穴を通って網膜に投影されるため，網膜像は倒立している。また，自分の手の網膜像などは大きく，遠くにある山の網膜像はごく小さい。眼を動かせば網膜像は大きく動く。しかし，視覚世界は静止している。つまり，われわれの視覚は，網膜像を知覚しているのではなく，網膜像を出発点として，時には記憶や知識を活用しながら，外部世界に対応する安定した知覚像を形成する脳の機能なのである（第5章参照）。

（2）光信号から電気信号へ

光を捉えて電気信号（細胞膜の電位変化）に変える（符号化する）のが光受容器（光感受細胞）であり，人間の場合，網膜の一番奥の方に並んでいる（図4-3参照）。光受容器には**桿体**（rod）と**錐体**（cone）の2種類があり，それぞれ，電気信号に変えることのできる光の強さや波長が異なっている。

暗い部屋に入ると，一瞬何も見えなくなるが，その後，目が慣れてきて，しばらくすると周りの様子が見えるようになる。この現象は**暗順応**

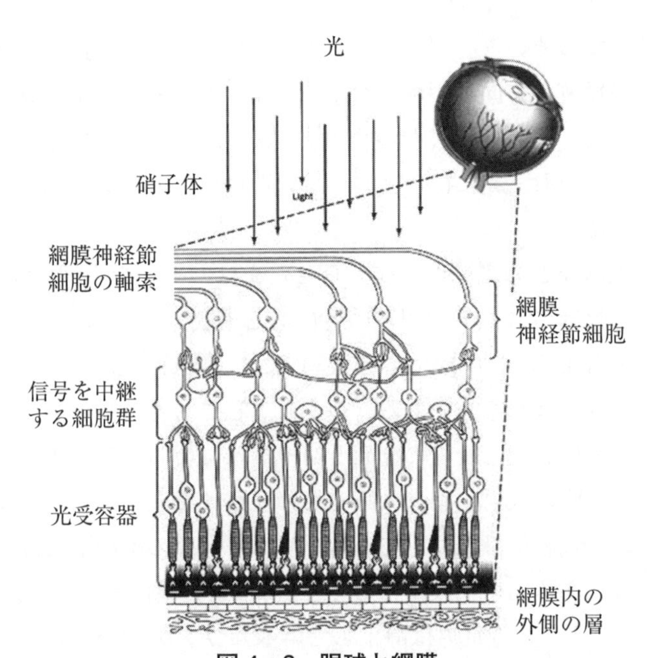

図 4－3　眼球と網膜

(Sekuler & Blake, 1994 より作成)

(dark adaptation) と呼ばれる。これは，周囲が明るいと光受容器の感度が低下し，暗い部屋に入った時，何も見えなくなるが，暗い部屋にしばらくいると，光受容器の感度が回復し，弱い刺激でも反応できるようになることを反映している。暗順応では桿体と錐体とでその様相が異なる。錐体の暗順応では，感度の回復は速いがすぐに限界に達してしまう。一方，桿体の暗順応では，感度の回復速度は遅いものの，感度の上昇は大きく，30 分も経つと非常に弱い光でも感知できるようになる（図 4－4：図の縦軸は感度の逆数である閾値。つまり，感度が上がる＝閾値は下がる，となる)。

光への感度という観点から考えると，錐体は昼間のようにある程度強い光でないと電気信号へ符号化されないのに対して，桿体は夜間のように弱い光でも符号化が行われる。また，桿体と錐体は網膜上での分布も異なっており，錐体は網膜の中心窩（fovea：モノを注視した時にその像が投影される位置）付近に集中しているのに対して，桿体は中心窩には全くなく，中心窩の周辺部分から外側に分布している。夜空の星を観察する場合のように，暗いところで，周辺視では感知できる弱い光でも，それを注視する（中心窩に像が結ばれる）と見えなくなってしまうのは，このような分布が原因である。図４-４の３種類の暗順応曲線も，網膜における桿体や錐体の分布が反映されている。

さて，ここで，**単一変数の原理**（principle of univariance）を紹介しよう。光受容器の出力 P は，入力する光の強度 x（厳密には，光量子の総数）のみを反映し，光の波長の情報は失われてしまう。つまり $P=f(x)$ となる。これが単一変数の原理である。この原理はイギリスの生理学者ラシュトン（Rushton, W. A. H）が発見した。光受容器の感度や反応強度は光の波長によって異なるので，入力される光の強度 x が一定ならば P の値も波長によって異なることになる（図４-５参照）。一見，波長の

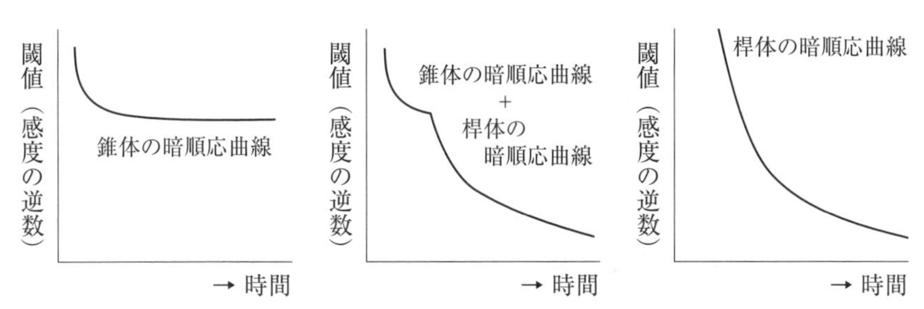

中央の図では，２段階の閾値の低下がみられる。モノの見えでは，閾値の低い方が採用されるからである。

図４-４　典型的な暗順応曲線
（左：中心窩，中央：中心窩の周辺領域，右：網膜周辺部）

情報は維持されると思うかもしれない。しかし，xが変化すれば，Pの値も変化する。従って，Pの情報だけでは，波長情報は確定しない。単一変数の原理とは，このことを言っている。暗いところでモノを見る時，色は感じられない。これは，暗いところでは主として桿体が働くが，桿体は1種類しか無い（498nm付近の波長の光に最も感度が高い）ことを反映している。つまり，単一変数の原理から，桿体単独では波長情報を脳に送れない。従って，色感覚が生起しない。他方，錐体に関しては，異なる波長（565nm，535nm，420nm付近）に感度の良い3種類の錐体が存在する（長波長側からL錐体，M錐体，S錐体と呼ばれる）。明るいところでは，波長（例えばλ）によって3種類の錐体の感度（L_λ，M_λ，S_λ）が異なるので，これらの三つ組み信号を基に，脳は波長λを特定し，色感覚を含む視知覚を構築する（図4－5参照　ただし，縦軸は光の吸収率となっている）。

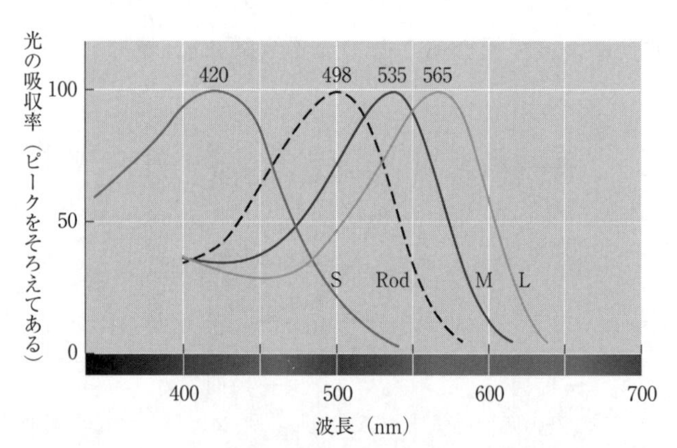

図4－5　光感受細胞と波長による光の吸収率
（反応強度や感度に相当）
（Wolfe *et al.*, 2015より作成）

(3) 網膜での神経接続：受容野

光受容器によって電気信号に変換された光強度情報は，中継する細胞を経て，**網膜神経節細胞**（retinal ganglion cell 以下 RGC）である程度まとめられ，脳へと送られる（図4－3）。実は，信号がまとめられる程度は，網膜上の位置によって異なる。中心窩付近の光受容器は，ほぼ1対1の関係でRGCへと接続するのに対して，網膜の周辺領域の細胞は，複数の光受容器が1つのRGCへと接続している。1つの神経節細胞の反応に影響する網膜上での領域（光受容器群），あるいはそれに対応する視野内での領域を**受容野**（receptive field）という。図4－6の楕円形で囲まれている領域が受容野を表す。なお，楕円はそれぞれの領域を示

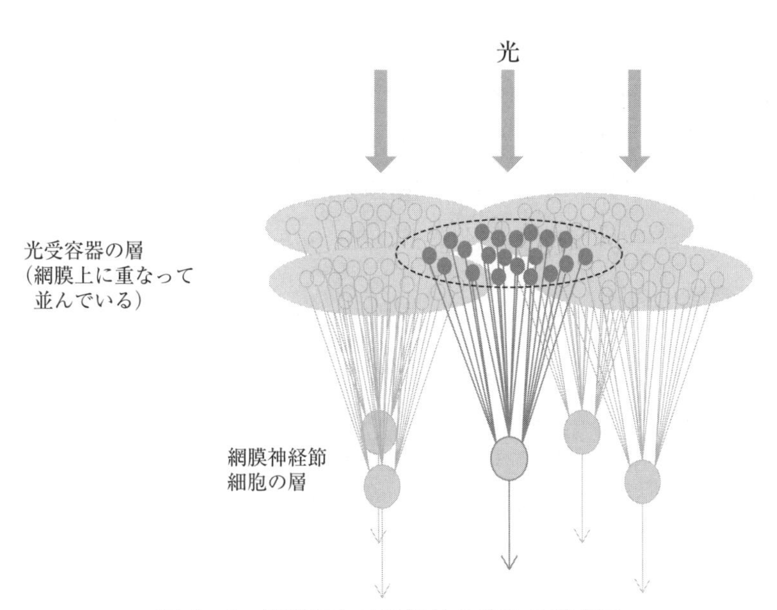

図4－6　網膜における信号の集約の模式図
（信号の流れを表している。網膜の構造上では，網膜神経節細胞の層は，光受容器の層より，光の来る方向に近い。図4－3参照）

すための便宜的なものであり，実際には無い。なお中央の光受容器の層及び RGC 以外は，薄く描いてある。

受容野は網膜の部位によって，大きさが異なることになる。中心窩付近では，受容野が小さく，周辺部分では，受容野が大きくなっている。受容野が大きくなると，それだけ多くの光を集められるので，全体としては弱い光で反応できる（**感度** sensitivity が高くなる）。その一方で，信号が集約されてしまうので，受容野内のどの光受容器から信号が送られたのか区別できない（**解像度** resolution が低くなる）。解像度はデジタルカメラで言えば，画素数に相当すると考えてよい。感度と解像度は一般にトレードオフの関係になっている。人間の視覚は，解像度を重視する中心視と感度を重視する周辺視といった，2 重のシステムを備えているといってもよいだろう。

RGC は，このように光受容器及びその集合である受容野によって捉えられた様々な波長からなる光信号を電気信号として大脳皮質（後頭葉の視覚皮質）に送り，そこで，何かモノが見える，色が見えるという感覚が生起されるのである。

3. 聴覚

（1） 聴覚の刺激：音波（空気圧の波）

聴覚は，音声言語の理解や音源の位置の特定など，私たちの生活を支える重要な感覚である。一般に聴覚を生起させる刺激は「音」といわれるが，実は音は，色と同じように，物理的な存在ではなく，脳の創作物である。空気の圧力変化によって鼓膜が揺れると，それが「音」として感じられるのであり，すなわち，聴覚を生起させる刺激は空気振動である。例えば，図 4 - 7 のように，太鼓を叩くと太鼓の表面が振動して，空気の粒子の粗密が生じる。これよって生じる空気の圧力変化の波が鼓

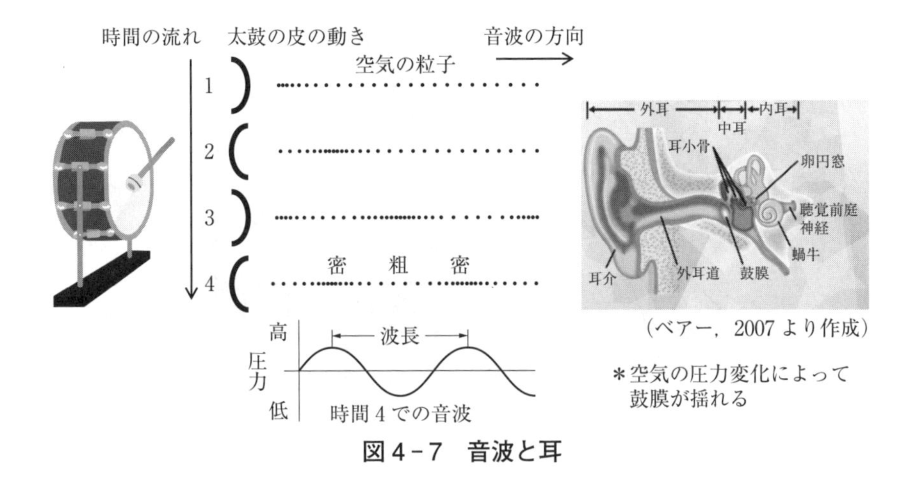

図4-7　音波と耳

膜に到達し，鼓膜を揺らすのである。この，音のもとになる圧力変化の波のことを**音波**（sound wave）という。

（2）音の符号化

鼓膜の揺れは，中耳にある耳小骨で増幅され，内耳に伝わる。その揺れは聴覚器官の入り口である**蝸牛**（cochlea）の小さな窓（卵円窓）を揺らす（図4-7）。なお，内耳には平衡感覚を生じさせる前庭器官や三半規管も存在する。

蝸牛は内部を基底膜によって隔てられリンパ液で満たされた管状の組織で，それが丸まりカタツムリのような形状をしている。卵円窓の揺れが蝸牛内部の基底膜へと伝わると，基底膜上のコルチ器にある音受容器（有毛細胞）の細胞膜に電位差が生じる（図4-8）。これが引き金となって，音受容器に接続する聴神経線維に活動電位が生じ，それが大脳皮質（側頭葉の聴覚皮質）で解析されて，音という感覚が生じる。

音波には周波数と振幅という2つの基本的要素があり，それぞれ，人

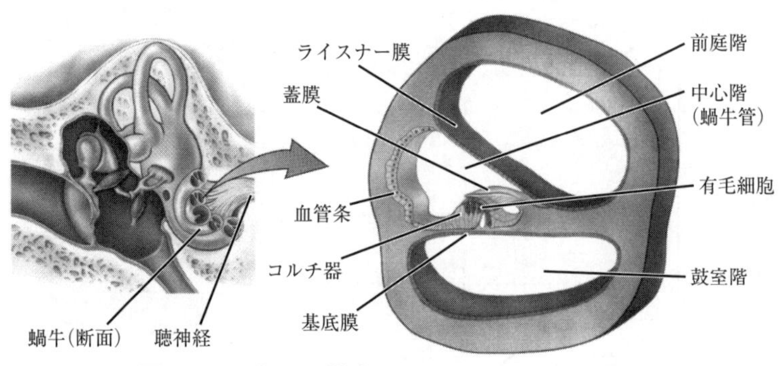

図4－8　内耳の構造（ベアー，2007より作成）

間が感じる音の高さと大きさに対応する。つまり，周波数が高いほど高い音，振幅が大きいほど大きな音となる。これらはどのように符号化されているのだろうか。

振幅については，基本的には鼓膜の揺れの大きさが蝸牛基底膜の揺れの大きさに繋がり，聴神経線維の活動電位の頻度に反映される。つまり，「振幅が大きい＝頻度が高い」と考えてよいだろう。なお，実際には，活性化する聴神経線維の数も関係しているらしい。周波数については，基本的には，基底膜上での揺れの位置が周波数に対応するという説が有力である。具体的には，高周波数の振動波は鼓膜に近い側の基底膜を大きく揺らし，低周波数の振動波は先端に近い基底膜を大きく揺らす。ただし，内耳の仕組みは非常に巧妙で，実際の音の高さや大きさの感覚は，複雑に調整された符号化によって支えられていると考えられている。

（3）可聴域と主観的な音

人間が感知できる音波の周波数と振幅には限りがあり（図4－9左），周波数に関して言えば耳のよい若者で約20～20,000ヘルツ（Hz：1Hz

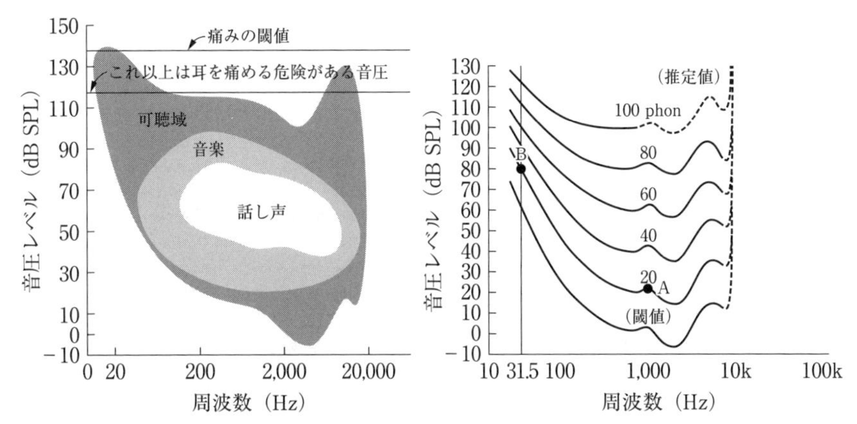

図4－9　人間の可聴域（左）と等ラウドネス曲線 ISO226：2003（右）
（左：Wolfe *et al.*, 2015 より作成）

は振動が1秒間に1回生じること）が可聴域となっている。可視光線の範囲と同じように，可聴域も動物によって異なっており，例えば，ゾウは人が感知できない低周波の振動を利用して，遠くにいる仲間の存在を知ることができる（低周波の振動は高周波の振動よりも減衰しにくく，遠くまで届く）。また，ある種のコウモリは60,000Hzを超える高い周波数の音（超音波）を出し，その音が跳ね返って来るタイミングや角度を使って自分と周囲との位置関係を把握している（エコロケーション）。振幅（音圧レベル）の可聴閾は周波数によって異なり，4,000Hzぐらいの音は極めて小さな振幅でも感知できるのに対し，20Hzぐらいの音は，振幅が大きくないと聞こえない。

また，可聴閾に限らず，一般に聞こえる音の大きさも周波数に依存する。図4－9右は，同じ大きさに感じる各周波数の音圧レベル（単位はdBデシベル）を結んだ曲線である（等ラウドネス曲線）。各曲線の上に書いてある数値は，音の主観的な大きさ（単位：phone　ホン）を示しており，例えば1,000Hzで20デシベルの音Aの大きさは20ホンとなる。このグラフを左方向になぞっていくと，31.5Hzで約80dBの音Bも20ホンとなる。つまり音圧レベルが異なっても，主観的には，音AとBとは同じ大きさに聞こえるというわけである。結局，われわれの聴覚系は，音波の周波数に応じて，感じる音の大きさを調節していることになる。

さて，前述のように，音波を電気信号に変えるのは，基底膜上の有毛細胞である。この細胞は，加齢や騒音によって劣化する。この劣化は，聴力の低下を引き起こすが（図4－10参照），残念ながら現在のところ，有効な回復手段は無い。図4－10左は，45歳以上のイースター島の住人90名の聴力についての研究結果である（Goycoolea, 1986）。静かなイースター島から離れて，都会で暮らしていた年数が増えるに従って，加齢の影響（図4－10右）と同じように，高周波数での聴力低下が見られることがわかる。

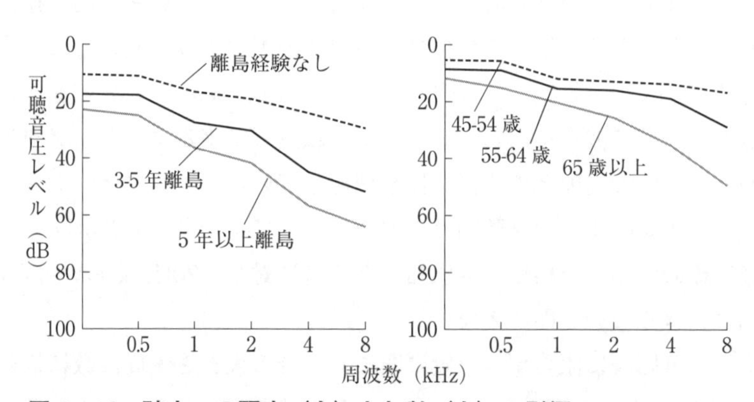

図4－10　聴力への騒音（左）と加齢（右）の影響

（Goycoolea *et al.*, 1986を改変：Wolfe *et al.*, 2015より作成）

4．その他の感覚

これまで見てきた視覚と聴覚に，嗅覚，味覚，体性感覚（触覚など）を合わせて，私たちは通常，五感と呼んでいる。これら5つの感覚が生起する仕組みは，図4-1に示したように，細部は異なるものの，基本的には同じである。そこで，後の3種の感覚も，簡単に紹介しよう。

（1）嗅覚

嗅覚（olfaction）は揮発性の化学物質（匂い物質 odorant）によって生じる。空気中を漂う化学物質が鼻腔内の嗅上皮と呼ばれる薄い細胞層にたどり着き，その粘液層に溶けこみ，受容器に相当する嗅覚受容細胞を活性化させる。生起した活動電位は脳に伝えられる。この受容細胞は約1,000種類あるといわれており，1つの匂い物質に対して多くの受容細胞が，それぞれの程度は異なりながらも，活性化する。信号を受け取る大脳の嗅皮質では，その組み合わせを解釈することによって，異なった匂い感覚を生起するものと思われる（集団符号化）。これは次に説明する味覚も同様である。

（2）味覚

味覚（gustation）を生じさせるのも，嗅覚と同様に，化学物質である。その意味で嗅覚と味覚は**化学感覚系**と呼ばれる。

味覚の感覚受容器（味覚受容細胞あるいは味細胞）は，舌の表面にある乳頭に内包された味蕾の中に存在する。化学物質は唾液に溶け込み，味細胞を刺激し，電気信号となって，大脳に伝わり，味感覚が生起する。

化学物質の数は無数にあるが，感じられる基本味は，塩味，酸味，甘味，苦味，うま味の5種類といわれている。食物の味が異なって感じられるのは，これらの基本味が組み合わされ，さらに，嗅覚も同時に働き，風味という感覚が生じるからである。

（3）体性感覚

体性感覚には，触覚，痛覚，温度感覚のほか，他の五感に分類されない，様々な感覚を総称する場合が多い。ここでは，触覚について紹介しよう。

触覚の受容器は数種類あり全身に分布している。それらが，曲げられたり伸ばされたりといった機械的な刺激の信号を感受し，電気信号が生起する。図 4 - 11 は，皮膚に分布する受容器の様子を示している（上側が表皮）。それぞれの受容器は空間特性（受容野の大きさ）や時間特性（順応や振動への感受性）が異なる。例えば 300Hz 程度の高周波の振動にはパチニ小体が最も活性化し，30Hz 程度の低周波の振動にはマイスネル小体が活性化する（図 4 - 12）。触覚受容器からの電気信号は，大脳皮質の頭頂葉の体性感覚野にたどり着き，そこで，さまざまな触感覚が生み出される。

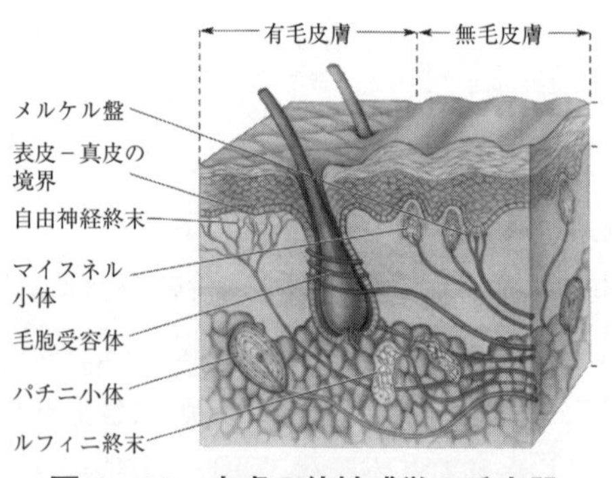

図 4 - 11　皮膚の体性感覚の受容器
（ベアーら，2007 より作成）

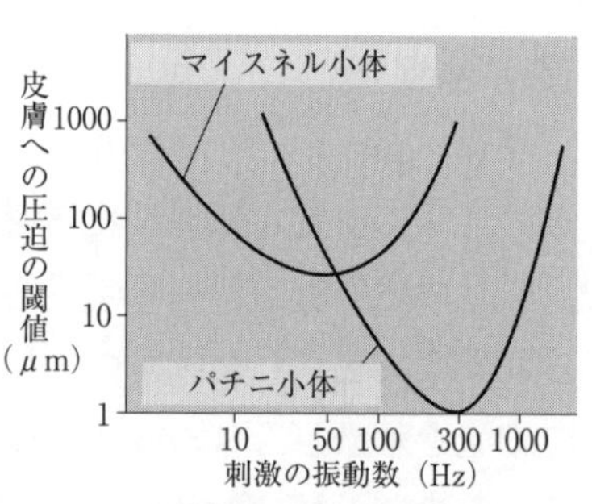

図 4 - 12　振動に対する 2 つの受容器の感受性

以上，五感が生起する仕組みを概観したが，感覚のしくみの研究は，まだまだ発展途上であり，今後も新しい知見が出てくるに違いない。普段は意識しない感覚の世界は，不思議に満ちたフロンティアなのである。

学習課題

課題１　五感の生起に共通するプロセスを，例を挙げて，説明しなさい。

課題２　図４－５とコンピュータ・ソフト（例えば，パワーポイント）における色設定を比較し，類似点，相違点を説明しなさい。

課題３　動物のいない森で木が倒れた。どんな音がするだろうか。

課題４　化学感覚系とは何か，説明しなさい。

学習課題のポイント

課題１　まず，図４－１を説明し，そのあとで，「例えば，視感覚の生起は……」のように続ける。

課題２　図４－５のうち，錐体のグラフに注目する（図の破線）。そして，ある波長の光に対する３種類の錐体の感度（図では吸収率）を例示し，それとコンピュータ・ソフトの色設定値とを比較する。そこから，類似点，相違点を考察しよう。

課題３　聴覚系とは音波を感受し，脳で音感覚を作り出すことを説明し，それを根拠に，解答すればよい。「どしん」という音がすると答えたら，×である。

課題４　嗅覚と味覚の生起についてまとめればよい。その際，両者の相互作用である「風味」についても調べると，優れた考察となろう。

参考文献

池田光男・芹沢昌子（2005）『どうして色は見えるのか―色彩の科学と色覚』平凡社ライブラリー

★色覚に関して，丁寧かつ平易に書かれている。

大山　他（編）（1994）『新編　感覚・知覚心理学ハンドブック』誠信書房

★感覚・知覚に関して網羅的に説明してある。大著で重いので，図書館などで閲覧すると良い。2007 年発行の Part2 もある。

渡邊淳司（2014）『情報を生み出す触覚の知性』化学同人

★触覚に関して，主として応用に力点を置いて書かれている。第 69 回毎日出版文化賞（自然科学部門）受賞。

5 知覚のしくみ

薬師神　玲子・石口　彰

《**目標＆ポイント**》 私たちの意識的な世界は，移ろいやすい網膜像とはかけ離れた視覚世界を体験している。そこでは，モノの形や材質，大きさ，位置は安定しているが，それは当たり前のことなのだろうか。本章では，視知覚を中心に，私たちが安定した知覚世界を得るための巧妙な仕組みを理解する。また，知覚世界の成立する過程では，知識や経験など情報も用いられている。これらの情報が知覚に与える影響，また，知覚と行為との関係について，その仕組みを探求する。
《**キーワード**》 第一次視覚皮質，知覚的体制化，多義図形，アモーダル補完，ジオン理論，知覚の恒常性，トップダウン処理，行為

1．個人が経験する「世界」とは

夕暮れ時，見知らぬ駅に降り立ったとしても，私たちは一目見れば横断歩道の位置がわかるし，遠くの山と近くのビル，どちらが高いかを見間違うこともなければ，迎えに来た知り合いの顔も瞬時にわかる。この章では，このような視知覚（視覚）を例に，日々，当たり前に行っている「身の回りの世界を知る」ことの背後にある複雑な仕組みの一端を紹介しよう。

私達の視覚は，眼に映った網膜像から運動・奥行き・色・形などの要素を別々に取り出してから，これらを組み合わせて意識的な視覚世界を作り上げている。そのことは，視覚認知障害の症例からも明らかだ。1983年，マックスプランク研究所のジールら（Zihl, *et al.*, 1983）は，

モノの形や色などはほぼ問題なく知覚できるのに，動きだけが見えないという珍しい症例を紹介した。当時40代のLMさんは，1978年にくも膜下出血を起こして以来，動きが見えなくなってしまった。彼女の経験する世界は落ち着きのないもので，人々や犬や車は突然，予期せずその位置を変えるという。移動中のモノや人は見えないので，人がどこへ移動したのか，見失ってしまうこともしばしば。お茶をカップに注ぐのも難しくなってしまったと報告されている。LMさんの脳では，左右両側の後頭葉の上側部分が損傷しており，どうやらこの部分のはたらきが，モノの運動を解析する処理に関わっていることが推測できる。同様に，脳損傷によって色だけが見えなくなった症例も報告されている（Zeki, 1990）。

2. 脳における視覚情報処理

（1）眼球から脳へ

網膜を出発した視神経は，頭蓋骨のちょうど中心付近で半分だけ交叉し（視交叉），視床にある外側膝状核へと投射される。そこでの処理を受けた後，視覚の情報は，大脳の後頭様にある**第一次視覚皮質**（primary visual cortex）に投射される（図5-1）。この部位は，ほかにも一次視覚皮質／野，視覚第一皮質／野とも呼ばれ，V1と略される。形状から線条皮質（striate cortex）と呼ばれることもある。これが眼球から大脳皮質への主経路である。交叉するのは，両眼の網膜の鼻側領域（視野でいえば外側視野からの光を受ける領域）にある神経節細胞の軸索だけなので，「両眼の右視野の情報は左脳に，左視野の情報は右脳に」送られる。「右眼の情報は左脳に，左眼の情報は右脳に」ではない。

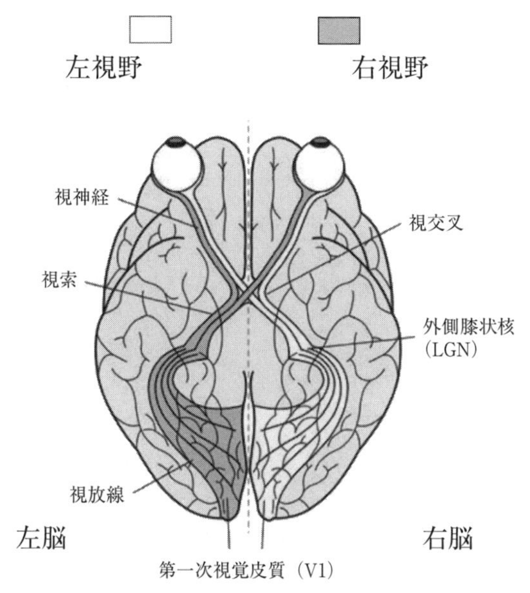

図5-1　視覚の主経路（Ward, 2020 をもとに作成）

（2）大脳皮質での視覚情報の伝達と処理

V1の神経細胞は，下位の神経細胞群から入力を受け，その受容野は下位の神経細胞群の受容野を統合した形となる（図5-2参照）。その結果，（全てではないものの）V1の神経細胞は，傾きを持ったエッジや線の抽出を担うことになる。その後，運動，奥行き，色や形態などが，それぞれ大脳皮質の異なる領域（V1より前方）で別々に処理される。つまり，それぞれの情報は，視知覚の基本部品（**モジュール**：module）として処理されるわけである。知覚の全体像は，これらの部品の組み合わせで，形成されると考えられている。その一部が欠けると，健常ではない知覚像となる。前述のLMさんは，運動モジュール（脳のMT領域などが関与：図5-3参照）が損傷を受けた例と考えられる。

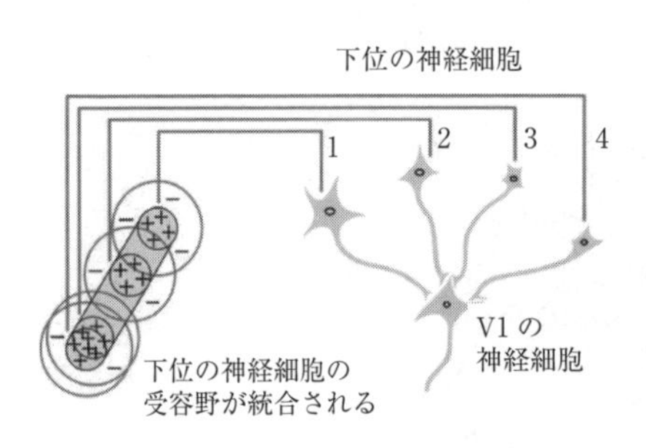

図5-2　V1の神経の網膜上の受容野の例

＋部分に光が当たると神経は興奮し，
−部分に光が当たると神経は抑制される
（Ward，2020をもとに作成）

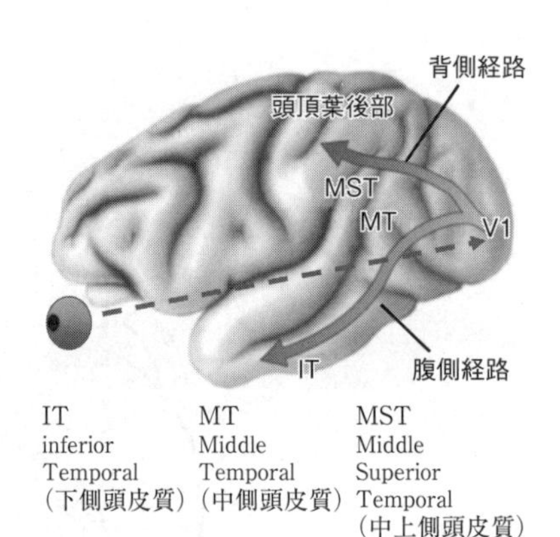

図5-3　大脳皮質での視覚情報の伝達

（図はマカクザルの脳
ベアーら，2007を参考に作成）

図5-3は，大脳皮質における視覚情報の伝達経路である。視覚情報は，大まかに言って，2つの経路に分かれて解析が進んで行く。頭頂葉に向かう経路（**背側経路**）では，「モノがどこにあるのか」または「モノをどう扱うのか」に関する処理，下側頭葉に向かう経路（**腹側経路**）では，「モノが何であるのか」に関する処理が行われると考えられている。もちろん，脳の神経は複雑なネットワークを形成しており，実際には，それらの処理は互いに連絡しながら，また他の領域も巻き込みながら進んでいく。

3．視覚によるモノの知覚

私たちが見ている世界には，モノがあふれている。しかし，われわれは，それらを瞬時に識別できる。その仕組みはどのようになっているのだろうか。

(1) 知覚的体制化と図地分凝

第一次視覚皮質では，網膜上の局所的な特徴（エッジなど）が検出される。通常，モノの像は第一次視覚皮質の神経細胞の受容野よりもはるかに大きい。このため，モノの形を見極めるには，複数の神経細胞が検出した特徴を，何らかの方法で，モノの輪郭や表面を構成するグループへと区分し，まとめる必要がある。

図5-4の左図は大きさの異なる菱形を並べて作成した図である。菱形の配置に意味は無いのだが，テクスチャ（肌理）の異なる複数の異なる領域に分かれて見えるだろう。どうやら私たちの視覚には，類似した形や色だったり（類似の原理），相対的に近かったり（近接の原理），なだらかに連なっていたり（良い連続の原理）する要素を，1つのまとまりとして捉える原理が備わっているらしい。これを**知覚的体制化**(perceptual organization）の原理，あるいはグループ化の原理という（図5-4右）。

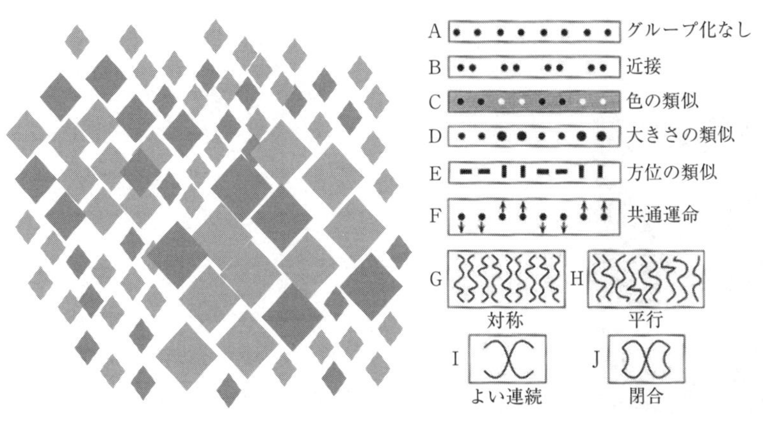

図5-4　テクスチャ分凝（左）と知覚的体制化の原理
（右　Palmer，1999より作成）

要素がグループ化されて画像がいくつかの領域に分かれると，各領域は**図**（figure）か**地**（ground）のいずれかに感じられる（**図地分凝**：figure-ground segregation)。図と感じられやすいのは，囲まれている，小さい，形が対称などの性質を持った領域である。しかし，画像の領域間でこれらの性質に大きな違いがないと，知覚は安定せず，見ている間に図と地が入れ替わることがある。ルビンの壷と呼ばれる**多義図形**（図5－5）では，ある時は中央の白い領域が図になって壷が見えるが，しばらく見ていると，今度は黒い部分が図になって，向き合った2つの顔が見えてくる。面白いことに，図として見える領域（例えば，壺）は必ず地（背景）の手前に見え，図と地の境界線は図（壺）の輪郭（**固有輪郭**）と知覚される。ところが，同じ部分が地として知覚された場合には，境界線は顔の輪郭として知覚され，壺の輪郭は無くなり，壺に見えていた領域は図（向き合った顔）の背後に広がっているように感じられる。

この「背後に広がって見える」という現象は，私達が網膜に映ってい

図5－5　図地分凝
（ルビンの壷）

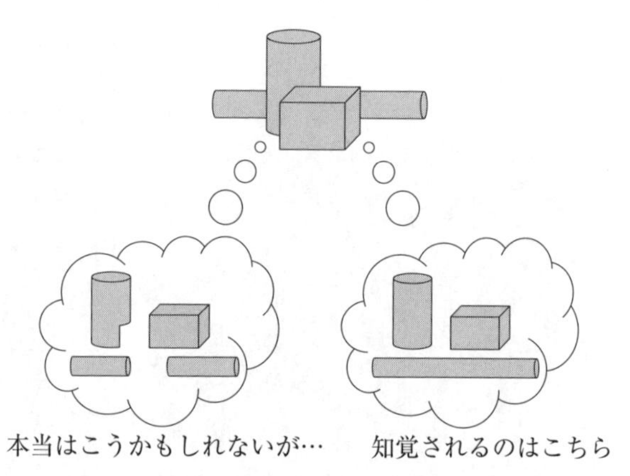

図5－6　モノの重なりとアモーダル補完

ない部分を補って「知覚」していることを示している（**アモーダル補完 amodal completion**）。このアモーダル補完は，日常，様々なところで経験する。周囲を見回してみると，モノ同士は重なっていることが多く，輪郭線が全て見えているモノは，実はそれほど多くない。それでも，私たちはモノの形の全容を迷いなく知覚している（図５－６）。

知覚的体制化やアモーダル補完に関して，そのメカニズムはよくわかっていない。ただ，共通して言えることは，脳は単純さを好むということである。単純な知覚の方が複雑な知覚より，消費するエネルギーは少ないからである。ばらばらなモノより，まとまっているモノの方が単純である。図５－６で言えば，４つの複雑な形態のモノではなく，３つの単純な形態のモノがある，という知覚的解釈が好まれる。

（2）モノ知覚のモデル

さて，知覚的体制化の原理などによって，輪郭線などが単体ではなく，１つのモノとしてまとめ上げられると，次には，どのように「モノが○○である」といった知覚が生じるのかという問題である。この点に関して，いくつかの理論・モデルが提唱されている。

最も単純な方式は，テンプレート方式だろう（**テンプレート理論**）。例えば，文字を知覚する時には，提示された文字の形と，記憶にある各文字の典型（テンプレート，鋳型）とをつきあわせて，当てはまりの良い文字を知覚するという方式である。しかしながら，文字には様々なフォントがあるし，手書きの文字には実に個性的な癖もある。型に当てはめる前に大きさや方位を調整するとしても，テンプレート方式で知覚できる文字は限られている。人はかなりの癖字でも読めることを考えると，人の文字知覚を説明するにはこの理論は不十分だろう。

一方，特徴分析に基づく文字知覚のモデルもある。古典的なモデルとして，**パンデモニアム理論**（Selfridge, 1959）がこれに相当する。文字の構成要素の特徴（縦線，横線，曲線など）が脳内に準備されていて，与えられた文字の中に，これらの特徴がどれくらい含まれるかを検出し，文字の候補者を挙げ，その中から有望な文字を決定する，というモデルである。例えば，横線が2本，縦線が1本含まれている文字は，“F”と判定する。特徴分析による文字知覚理論は，テンプレート理論よりも様々な字体や癖字に対応できそうだが，その一方で，同じ特徴からなる文字（例：XとV）を見分けられないという欠点がある。これを見分ける為には，特徴間の空間的構造や関係性（例：中央でクロスしている「X」，下端で接している「V」）を検出するプロセスを加えることが考えられる。これらの考え方は，後に，ニューラルネットモデルに発展していったが，ここでは扱わない。

文字だけでなく，モノの知覚一般については，特徴間の構造も組み込んだ，様々な構造記述理論も提唱されている。その中でも，ビーダーマン（Biederman, 1987）による**ジオン理論**が有名である。彼はモノを構成する特徴として，「ジオン（geon）」（ジオメトリック・イオンを短縮したビーダーマンの造語）と呼ばれる3次元の部品を想定した。これが，脳内に保存されていると考える。少ないイオン／アルファベットの組み合わせで，無数の化学物質／単語が産み出されるのと同様に，ジオンを構成要素（部品）として，無数のモノが脳内で表現できると考えた。従って，ジオン理論は，いわば単語知覚のレベルのモデルである（単語知覚のモデルではない）。

ジオンは，円柱形の切り口の形や曲率を変えて作られた36種類の形状で（図5-7（A）はその一部），それらが網膜上に投影された時，見る向きが多少違っても同じジオンだと分かる形をしている。ジオン理論では，画像に含まれるジオンの種類と，それらのジオン同士の間の構造

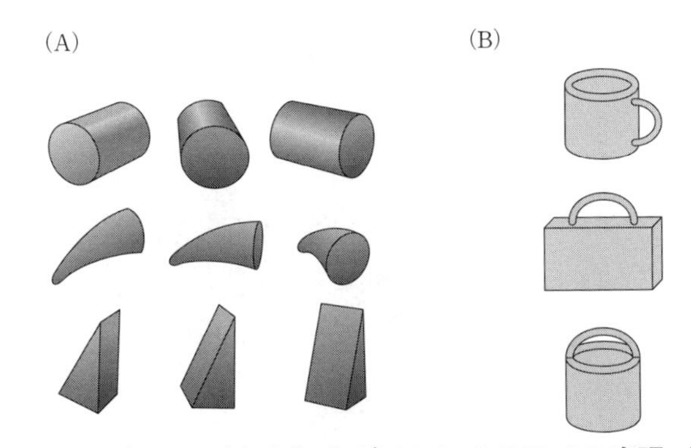

図5-7　ジオンの例（A）とジオンによるモノの表現（B）
（Wolfe *et al.*, 2019）

によって，モノについての知識が記憶の中に蓄えられていると仮定する。例えば図5-7（B）で，U字型のジオンがシリンダー型のジオンの上についていればバケツ，横に付いていればコップといった具合である。そして，目の前のモノの画像に含まれるジオンとその構造を，記憶の中の知識と照らし合わせ，モノの知覚が生じるというモデルである。

4. 知覚の恒常性

ここまで，モノ知覚の成立に関して，その概要を説明してきた。ここで，モノ知覚に関連する，重要な知覚特性の話をしよう。

視知覚の出発点は，眼球の網膜像である。ところがこの網膜像は，常に変化している。照明が変われば網膜像は変化する。自身が動けば，やはり網膜像は変化する。しかし，周りの世界は，それほど変わらないし，知覚像も変わらないことが多い。これは，**知覚の恒常性**（perceptual constancy）という現象である。

図5-8を観察してみよう。チェッカーボード上のA，B，Cの明る

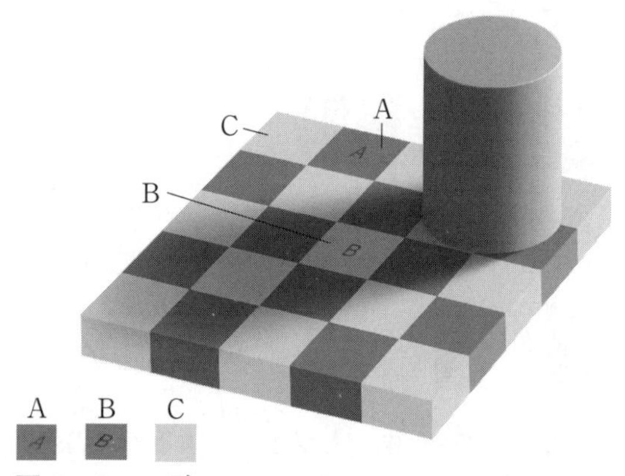

図5-8 アデルソンのチェッカーシャドー錯視

さは，どの様に見えるだろうか。多分，AよりBの方が明るい（A＜B）と感じるだろう。そして，CとBでは，同じくらいの明るさ（C≒B）に感じられるかもしれない（本音を言えば，Bの方が少し暗く感じられるけれど……）。図5-8の左下に，A，B，Cの一部を切り出した図を添えておいた。切り出した部分を見ると，AとBは同じ明るさ（A=B），Cはかなり明るい（C＞A，B）ことがわかるであろう。これは明るさの錯視の一種で，発見者に因んでアデルソン（Adelson, E. H.）のチェッカーシャドー錯視と呼ばれる。

第1章で紹介したように，モノの固有の色あるいは明るさは，モノの「反射率スペクトル（X）」，つまり，どの波長の光をどの程度反射するか，によって定まる。眼に入ってくる光のスペクトル（「入射光スペクトル（Y）」）は，この反射率スペクトルに「照明光スペクトル（I）」を掛け合わせたものである（IX=Y）。網膜像は，この入射光によって結ばれる。視覚系は，IとYからXを推定する。Bの部分は，ポールの陰になっているので，この部分のIは，AやCと比べると，弱いと判断する（$I_B < I_C$，I_A）。従って，BとCとでは，実際にはYの値は異なる（$Y_B < Y_C$）が，それはIの値が原因だとし，両者のXはほぼ等しい（$X_B \fallingdotseq X_C$）と推定する。このように，照明光の強度が少々変わっても，モノの明るさはそれほど変わらない，という知覚現象を，知覚の恒常性の一種，**明るさの恒常性**（brightness constancy）という。

上記の錯視は，場所Aと場所Bの反射率スペクトル（X_A，X_B）の（無意識の）推定値が異なるために生じている現象である。入射光スペクトルYは，AとBとでは（物理的には）等しい。しかし，陰を知覚し，$I_A > I_B$と判断したために，AよりBの方が明るい（$X_A < X_B$）と推定してしまったのである。明るさの恒常性に逆手を取られて，脳が騙されたのである。でも，脳としてはこれでよいのである。

知覚の恒常性には，このほかにも，「色の恒常性」，「大きさの恒常性」，「形の恒常性」など，多々ある。知覚の恒常性は，脳が産み出す知覚世界の単純性と安定性の結果である。脳は，省エネをして，単純性と安定性を求めているのだから，仕方がない。

5. トップダウン処理

この章では，視知覚に関しここまで，網膜像から第一次視覚皮質での特徴検出，知覚的体制化，そしてより高次のモノの知覚へと進む，**ボトムアップ**（下から上へ）の処理の流れを中心に説明してきた。しかし，実際には，知識や経験が知覚に影響を与える**トップダウン**（上から下へ）の処理があることが知られている。これら双方向の情報処理や，意識に上らない知覚の存在について見て行こう。

図5-9は，何と書いてあるだろう？多くの人は，一瞬で“THE CAT”と答えるのではないだろうか。実は，左から2番目と5番目の文字に相当する図形は，同じである。この例は，私たちの文字知覚が，

ボトムアップ処理だけでは説明できないことを示している。図5－9がTHE CATと読める時には，より高次の処理に関わる単語の知識によって，文字知覚が調整されたと考えられる。このように，知識や文脈，あるいはこれらを用いたより高次の処理結果が低次の処理で用いられることを，**トップダウン処理**（top-down processing）と呼ぶ。

トップダウン処理が起こるのは，文字の知覚には限らない。図5－10の中央の図は，ルビンの壷（図5－5）と同様，**多義図形**で，若い女性と高齢の女性，2通りの見え方がある。左側の図は若い女性に見えやすく改変したもの，右側の図は高齢の女性に見えやすく改変したものである。左側の図を見てから中央の図を見ると，若い女性に見える率が高くなる。その反対に，右側の図を見てから中央の図を見ると，高齢の女性

THE CAT

図5－9　文字認識へのトップダウンの影響
（Selfridge, 1955）

図5－10　多義図形と文脈

に見える率が高くなる。

中央の図が若い女性に見える時と，高齢の女性に見える時とでは，顔を構成する領域の広さが異なる（「若い女性に見える時の顔」＜「高齢の女性に見える時の顔」）。つまり，違った知覚的体制化が行われるわけだ。この例は，以前見た図によって，モノの知覚，そして知覚的体制化が影響を受けることを示している。これは**文脈効果**（context effect）と呼ばれる。

図5-11は，トップダウン処理が，知覚的体制化に影響を与えることを，如実に感じさせてくれる例である。初めて見る人には，この絵は意味の無い，ランダムな斑点の集まりに見えるかもしれない。様々な斑点のグループが浮かんでは消え，特定の情景はなかなか見えてこないだろう。ところが，いったんこの絵の中にモノが見えてしまうと，もう他の見方はできなくなってしまう。それどころか，周囲の情景も見えるよう

図5-11　何の絵に見える？
（Gregory, 1970）

になってくる。それはモノの認識（章末の注参照）が，特定のグループ化を強め，他の可能なグループ化を抑制するからだと考えられる。さて，この図にはある動物が描かれているのだが，あなたには見えるだろうか？

動物が見えたら，今度は，この本を逆さまにして見てみよう。恐らく，また，さまざまな斑点の集合に見えてしまう。これは，逆さまにすることで，知覚的体制化のはたらきが弱まるためだと考えられる。要素同士の距離や配置は逆さまにしても変わらないので，ボトムアップの処理ではこの違いは説明できない。先ほど見えていた動物は，普通，上下逆に見ることがないので，絵を逆さまにするとトップダウンの処理が弱まり，延いては，知覚的体制化のはたらきが弱まることが考えられる。すなわちこの現象は，知覚的体制化とモノの認識が相互に関わっていることの証拠といえる。

6. 行為と知覚世界の関係

最後に，私たちの意識的な知覚世界と行為との不思議な関係について，簡単に触れておこう。私たちは，目の前にある鉛筆をつかむ時，意識的に「見える」から，つかめるのだと思っているだろう。実は，そうではないことが，脳損傷の症例から推測される。眼で見てモノを認識することができなくなった視覚形態失認の患者 DF さんの行動を紹介しよう（Goodale & Milner, 2004）。例えば，検査者が鉛筆を持ちあげて見せると，DF さんは，それが黄色だと報告できても，何であるかはわからない。検査者が鉛筆を垂直に持っているのか，水平に持っているのかも答えられない。しかし，手を伸ばして鉛筆をとる動作はスムーズにできる（図 5 - 12）。他にも，でこぼこしたハイキングコースを問題なく歩くこともできる。また，ナイフとフォークの区別ができないのに，渡されたら正確に手を伸ばして受け取ることもできる。グッデイルとミル

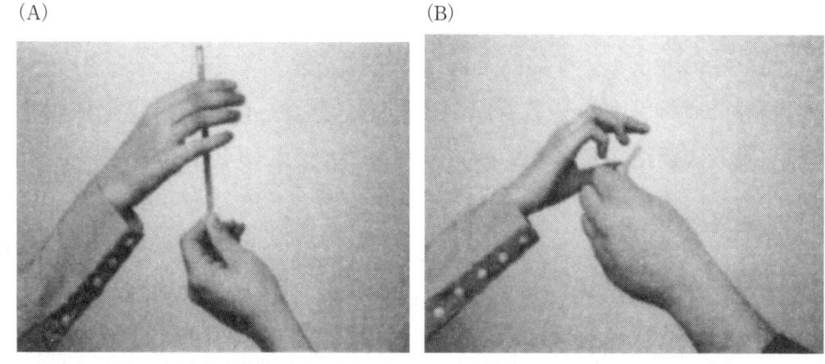

検査者（右側の手）が鉛筆を（A）垂直に持っている，(B) 水平に持っている。DF さん（左側の手）は完璧に鉛筆をつかめる。

図５－12　DF さんが鉛筆をつかむところ
(Goodale & Milner, 2004)

ナーは，彼女の視覚と行為，そして意識的な知覚世界との関係について，詳細なテストを行った。その結果から考えると，意識的には見えていない視覚的な大きさや形が，行為を行う上では利用されていると考えざるを得ない。

DF さんよりも，さらに極端な例もある。第一次視覚皮質に損傷を受けた人の中には，意識的には何も見えないと報告しているにも関わらず，光点の位置を指差したり，光点が出た方向に眼を向けたりすることができる人がいる。さらには，目の前に置かれた物体に手を伸ばしてつかむ時に，手の開き幅を調整し，正確に手首を回転させるという報告もある（Perenin & Rossetti, 1996)。このような例は**盲視**（blindsight）と呼ばれており，私たちが，意識的な視覚世界を構築する仕組みとは別に，行為のための視覚処理の仕組みを備えている証拠といえるだろう。なぜ，このような現象が起きるのだろうか。

眼から脳へと視覚情報を伝える経路には，網膜―外側膝状核―第一次視覚皮質という経路（主経路：意識的な視覚に関与）の他に，外側膝状核の代わりに上丘という部位を通って，第一次視覚皮質を通らずにその周辺領域に直接情報を送る経路（副経路：意識を伴わない視覚に関与）など，複数の経路が知られている。盲視では，この上丘を通る経路が損傷を受けない状態で残っており，それによって，第一次視覚皮質以外の部位での視覚情報の解析が可能だと考えられる。「モノがどこにあるのか」または「モノをどう扱うのか」といった行為に関わる情報は，頭頂葉に向かう視覚経路（背側経路）で解析が行われると考えられている。DF さんや盲視を示す人たちは，恐らく，この経路での情報処理が活用されているのだろう。

健常な視覚を持っている人でも，キャッチボールをしたり，車をよけながら歩いたりしている時，実は意識としての視覚世界に基づいて行動しているのではないのかもしれない。では，私たちの意識的な知覚世界とは何なのか。謎は，深まるばかりである。

本章では，モノの知覚の基本を紹介したが，視知覚に限っても，色知覚，運動知覚，奥行き・空間知覚，情景知覚など，本章で紹介できなかったテーマがたくさんある。また，顔や表情の知覚も，通常のモノ知覚とは異なる処理が行われている。これらの点は，参考文献などで，補ってもらいたい。

〉〉注

本章では「認識」という用語が出てくるが，第１章でも触れたように，哲学や工学領域で使用する「認識」とは異なり，ここでは一般用語として扱っている。「知る」，「わかる」，「捉える」，「識別する」などと同義である。それに対して「知覚」や「認知」は，心理学の専門用語として扱っている。

学習課題

課題１　両眼の右視野の情報は左脳に，左視野の情報は右脳に伝達される仕組みを，図を用いて説明しなさい。

課題２　知覚的体制化（グループ化）の原理を，例をいくつか挙げて，その特性と共に説明しなさい。

課題３　「ジオン」とは何か。それはどのような働きをするのか。単語知覚と関係づけて説明しなさい。

課題４　「知覚の恒常性」を身近な例を挙げて，説明しなさい。

学習課題のポイント

課題１　図５-１を用いて説明する。なぜそのような仕組みになっているのか，自分なりに考察すると，理解が深まる。

課題２　「近接の原理」や「類似の原理」など，図を用いて説明する。できれば，なぜそのような原理が成り立つのかを，自分なりに考察すると，理解が深まる。

課題３　まず，ビーダーマンの「ジオン理論」を説明する。その際，アルファベットと単語との関係，単語知覚とモノ知覚との関連性に触れる。次にジオンの例を挙げ，どんなモノにどんなジオンが含まれているか，身近なものを例に挙げて説明する。

課題４　本章で挙げた「明るさの恒常性」だけでなく，身近な恒常性，例えば，「遠くにいる人は目の前にいる人より，網膜上はかなり小さいのに，小さくは感じない」など，「大きさの恒常性」などに注目すればよい。それを図を用いて，説明する。

参考文献

グッデイル・ミルナー著　鈴木光太郎・工藤信夫訳（2008）『もうひとつの視覚：〈見えない視覚〉はどのように発見されたか』新曜社

★「行為」と視覚との関係を，視覚障害の例を引用しながら解説している。

石口彰（2006）『視覚』新曜社

★視覚の様々なテーマを平易に記述してある。

日本バーチャルリアリティ学会 VR 心理学研究委員会（編）（2006）『だまされる脳』講談社ブルーバックス

★ VR の話を中心に，視覚に限らず，脳が騙される仕組みを解説している。

6 注意のしくみ

薬師神　玲子・石口　彰

《目標＆ポイント》 私たちの情報処理能力には限りがある。そのため，知覚・認知システムは，当面の課題に必要な情報に限定して，精緻な解析を行う仕組みを備えているようだ。この章では，人の知覚・認知システムで情報の選択の役割を担う「注意」について，分類，代表的な理論，それに関連する実験パラダイム，注意と脳の関係について理解する。
《キーワード》 外因性注意，内因性注意，選択的注意，フィルター理論，視覚的探索，マルチタスキング，見落とし

1．注意とは

このテキストを読みながら，テレビで今日のニュースをチェックし，夕食の用意と平行して，子どもの宿題の相談にのる。子どものいる人ならありそうな状況ではあるが，果たして，これらの作業を同時に過不足なく行うことは可能だろうか。人が一度にできることは限られており，感覚器から絶えず入ってくる情報を全て意識していたのでは，どの作業も満足にこなすことはできない。

注意（attention）とは，感覚器から入力された情報を取捨選択してより詳細な処理を行ったり，意識にのぼらせたりする仕組みのことである。私たちがテキストを理解しようとすると，眼の端に映っているニュース映像は意識から遠のいて行き，子どもの話に耳を傾けると，テキストはただの文字が羅列されたテクスチャに見えてくるのは，この注意の仕組みが働いている証拠である。この章では，知覚・認知心理学で

扱われている注意について，主要な現象，特性，研究，理論などを紹介しよう。

2. 注意の分類

ひと言で「注意」といっても，いろいろな側面がある。そこで，この節では，注意を分類してみよう。

まず，「注意をコントロールする」という観点から，**外因性**（exogenous：外発的ともいう）**注意**と**内因性**（endogenous：内発的ともいう）**注意**という分類が可能である。外因性注意というのは，急に発せられた大きな音に注意が向けられるように，外部の刺激によって反射的に注意が奪われる（コントロールされる）場合である。内因性注意は，対象に対して意図的に注意を向ける（コントロールする）場合である。これに関しては，第4節で扱う。

注意の基本的機能は，情報の取捨選択である。取捨選択といっても，対象を絞り込む選択から，冒頭の例のように複数の対象に注意を分けて選択することもある。その観点から，注意は，**選択的注意**（selective attention）と**分割（配分）的注意**（divided attention）に分類できる。選択的注意に関連する現象として有名なのが，**カクテルパーティ現象**（cocktail-party phenomenon）である。これは，パーティ会場など多数の人が話している状況で，特定の人の話し声を聞き取れたり，自分の名前が呼ばれたらそれに気づけたりする現象で，要は，多数の音源を空間的に別々に聞き分けて，特定の音源のみを処理する現象といえる。

選択的注意に関しては，他にも，**視覚的探索**（visual search）などがあるが，これについては，第5節で扱う。

分割的注意に関しては，**マルチタスキング**（multi-tasking）というテーマがある。これは文字通り，複数の課題を同時に行う時に，注意はどのように配分されるのか，というのが問題となる。これについては，第6節で扱う。

このほかにも，注意が視線や顔の動きと一致していて，外から見て何に注意しているのかわかる状態を**顕在的注意**（overt attention）といい，一方，視線や顔の動きと一致していない状態を**潜在的注意**（covert attention：陰在的注意ともいう）として分類することもある。相手の人に視線を向けていても，後ろの人に注意を向けているような場合は，陰在的注意が働いていることになる。

最後に，注意には持続的か一過性かという側面もある。前者は**持続的注意**（sustained attention）として扱われている。恋人からの電話を待っている時，いつ電話機が鳴るか気が気ではない。このような，長時間にわたって信号を待つ状態を一般にヴィジランス（vigilance）というが，その状況で働くのが持続的注意である。警戒したり用心したりする場合も，当てはまる。これに対して一般的な注意は，一過性の注意となろうが，どの時間までが一過性の注意なのかといった厳密な定義はなく，時間軸に沿って，一過性の注意と持続的注意を連続体として考えればよい。

留意してほしいことは，これら分類された注意は，独立的に働くのではなく，ある注意が，内因性であり，分割的であり，顕在的であるということは十分あり得る，という点である。

3. 注意の古典的理論

注意の分類に則った，注意の特性の詳細は次の節以降で説明するとして，その前に，注意の古典的理論に関して紹介しよう。そこでのテーマは，注意は知覚・認知プロセス上のどこで働くのかという問題であった。

（1）フィルター理論

注意の科学的研究は，1950 年代，主として聴覚領域で行なわれ始めた。カクテルパーティ現象に興味を示した，イギリスの科学者チェリー（Cherry, 1953）は，**両耳分離聴**（dichotic listening）という実験方法を使って，このパーティの状況に対応するような，聴覚を用いた選択的注意の研究を行った。彼の研究では，実験参加者はヘッドホンを装着し，両耳から異なるメッセージを同時に聞いた。参加者は，片方の耳から流れてくるメッセージを**追唱**（shadowing），すなわち，聞こえてくるメッセージをオウム返しに繰り返す。このような実験を行った後で，参加者に追唱していない方のメッセージについて覚えていることを尋ねたところ，人の声であることや性別などは報告できたが，話されていた言語や，出てきた単語などはほとんど報告できないことがわかった。

以後，先に述べたように，注意の研究は，注意による情報選択が，知覚・認知のプロセス上の，どこでどのように行われるかに関心がもたれた。

イギリスの認知科学者ブロードベント（Broadbent, 1958）は，チェリーらの実験結果や通信技術の知識を踏まえて，**フィルター理論**（filter theory）を提唱した。この理論では，感覚器を通して入力された情報は，最初，その全てが並行して処理される。そしてその後，短期記憶システムに伝達される前で，フィルターによって，注目した物理的な特性（聞こえてくる耳，音の高さ，など）を基準に情報がふるい分けられ，選ばれた情報だけが，意味処理などの，より進んだ処理を受けると仮定された。つまり，知覚認知プロセスの，ある程度初期の段階で，情報の選択が行われると考えたわけである。その意味で，ブロードベントの注意理論は**初期選択論**と呼ばれる。

ブロードベントは，フィルター理論を提唱した著作「*Perception and*

communication」で人間を情報処理器として理解するという論を展開し，これは，1950年代に展開された認知革命の火付け役の1つとなった。なお，フィルター理論のように，それまで並列的に処理されていた情報の一部が選別されて，その後処理を受けるシステム設計のことは**ボトルネック**（bottleneck）と呼ばれることが多い。

（2）減衰理論

ところが，その後の研究で，フィルター理論では説明がつかない現象が報告される。どうやら人は，両耳で聞いた音について同時に高度な意味処理を行うことが可能だし，また，物理的な特性ではなく，意味による情報のふるい分けもできるというのである。

この点を実証するために，トリースマン（Treisman, 1960）は，小説の文章を使って，文章が聞こえてくる耳を途中で入れ替えるという両耳分離聴実験を行った。例えば，はじめは左耳から小説の朗読が，右耳からは無意味な単語の羅列が聞こえているのだが，ある時点で，参加者には知らせずに，それらが入れ替わるのである。左耳から聞こえる音声を追唱するように教示されている場合，入れ替え後は，追唱すべき音声は無意味な単語の羅列になるのだが，参加者の中には，内容的に繋がりのよい，本来は無視すべき音声に追唱の対象が変わってしまう人もいた。つまり，左耳の音声といった物理的特徴ではなく，意味によって情報の選択が行われたことになる。

トリースマンは，これらの結果を説明するために，注意の**減衰理論**（attenuation theory）と呼ばれる理論を提案した。ブロードベントのフィルター理論では，知覚認知の初期段階で，物理的な特徴を基に，情報の選択が行われてしまうため，フィルターを通らなかった刺激（両耳分離聴実験では，追唱しない方の耳から聞こえた刺激）に対しては，意味処理は行われないと想定される。これに対して，減衰理論では，フィルターは完全に刺激を遮るわけではなく，その刺激についての信号（あるいは活性化）を弱めるはたらきをすると想定する。信号が弱くなっても意味処理は行われるので，意味に基づく追唱や記憶再生を行うことも可能ということになる（ただし，信号が弱められずにフィルターを通過した刺激に比べると，難しくなる場合が多い）。

これらの古典的な選択的注意理論に関して，近年では，ボトルネックの位置は課題などに応じてフレキシブルであり，さらにトップダウンプロセスの役割に注目する研究が増えている（例えば，Woods & McDermott, 2018）。

ここまで紹介したのは，注意の古典的理論であり聴覚研究が主であった。実際には，注意の研究は，視覚領域に関するものが多い。以下の節では，第2節で説明した注意の分類を踏まえて，視覚的注意の特性を紹介する。

4. 注意のコントロール

上記の聴覚領域の注意研究では，情報伝達経路上でのボトルネックの位置に関心があった。これに対して，視覚的注意の研究では，注意はどのような様相を呈し，何を選択するかに関心が高い。

まず問題となったのが，注意が情報を取捨選択する機能を持つとして，ではその注意の駆動はどのようにコントロールされるのだろうか，という点である。

ポズナー（Posner, 1980 など）は，この注意のコントロールについて，内因性と外因性の2種類があることを指摘した。以下では，内因性／外因性の注意のコントロールを，内因性／外因性注意と同義として扱う。図6-1はポズナーたちが考えた，注意を駆動するための「先行手がかり実験」（pre-cueing experiment）の例である。

注視点（図の中央の＋）の左右にある2つの四角形（スロット）のどちらかにターゲット（X）が出現する。参加者の課題は，ターゲットが，右のスロットに出たら，なるべく速く正確に右のキーを，左のスロットに出たら左のキーを押すことである。内因性注意を駆動する手がかりは，注視点の位置に出る，右か左を表すシンボル（右：●　左：■）である。このシンボルが正しい方向を指す（妥当な手がかり）場合，課題を行う人は，シンボルに従って，意図的に注意を向けるだろう。そして，注意を向けた位置にターゲットが出れば，反応は早くなると想定された。一方，外因性注意を駆動する手がかりは，左右どちらかのスロットの枠が光るというものである。手がかりが出た位置に自動的に注意が引きつけられることで，ターゲットへの反応時間に影響が生じる。結果は，両方の条件ともに，手がかりが示す位置に出現するターゲットへの反応時間を早めたが，外因性注意を駆動する手がかりの方が，効果が出るタイミングが早い（手がかりとターゲットの提示間隔がより短い時に反応時間が短くなる）（図6－2参照）。要は，注意を奪われるのは早く，注意を注ぐには時間がかかるということである。

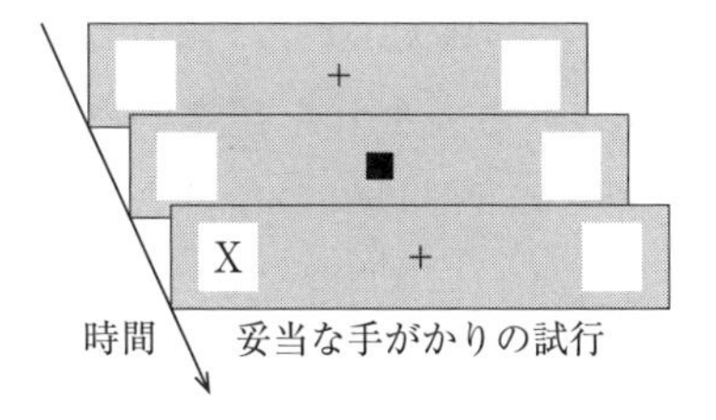

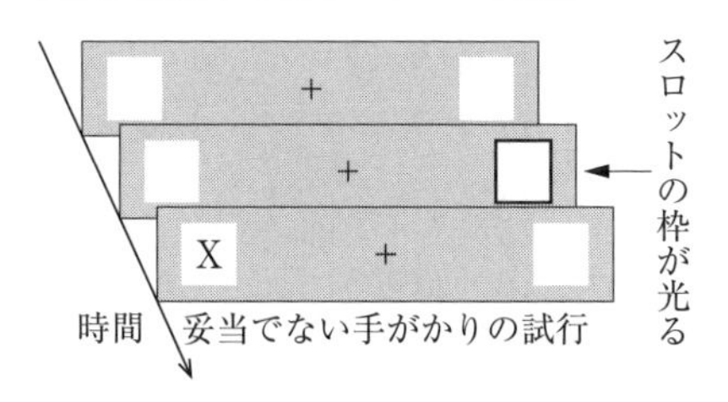

（注）両条件ともに，妥当な手がかりの試行と妥当でない手がかりの試行が一定割合含まれる

図6－1　内因性注意と外因性注意の実験例

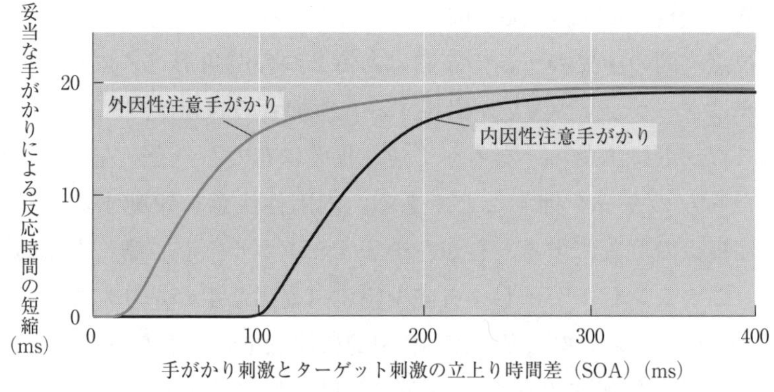

図６－２　Posner らの先行手がかり実験の結果
（Wolfe *et al.*, 2019 より作成）

内因性の注意のコントロールはトップダウンのコントロール，外因性の注意のコントロールは，ボトムアップのコントロールと言い換えることができる。つまり，私たちが注意と一言で呼んでいる機能の背後には，複数のメカニズムが関与していると考えられる。

5. 視覚的探索と特徴統合理論

私たちは日常，どのような状況で視覚的に情報を選択するのだろうか，つまり，視覚的な**選択的注意**機能を働かせているのだろうか。1つの例として，図書館の書棚でお目当ての本を探す時のように，類似したものの中からターゲットを探す行動が挙げられる。これを**視覚的探索**（visual search）という。視覚的探索ではターゲット以外の項目をディストラクタ（妨害項）という。ここで紹介するのは，まさにこの「探す」という状況を単純化して再現した研究である。

図６－３は，視覚的探索課題の刺激例と結果である。この例では，画面を構成する要素の中に，1つだけ，他とは異なる要素（ターゲット）

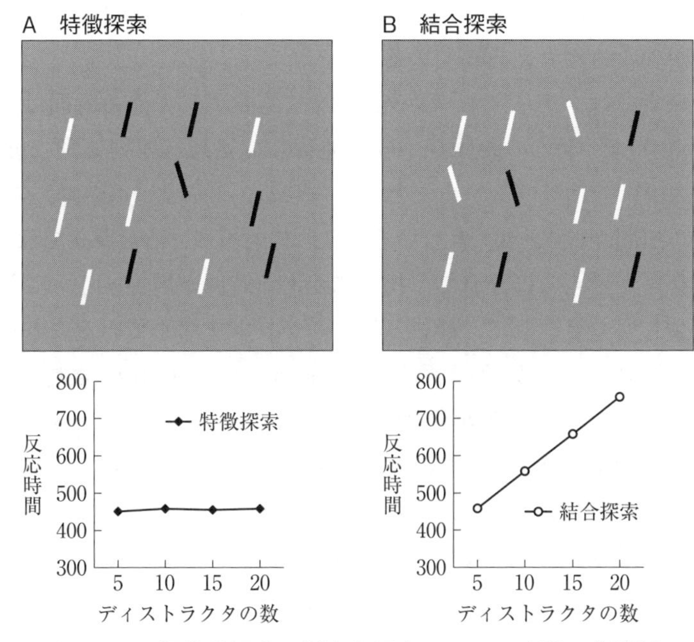

図6－3　視覚的探索の刺激と探索にかかる時間の典型例

があるか無いかを答える課題なのだが，Aでは，おそらく，ターゲットを探すまでもなく，まるで飛び出してくるように，ターゲットがわかるにちがいない。このようなターゲットの見つかり方は，ポップアウト（pop out）と呼ばれる。これに対してBでは，注目する部分を変えながら，ターゲットを意識的に探さなくてはならないのではないだろうか。

AとBの違いは，Aでは1つの視覚的特徴（方位）だけでターゲット（左傾き）とそれ以外のディストラクタ（右傾き）が分かれているのに対して，Bでは複数の視覚的特徴の組み合わせで，ターゲット（左傾きかつ黒）とディストラクタ（それ以外の組み合わせ）が決まっているということである。Aの探索は**特徴探索**（feature search），Bの探索は**結**

合探索（conjunction search）と呼ばれ，それぞれ，探索に必要とされる処理が異なると考えられている。

特徴探索では，ディストラクタが増えても探索にかかる時間は変わらない。これは，全ての要素が一度に並行して処理（並列処理：parallel processing）されているからだと考えられる。このような探索を**効率的な探索**（efficient search）ともいう。これに対して，結合探索では，ディストラクタが増えるに連れて，探索にかかる時間が増加する。これは，要素を少しずつ処理して，順繰りにターゲットを探していることを示しており，このような処理は逐次処理（serial processing）と呼ばれる。またこのような探索を**非効率な探索**（inefficient search）ともいう。特徴探索では探索に注意のはたらきを必要としないのに対して，結合探索では，探索課題を行うのに，あたかもサーチライトのように，注意を働かせて（移動させて）いると自分でも感じるのではないだろうか。

トリースマンら（Treisman & Gelade, 1980）は，次のような**特徴統合理論**（feature integration theory）で，これら視覚的探索の結果を説明した（図6-4）。まず，方位，形，色，運動，奥行きなど，個々の基本的な視覚特徴について，それぞれ別に，網膜上の位置を示したマップ

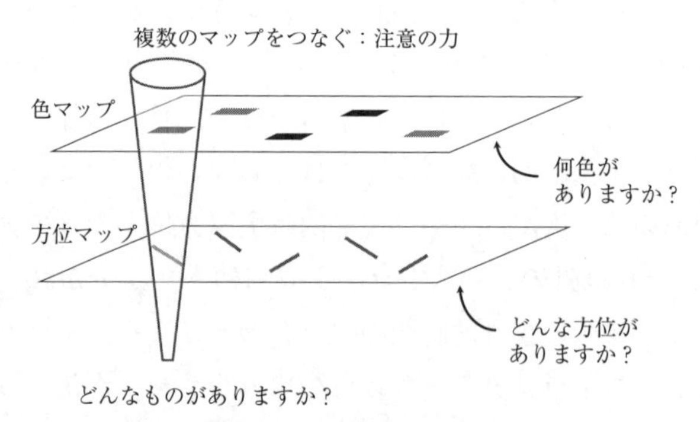

図6-4　特徴統合理論

が自動的に形成されると想定する。つまり，方位マップには，各要素の位置に方位だけが描かれており，色マップには，各要素の位置に色だけが描かれている，という具合である。このマップ作製の段階は，注意を使わずに並列処理で行われるため，**前注意段階**（preattentive stage）と呼ばれる。前注意段階の処理で得られた複数のマップは，いわば平行に重ねられており，垂直にスポットライトを当てれば，それぞれのマップにおいて同じ網膜位置にある特徴すべてに光が当たるようになっている。この光の役割を担うのが選択的注意であり，注意のスポットライトが当たった箇所の特徴が意識上で統合される。特徴探索の場合には，前注意段階で形成される1枚のマップ上での探索なので，注意の力を必要としないが，結合探索の場合には，2枚以上のマップを使って探索を行わなければならないので，注意の力が必要，というわけである。

ただし，結合探索でも，われわれはむやみに探すわけではない。八百屋さんの店先で，例えばトマトを探す時，黄色や緑のモノは無視して，赤っぽいものを目安に探し始めるだろう。このような探索を理論化し，特徴統合理論を発展させたのが，ウォルフ（Wolfe, 1994）の**誘導探索理論**（guided search theory）である。

6. マルチタスキングと処理資源説

さて，ここで，本章の最初に出した例を思い出してみよう。本を読みながら，テレビで今日のニュースをチェックし，夕食の用意と並行して，子どもの宿題の相談にのる。このように，複数の課題を同時に行う状況を，**マルチタスキング**という。この状況に対処するのは，トップダウンの注意コントロールによる，いわば，複数課題のマネージメントの機能である。

マルチタスキングに関係する注意の理論として，**資源理論**（resource

theory：Kahneman, 1973）（**処理資源説**とも呼ばれる）を紹介しよう。資源というのは注意資源（attentional resource），または処理資源（processing resource）のことで，情報処理を行うのに必要な心的な労力，又はエネルギーだと考えれば良い。例えば計算や読書など，それぞれの課題を遂行するためには，ある量の処理資源が必要とされる。ところが，私たちが持っている処理資源の量には限界があるので，一度に多くの課題を行おうとすると，必要な処理資源量が限界を超えてしまい，課題の遂行が十分にできなくなる（干渉という）。パソコンのCPUが利用するメモリ容量をイメージするのも良いだろう。メモリ容量の範囲内であれば，様々なソフトウェア（課題に相当）を立ち上げて作業をすることができるが，限界を超えるとそれ以上新しいソフトウェアを立ち上げることはできないし，又，個々のソフトウェアでの作業も遅くなったりする。これと同じような容量の制約が，私たちの認知システムにもあると想像してみよう。

カーネマン（Kahneman, 1973）は，どんな課題でも使える，1種類の注意資源を想定した（**単一資源理論**）。これに対して，遂行する課題の特性（視覚課題か，聴覚課題か，など）によって，異なる処理資源が存在するという考え方もある（**多重資源理論** Wickens, 2008）。多重資源理論の根拠は，例えば単純な視覚課題（例：提示される視覚刺激の形によって，XやYなど，異なるキーを押す課題）と聴覚課題（例：聞こえる音の高さを，「高い」とか「低い」とか，言葉で回答する課題）を同時に行っても，単独でそれらの課題を行う時と比べて成績が低下しない場合があるということである。

しかし，この種の研究には問題がある。これらの課題は簡単すぎて，注意資源をあまり必要としないだけかも知れないし，また，課題に慣れると，処理が自動化されて，あまり資源を必要としなくなるということも関与しているのかもしれない。あるいは，全ての課題を文字通り同時進行させているわけではなく，パソコンで複数のソフトウェアを走らせている時のように，各課題に関わる処理の各段階を入れ替わり立ち代わり，処理容量からあふれないように上手に入れ替えながら，タイムシェアリングを行っているのかもしれない（Anderson, 2020）。実際にどのように私たちの認知システムの中で課題のマネージメントが行われているのかは，まだ，明らかにされていない。

7. 注意と見落とし現象

視覚的注意の副産物として，見落とし現象が知られている。それには，主として，**変化の見落とし**（change blindness）と**非注意的見落とし**（inattentional blindness）がある。

変化の見落としとは，視覚的情景の中で，変化したものに気づかない現象である。映画の中でも，ちょっとした編集のミスで，主人公の着ている服（「スターウォーズ」）や壊れた窓（「ターミネーター」）が数秒後には変化している／元に戻っているなど，その例が多々ある。しかし，われわれはその変化に気づかないことが多い。

なぜ変化の見落としが起きるのか。ある程度は注意が関与しているらしい。情景や画像の中で，われわれは主要な部分や目立った特徴に注意を注ぎ，その他の部分は，その特性が変化したり別物に置き換わったりしても，気づかない。置き換わる場合も，同じカテゴリー内で変化すると気づきにくい。ただし，注意だけで説明できない事例も多いのは事実であり，現在でも，検討が続いている。

なお，変化の見落としの実験では，２つの刺激画像（変化前，変化後）を，主として，短時間のズレを挟んで交互に提示する。時間的ズレが無いと，一種の仮現運動が知覚されて，変化が容易に検出できるからである。

一方，非注意的見落としでは，サイモンズら（Simons & Chabris, 1999）の「ゴリラ実験」が有名である。参加者は，白組・黒組の2チームのバスケットボールの練習動画を観察し，白組のパスの回数を数えるという課題が与えられる。その動画の途中で，実は，ぬいぐるみのゴリラが，画面を横切る。しかし，参加者の半数は，ゴリラに気づかない。つまり，注意を向けていないと，視野内にあっても対象外の事象に気づかないという現象であり，選択的注意の問題である。日常でも，何か考え事をしながら歩いていると，知人とすれ違っても気づかないことがあるが，これも非注意的見落としである。

変化の見落としと非注意的見落としは，「見落とし」としては似たような現象だが，前者は記憶が関与していること，教示が与えられても「見落とし」部分に気づかないこと，さらに，付加的な課題が与えられていないことなどの相違点があり，複雑なメカニズムが働いていることが想定される。

8. 注意と脳

最後に，注意と脳との関係について説明する。

まず，第4節で説明した内因性注意と外因性注意に関連する脳内部位に関して研究例を紹介しよう。アイゼンクとキーン（Eysenck & Keane, 2020）によると，目標志向的（内因性）のトップダウンによる注意コントロールは，側頭葉から頭頂葉下部，前頭葉下部に至る背側ネットワーク，刺激駆動型（外因性）のボトムアップによる注意コントロールは，頭頂葉上部から側頭葉中部，後頭葉，および前頭葉の一部からなる腹側ネットワークが，主として関与しているということである。

また，選択的注意に関する脳研究では，画像の同じ位置に注意を払っても，対象が異なると，異なる脳領域が活性化することが知られている。具体的には，顔写真と家を含む背景写真とを重ね合わせて合成した刺激（図6－5参照）に対し，顔に注意を向けるように教示されると，側頭葉下部にある紡錘状回の顔領域（FFA）が活性化し，顔と同じ位置にある背景に注意を向けるよう教示された場合には，側頭葉内側部にある海馬傍回の場所領域（PPA）が活性化するという（O'Craven & Kanwisher, 2000）。

以上の研究は，機能的MRIなどの脳活動イメージング研究の成果であるが，注意と脳の関係を探る方法として，脳損傷の事例研究が挙げられる（第15章，放送教材参照）。

半側空間無視（neglect）は，主に右半球（右脳）の頭頂葉を損傷した時に生じる，自分の左側の空間やモノの左側に注意を向けることがで

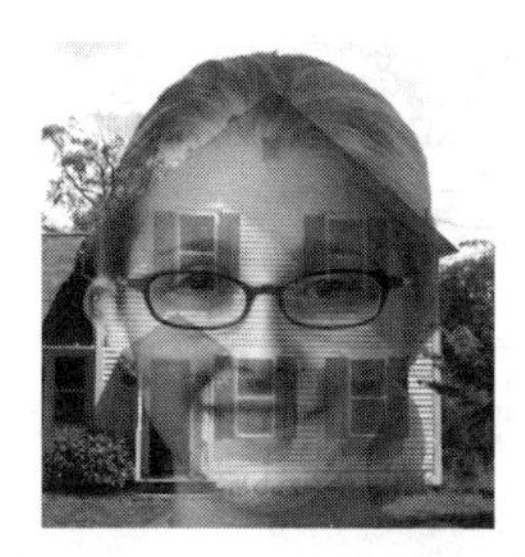

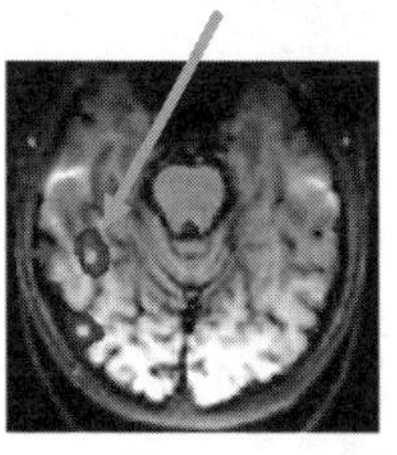

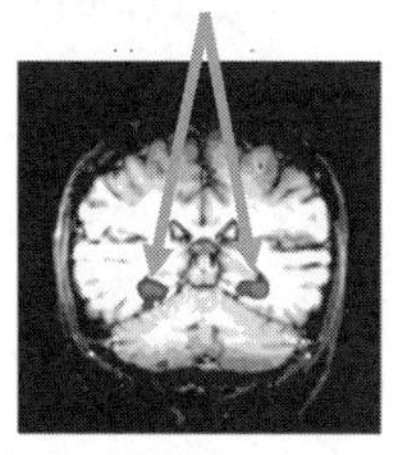

図6－5　選択的注意と脳部位
（Wolfe *et al.*, 2019 より作成）

きないという症状を指す。視覚，聴覚など，特定の感覚に偏らず出現することが多く，麻痺していなくても左手を動かさないなど，自分の体についても無視がおこる。この症状を持つ人に線画を模写してもらうと，絵の左側の部分を描かずに，完成したと思ってしまう。指摘をすると，描けていないことに気づくので，左側が見えていないわけではなく，注意を向けられていないのだということが分かる。

両半球の頭頂葉を損傷すると，**バリント症候群**と呼ばれる症状を示すことがある。バリント症候群では，注意障害の一種である同時失認という症状が生じる。この同時失認とは，たとえ空間的に同じ位置にモノが重なって提示された場合でも，どちらか一方しか認識することができないという症状である。何かのきっかけで他方のモノに注意が向いた場合には，それまで認識できていた物体が認識できなくなるという，不思議な現象が起こる。

他にも，進行性核上性麻痺（PSP）と呼ばれる中脳被蓋を中心とする皮質下の組織の損傷では，注意の移動のプロセスに障害が生じることが報告されている（Kertzman *et al.*, 1990）。

ここで挙げた脳活動イメージング研究や注意障害の例だけから考えても，注意には，異なる脳部位が関与していることは明らかである。私たちが一言で「注意」と呼んでいるものは，単一のメカニズムによって生み出されているのではなく，いくつかの別個の仕組みの複合体だと考えられる。

学習課題

課題1　両耳分離聴とはどのような方法か。また，類似の方法を視覚で行う場合には，どの様な工夫が必要か考えなさい。

課題2　内因性注意と外因性注意とを，日常経験を例として，説明しなさい。

課題3　視覚的探索で，テキストで紹介された以外の，特徴探索，結合探索の実験例と想定される結果を図で示しなさい。

課題4　マルチタスキングの資源理論を熟達化の観点から考察しなさい。

学習課題のポイント

課題1　両耳分離聴は，テキストに概説があるので，それを参考にする。それをそのまま視覚に応用すると，両眼分離視ということになろうが，これはなかなか難しい（「視野闘争」を調べてみなさい）。ではどうするか。1つの方法として，オーバーラップという手法がヒントになろう。

課題2　内因性注意は意図的に注意を払うこと，外因性注意は反射的に注意を奪われることを基本とすれば，日常生活上の例は，すぐに思いつくであろう。

課題3　特徴探索では，ターゲットとディストラクタを区別する基本的な視覚的特徴を考えなければならない。試しに，自分で簡易実験を行い，ターゲットがポップアウトしたら，それが基本的な特徴といえよう。

課題4　まず，マルチタスキングと資源理論を説明する。そして，熟達化に関して，第10章を参照すれば，この問題への解答はおのずと閃くであろう。

参考文献

C. チャブリス・D. シモンズ著，木村博江訳（2011）『錯覚の科学』文藝春秋

★原題は“The Invisible Gorilla”である。「見落とし」現象を含め，日常生活上でのさまざまな錯覚に関して平易に解説してある。

箱田裕司　ほか（2010）『認知心理学』有斐閣

★「第4章　注意」が，丁寧でわかりやすい。

7 記憶のしくみ

池田まさみ

《目標＆ポイント》 記憶は，知覚から推論まで他の「考える」認知機能とも深く関わっている。本章では最初に，記憶のプロセスと様々な記憶の特徴を整理する。そのうえで，情報処理の観点から，記憶の神経的基盤に焦点を当てる。臨床研究などで解き明かされてきた脳と記憶の関係について，脳のマクロ（構造）とミクロ（神経）の双方の視点から理解する。
《キーワード》 マルチストアモデル，ワーキングメモリ，忘却，干渉，海馬，宣言的記憶，手続き的記憶，シナプス可塑性，ヘブ則，長期増強，長期抑圧

1. 記憶のプロセス

もし自分の記憶が無くなってしまったらと想像してみたことはあるだろうか。私たちには，記憶があるから，自分が自分であるというアイデンティティが保たれている。また，読みかけの本の続きを暫く経ってからでも難なく読めるのも，日々迷うことなく家に帰ることができるのも，すべて記憶のおかげである。

記憶のプロセスには，覚えること，覚えたことを忘れずにいること，そして思い出すこと，が含まれる。それぞれ，**記銘**，**保持**，**想起**と呼ばれる。情報処理モデルでは，順に，**符号化**（encoding），**貯蔵**（storage），**検索**（retrieval）に相当する。

（1）マルチストアモデル

記憶の中には，普段は意識にのぼることがなくても何か手がかりがあれば思い出すことのできる記憶や，一時的に覚えた電話番号のように用が済むと忘れてしまい，後で思い出そうと思ってもなかなか思い出せない記憶がある。記憶の保持時間から，前者は**長期記憶**（long-term memory），後者は**短期記憶**（short-term memory）として区別される。また，記憶の最初の符号化は感覚器官を通してなされることから，アトキンソンとシフリン（Atkinson & Shiffrin, 1968）は，短期記憶や長期記憶の前に，ほんの数秒だけ感覚的情報がそのまま損なわれずに保持される**感覚記憶**（sensory memory）あるいは感覚登録器があるとした。そして，これら3つの記憶段階を設定した**マルチストアモデル**（多重貯蔵庫モデル，multi-store model）を提唱した（図7－1）。「貯蔵」という観点では，短期と長期の2つの記憶を指して，**二重貯蔵モデル**（dual storage model）と呼ばれることもある。

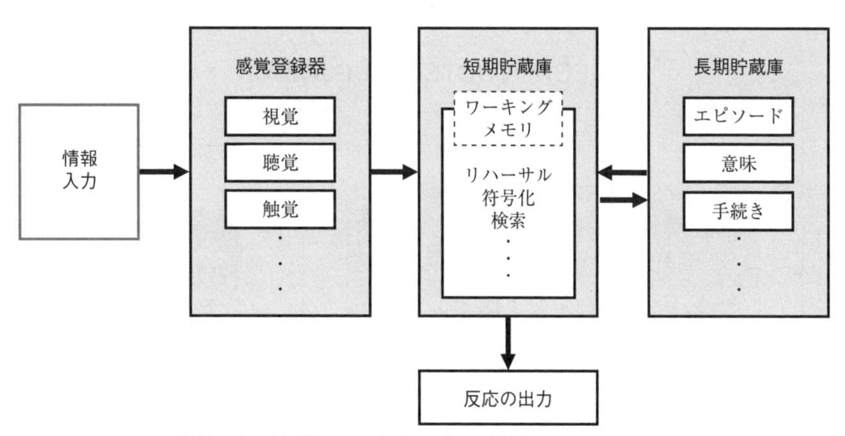

図7－1　記憶のマルチストアモデル
（Atkinson & Shiffrin, 1971をもとに改変）

(2) 感覚記憶と短期記憶

感覚記憶の保持時間は，視覚情報に関する**アイコニックメモリ**では1秒程度，聴覚情報に関する**エコーイックメモリ**では2秒程度という。その容量は，スパーリング（Sperling, 1960）が考案した「部分報告法」という手続き（図7－2）により，（正答率%／100）×刺激数で求められる。例えば，アイコニックメモリの測定では，アルファベット12文字を3行×4列で50ミリ秒提示して，その上段・中段・下段のいずれかの行を報告する課題を行ったとして（図7－2），その結果が1行あたり平均正答率75%だったすると，記憶量は0.75 × 12 = 9文字となる。この記憶量は，報告までの時間によって減衰する。

短期記憶の保持時間は，繰り返し暗唱するなどのリハーサルを行わなければ数十秒で減衰するという。例えば，以下の文字列をメモをとらずに，10秒ほど見て覚えてほしい。その後，一度この本を閉じて，別の章のページを，1～2ページほど読んでから，順序通りに思い出してノートなどに書き出してみてほしい。

DECNOVOCTSEPAUGJULJUN

刺激提示
（50ミリ秒）

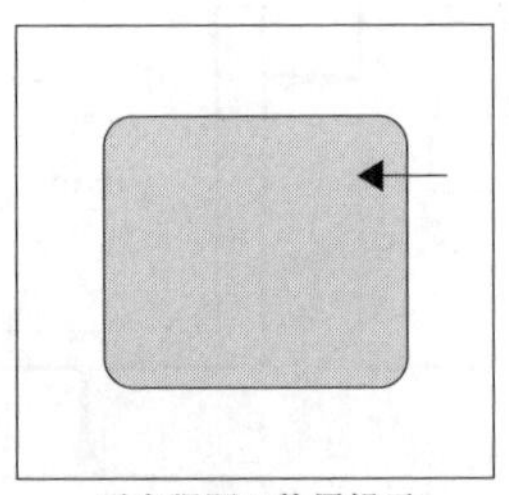
再生課題の位置提示
（例：最上段）

再生

図7－2　部分報告法の実験手続き
（Gazzaniga *et al.*, 1998より作成）

では，各自答え合わせをしてみよう。どの程度正しく思い出せたであろうか。短期記憶の容量は7±2チャンクで，これはマジカルナンバー（Miller, 1956）といわれている。**チャンク**（chunk）とは情報のまとまりのことで，上の例は英語の省略表記で12月から逆順に（DEC, NOV，OCT，……）並べたものであった。もしそのまま覚えたならば，最初の7文字程度は再生できたかもしれないが，予めチャンク（3文字で1チャンク）で区切られていれば（あるいは自らチャンクに気づいたとしたら！），21文字全て思い出せたかもしれない。ただしこの場合も，チャンク数で言えば，7チャンクとなる。

（3）ワーキングメモリ

ところで，短期記憶は容量としてはそれほど大きくないが，例えば，「授業で先生の話を聞きながら，それを整理しつつノートにメモする」といった目の前の課題を遂行する機能に深く関わっている。つまり，短期記憶の段階では，情報を一時的に蓄えるだけでなく，注意や推論といった様々な認知機能が連動し，必要に応じて長期記憶から情報を取り出すなど，能動的でフレキシブルな情報処理が行われている（図7-1参照)。こうした機能を有し，まさに「仕事をする／している記憶」として，**ワーキングメモリ**（working memory）と称する概念が出てきた。作業記憶，作動記憶ともいう。

情報処理システムとしてのワーキングメモリに関して，バデリーとヒッチ（Baddeley & Hitch, 1974）のモデルが有名である。そこでは，音声情報の貯蔵とその操作（頭の中で音声を繰り返すなど）に関わる「音韻ループ」，視空間および言語情報による視覚イメージの貯蔵とその操作（メンタルマップの表現など）に関わる「視空間スケッチパッド」，そして，それらの情報を統合し情報の整理や調整（適切な情報への注意，

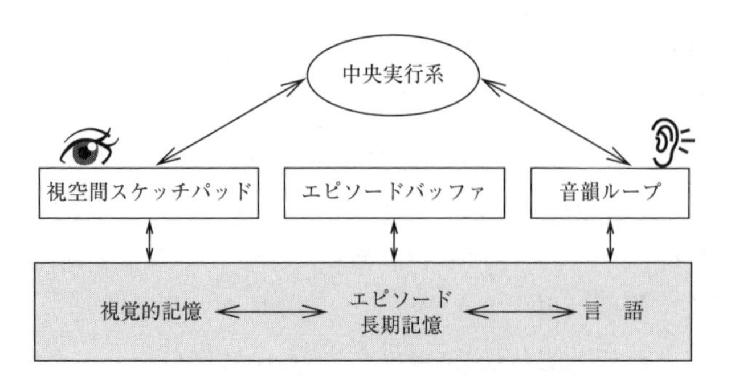

図7-3　ワーキングメモリ・モデル
(Baddeley, 2000 をもとに作成)

不適切な行動の抑制など）を行う「中央実行系」の３つのサブシステムが想定されている。さらに，バデリー（2000）は，このモデルに，経験したエピソードに含まれる音声や視空間情報を統合した表現を，一時的に保存（バッファ）する「エピソードバッファ」というサブシステムを追加した（図７-３)。このバッファは，長期記憶の情報へアクセスすると同時にそれらの情報統合も担っている。

（４）長期記憶の分類

情報が長期記憶に転送されると，それは数時間から数年，あるいは永久に失われることはないとされている。この長期記憶にはいくつか種類があり，例えば，

① 初めてのオリンピックは1896年アテネで開催された
② 高校の卒業式の帰り，友人３名で横浜に行き，観覧車に乗った
③ 特技だったけん玉を３年ぶりにやってみたら案外うまくできた
④ 「シ__リ__ク」「コ__コ__ク」に適語を入れて単語を完成させる
⑤ ある犬はベルが鳴ると唾液を出すようになった

などに関連する記憶は，それぞれ性質が異なる。

上記の例は，言語的（あるいは意識的）な想起を伴うか否かという点で，**宣言的記憶**（顕在記憶）と**非宣言的記憶**（潜在記憶）に大別される。

宣言的記憶には，①のように，ものごとの概念や知識に関する**意味記憶**と，②のように，いつどこで何をしたかなどの出来事に関する**エピソード記憶**がある。一方，非宣言的記憶には，③の技の記憶と呼ばれる身体で覚えるタイプの**手続き的記憶**のほか，④の**プライミング**がある。プライミングとは，先行刺激の処理によって，後続刺激の処理が影響を受ける（促進または抑制される）ことである。上記の2つの「単語完成課題」では，この本の読者は，前者の「シンリガク（心理学）」のほうが後者の「コウコガク（考古学）」よりも簡単だったかも（？）しれない。また，パブロフの連合学習の実験に代表される⑤の**古典的条件づけ**も長期記憶の一種である。その他，非連合学習による記憶もあり，これには，刺激の反復によって反応が減弱していく「馴化」のタイプと，反対に増強される「鋭敏化」のタイプとがある。

2. 記銘と忘却

覚えることに関しては，覚えようとしてもなかなか覚えられないことがある一方で，第1章で紹介されたフラッシュバルブ記憶のように，たった一度でも忘れられないこともある。

（1）記銘

一般に，目立つ情報は「ポップアウト」して自動的に注意が向き，記憶に残りやすいとされるが，記銘（符号化）の方略という点ではリハーサルが有効である。リハーサルには，単に復唱するなどの**維持リハーサル**，情報と知識を関連づけて（例えば，語呂合わせやストーリ化，カテ

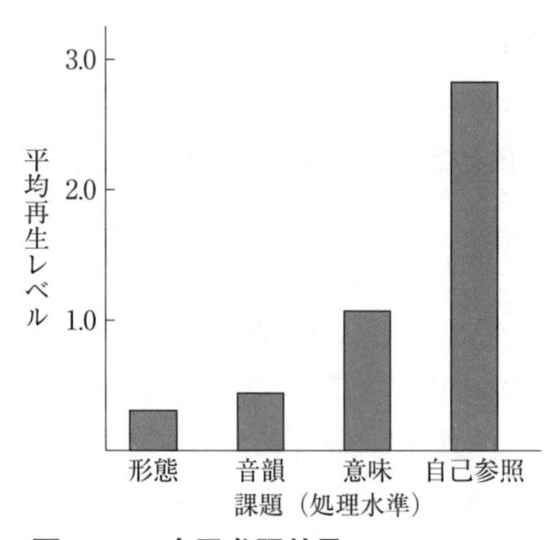

図 7－4　自己参照効果
（Rogers *et al.*, 1977 より作成）

ゴリー化などして）覚える**精緻化リハーサル**，情報をイメージに変換する**視覚的リハーサル**などがある。情報処理の点では，維持リハーサルよりも精緻化や視覚化リハーサルのほうがより深い処理となる。

ロジャースら（Rogers *et.al.*, 1977）は，実験の中で，形容詞を提示して，①文字の大きさは○○と同じですか？　②○○と同じ韻を踏んでいますか？　③○○と同じ意味ですか？　④あなたに当てはまりますか？　という 4 つの処理水準の質問を設定して，実験参加者に「はい」か「いいえ」で答えてもらった（覚えるように教示しない偶発学習課題）。その後，再生課題を行った結果，自分自身のことに関連付けて覚えた④の場合に成績がよかった（図 7－4）。これは**自己参照効果**（self-reference effect）と呼ばれ，様々な学習場面で「他人事」ではなく「自分事」として捉える（自分のことに関連付ける）ことが，記憶の定着に有効であることを示している。

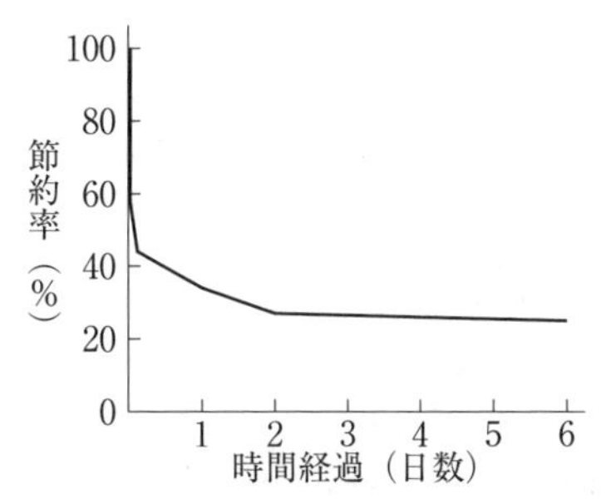

図7-5　エビングハウスの忘却曲線

（エビングハウス，1978より作成）

（2）エビングハウスの忘却曲線

では，意味を持たない情報はどれぐらい保持していられるのだろうか。第3章で紹介されたように，基本的な記憶課題には再生（recall）課題と再認（recognition）課題とがある。ドイツの心理学者エビングハウス（Ebbinghaus, H）は，再生課題を用い，単語として成立しない「無意味綴り」を作成して，それらを自ら覚えて完全に再生するのにかかった時間を測定することを一定時間ごとに繰り返した。節約率（同じ事柄を再び覚えるのに要した時間や回数の短縮率）を記録した結果，20分後には58%，1時間後には44%，1日後には34%，6日後には25%の節約率となり，忘却の度合いによって節約率が徐々に低下していく**忘却曲線**（図7-5）が示された。

（3）忘却：減衰説と干渉説

なぜ忘却が生じるのだろう。そこには，記憶の痕跡が次第に薄れていく「減衰」や記憶を妨げるような情報の「干渉」が関わるとされている。

減衰説のエビデンスを示すことは難しいが，脳内の記憶ネットワークがずっと活動しなければその伝達効率は低下するため，現象的には一度

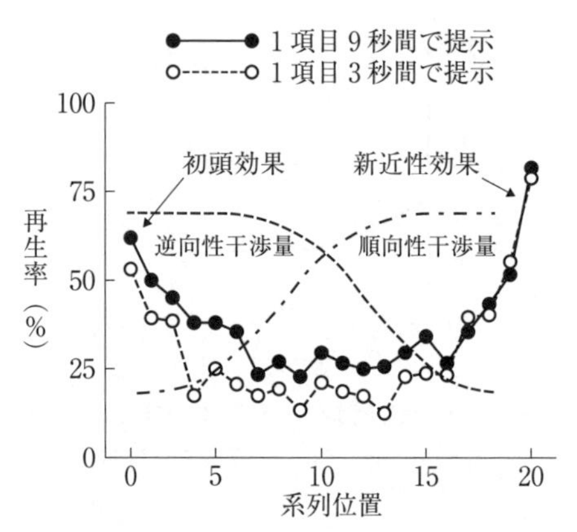

図 7-6　短期記憶課題における初頭効果と新近性効果
(Glanzer & Cunitz, 1966 より作成)

覚えたことでも再生できない状態となって，自然に減衰したという見方になるだろう。干渉説のエビデンスとしては，記憶課題で似たような項目が続けて提示されると，それが単独で提示された時よりも成績が落ちるなどである。干渉効果（interference effect）には，以前の記憶が新しい記憶を妨害する**順向性干渉**（proactive interference）とその反対の**逆向性干渉**（retroactive interference）とがある。それぞれ，順向抑制，逆向抑制とも呼ばれる。

例えば，短期記憶課題で 15 項目程度の単語リストを提示したのち，参加者に自由再生してもらい，結果を系列位置（提示順序）ごとに整理してみると，最初と最後のほうの項目に対する成績が高く，中盤の項目の成績が低くなる。すなわち「U 字型」の**系列位置曲線**（**初頭効果**，**新近性効果**）が見られる（図 7-6）。これは，系列初期は維持リハーサルによる長期記憶，終盤は短期記憶がそれぞれ関与することによるが，この結果は干渉説で説明することもできる。

具体的には，課題の最初のほうは逆向性のみ，最後のほうは順向性のみの干渉を受ける。記憶する項目数が増えるにつれて両干渉の度合い（＝干渉の強さのバランス）が変化する（図7－6参照）。中盤では比較的強い逆向干渉と順向干渉（最大の干渉）を受けることになる。これらの干渉の加算の結果，系列位置曲線は，U字型になる。

ところで，「忘却」した（と思われる）記憶は，すべて消え去ってしまったのだろうか。この点については，第8章で詳しく触れる。

3. 記憶の分類と脳

これまで見てきた記憶の種類とそれに関連する脳部位を図7－7に整理する。この分類は確定的なものではないが，分類を裏付ける臨床研究（例えば，脳の損傷部位によって失われる記憶と失われない記憶があること）や，脳の賦活化実験の結果（課題内容と活動部位との相関）などに基づいている。

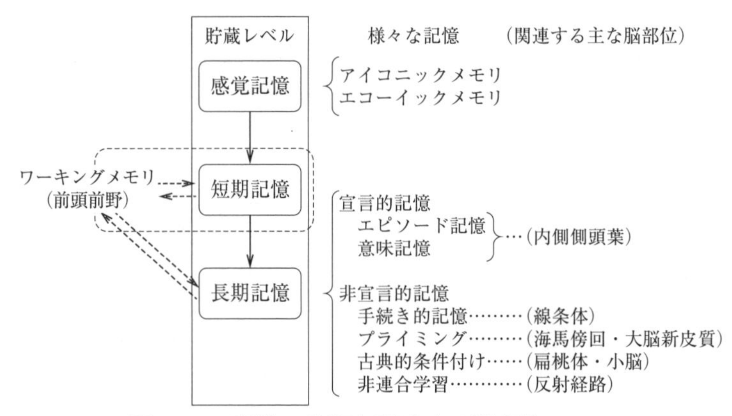

図7－7　記憶の分類と関連する脳部位
（Gazzaniga *et al.*, 1998 をもとに一部改変）

一般に「健忘症」といった場合，物忘れから記憶喪失まで様々なレベルがあるが，記憶以外の認知機能は保たれていることを指す。本節では脳の損傷といった器質的原因によって生じる記憶障害（健忘症）を取り上げながら，脳と記憶の関係について理解を深める。

（1）海馬と長期記憶

1950 年代，脳の一部を切除する外科的手術（ロベクトミー）が行われるようになると，切除部位によって記憶障害が見られることがあった。第 3 章第 4 節でも紹介された HM の症例（Scoville & Milner, 1957）は有名である。

1953 年，当時 27 歳の HM は癲癇治療のため，左右両側の海馬を含む側頭葉内側部を切除した（図 3－10，図 7－8 参照）。その結果，癲癇の症状は改善し，短期記憶も正常だったが，新しいことを覚えられない前向性健忘に加え，手術前の出来事を思い出せない逆向性健忘が見られた。ただし，逆向性健忘については古い記憶ほど保たれているという「時間勾配」が見られた。また HM はエピソード記憶だけでなく意味記憶の学習も不可能だった。一方，例えば，鏡に映る図形を見ながら手元の図形をなぞる鏡映描写やジグゾーパズルを解くなどの手続き的記憶に

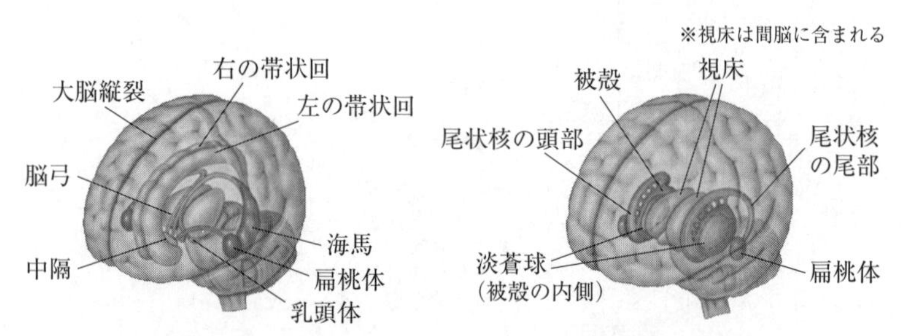

図 7－8　大脳辺縁系（左）と大脳基底核（右）
（Sejnowski *et al.*, 2014 をもとに作成）

関する学習やプライミング課題の遂行に問題はなかった。ただしこの時も，学習したこと自体は覚えていなかった。この症例から言えることは，長期記憶の中でも，宣言的記憶の形成には「海馬」が密接に関わっているということである。

さらに言えば，記憶の情報処理は，海馬から脳弓を経て，乳頭体，視床の前核，帯状回を通って，再び海馬に戻るという「パペツ回路」で行われることがわかっている。

（２）間脳の疾患と健忘症

パペツ回路の一部でもある間脳の視床背内側核や乳頭体（図７－８）に，慢性アルコール中毒などによって栄養が行き渡らなくなると健忘症を呈する。これは，ロシアの精神科医コルサコフ（Korsakov, S, S）によって発見されたことから，「コルサコフ症候群」と呼ばれる。症状は，前向性および逆向性（時間勾配あり）健忘の他，時間や季節，今いる場所がわからないといった「見当識障害」，架空の話をつくる「作話」といった症状が見られる。また，出来事自体の記憶は保たれていても，それがいつどこで起きたのかわからない「出典健忘」がみられる。この症候群と診断された者の中には，間脳だけでなく，前頭連合野も損傷していることがあり，その場合，損傷が大きいと出典健忘の度合も増すことから，時間的・空間的な文脈記憶は前頭連合野との関連が推定される。

（３）大脳基底核と手続き的記憶

長期記憶の中で，手続き的記憶のみが損なわれることはあるのだろうか。手続き的記憶は「技の記憶」ともいわれるように身体で覚えるタイプの記憶である。そうした運動性技能の記憶には小脳が関わるとされているが，小脳以外にも，大脳基底核（図７－８）における特定の神経細胞群が死滅すると，運動障害が生じる。その代表的な疾患に「パーキンソン病」がある。この病気をもつ患者の手続き的記憶について，ある学習課題を用いて検証したところ，課題成績は向上しなかったが，課題を行ったこと自体は覚えていた（e.g., Saint-Cyr *et al.*, 1988）。これは，海馬を損傷したHMの症状とは逆のパターンである。

（4）前頭前野とワーキングメモリ

脳損傷による研究とは別に，1990年代以降，脳の賦活化実験（第3章第3節を参照）の結果から，ワーキングメモリと前頭前野との関連が明らかになってきた。前頭前野は大脳皮質の30％ほどを占めており，ワーキングメモリ以外にも，情報選択や意思決定，プランニング，推論など，様々な高次の認知・行動の制御を司っており，社会的適応の観点からも重要な部位の１つとされる。

記憶障害に限って見てみると，前頭前野の損傷では，一般に，HMのような健忘症が生じることはない。ただし，将来の予定に関する「展望記憶」や情報を得た時期・場所に関する「出典記憶」が損なわれる。また，先に紹介した「コルサコフ症候群」の記憶障害とも類似する部分がある。例えば，個々の情報を学習できても，それらを結合したり，出来事を生起順に並べたりすることができない。つまり，時間的関係がわからない。また，話のつじつまを合わせる「作話」などの症状も見られる。

4. 記憶の神経メカニズム

ここまで，記憶には様々な種類があること，そしてその特徴によって記憶の情報処理に関わる脳領域が異なること，すなわち記憶機能に関する「局在性」を見てきた。本節では，記憶情報が脳内でどのように表現されているのか，その神経メカニズムに迫る。

（1）記憶とシナプス可塑性

振り返って，図7－7を見てみると，長期記憶の非宣言的記憶の中に「古典的条件づけ」が含まれている（これは学習なのでは？　と不思議に思った人もいるかもしれない）。学習と記憶は，いずれも「経験」がベースにあり密接に関わっている。学習とは特定の経験によって行動パターンが永続的に変化する過程のことを指すが，記憶が機能しなければ成立しない。つまり，記憶があることで，新たな刺激と応答の連合が獲得できるといえる。

では，その記憶は一体どこにあるのだろうか。記憶は，ある出来事の記憶それ自体が1つの神経細胞に蓄えられているわけではなく，脳内の特定の神経ネットワークの活動パターンに対応することがわかっている。つまり，記憶の情報表現となる活動パターンは記憶ごとに変わる。記憶の数だけ活動パターンがあるということだ。そうした記憶の形成には，ネットワーク内のニューロン同士の接合部であるシナプスの結合強度が関わっている。この結合強度はシナプス間の信号の伝達効率に対応しており，それは経験によって変化する。これを**シナプス可塑性**という。

シナプス可塑性についてもう少し説明しておこう。第2章で見てきたように，シナプスでの信号伝達は，主として，ドーパミンやセロトニンといった神経伝達物質（化学物質）を介して行われる。こうしたシナプスは「化学シナプス」とも呼ばれる。ある化学シナプスでは，シナプス前細胞から放出された神経伝達物質を受けるシナプス後細胞の受容体の数や活動が増えることで伝達効率が持続的に上昇し，また逆に受容体の数や活動が減ることで伝達効率が低下することがわかっている。前者を**長期増強**（long-term potentiation：LTP），後者を**長期抑圧**（long-term depression：LTD）と呼ぶ。つまり，シナプス可塑性とは，LTPやLTDといった神経活動に伴うシナプス間の伝達効率（結合強度）の可逆的変化のことを指す。LTP の例としては，大脳基底核の「運動ループ」と呼ばれる回路での情報処理が挙げられる。正しい動きをした時にその報酬としてドーパミンが出て学習が強化される。一方，LTD の例としては，行動エラー（失敗）が生じると，そのエラー信号が小脳の回路の神経細胞に送られ，その伝達が長時間にわたって抑えられる。

ところで，ニューロン活動の基本原理は無脊椎動物も哺乳類も同じである。神経学者のエリック・カンデル（Kandel, E. R.）は，海洋の軟体動物であるアメフラシの「えら引っ込め反射」に関する学習とシナプス可塑性の関係を調べ（Kandel, 2001），このシナプス可塑性の基本となるメカニズムは哺乳類とも共通していることが確認された。

（2）ヘブ則と長期増強

シナプス可塑性のルールは，カナダの心理学者ヘッブ（Hebb, D. O.）が，1949 年の著書『The Organization of Behavior』の中で説いた「学習のシナプス仮説」に基づく。今日では，ヘブ則（ヘッブの法則）と呼ばれる。ヘブ則（図 7－9）は，細胞 A が細胞 B にシナプスを形成し（図 7－9 ①），シナプス前細胞 A の繰り返しの発火と同期して，その信号を受け取る後細胞 B が発火すると（図 7－9 ②），そのシナプスの伝達効率が増強され（図 7－9 ③），逆に，発火が長期間起こらないと，その伝達効率は低下するというものである。

ヘブ則は，発表から 20 年以上経った 1973 年，電気生理学的な手法による実験で実証された。実験は，ウサギの海馬（海馬歯状回）にある貫通線維を単一パルスで高頻度に刺激するというものであった。刺激後，シナプス伝達の応答が増大すると共に，それは数時間から数日間にわたって持続することが明らかとなった。これがまさにシナプスの長期増強であり，ヘッブの説を裏付けるもので，以降，シナプス可塑性の

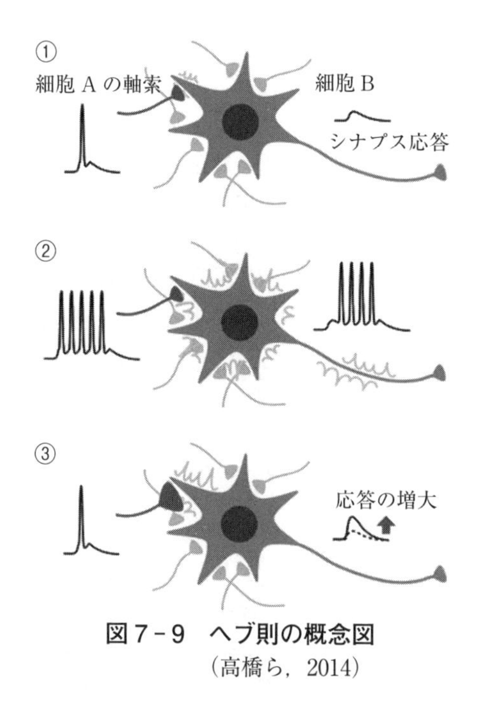

図7-9　ヘブ則の概念図
（高橋ら，2014）

ルールは学習や記憶のメカニズムの定説となった。さらに，この時，LTPが記憶と関わりの深い海馬で観察されたことも，その後の研究に大きな進展をもたらしたといえる。

改めて，記憶の神経的基盤を考えてみると，短期記憶が特定の神経ネットワークの継続的な活動であるとすると，長期記憶は神経ネットワークの各シナプスにおける結合が再編成されることによるといえる。より正確には，シナプス結合における分子メカニズム（タンパク質合成など）にも目を向ける必要があるが，その詳細については，参考図書や神経科学などの専門書をぜひ参照されたい。

学習課題

課題 1 アトキンソンとシフリンのマルチストアモデルに基づいて，記憶のプロセスと各プロセスにおける記憶の特徴を説明しなさい。

課題 2 ワーキングメモリの機能について，身近な例を挙げて説明しなさい。

課題 3 エビングハウスの忘却曲線について説明しなさい。

課題 4 HM の症例に基づいて海馬と記憶の関係を説明しなさい。

課題 5 シナプス可塑性について説明しなさい。説明には「長期増強」と「長期抑圧」を用いること。

学習課題のポイント

課題 1 最初に，マルチストアモデルが記憶のどのような特徴に基づいているかを示したうえで，3 段階の記憶（感覚記憶，短期記憶，長期記憶）の特徴をそれぞれ説明する。さらに，「記銘」「保持」「想起」がこのモデルのどの段階にどのように関わっているかを，図中に示せるようにしておく。

課題 2 ワーキングメモリ（WM）に関する身近な例（「料理」「会議」の場面など）を挙げ，そこで WM がどのような情報処理機能を担っているかを説明する。説明の中に「中央実行系」を用いることがポイントになる。

課題 3 まず，エビングハウスの実験刺激と課題を説明する。次に，節約率の求め方を例示したうえで，節約率の結果からどのようなことがいえるのか，すなわち忘却曲線が示す内容を説明する。

課題 4 第 3 章も参考に，HMが呈した記憶障害を整理したうえで，長期記憶の中で海馬がどのような種類の記憶形成に関わっているかを明示する。

課題 5 まず，シナプス可塑性とはどのような現象のことを指すのかを説明する。次に，可塑性には「長期増強」と「長期抑圧」があること，またそれぞれについてシナプス後細胞で生じていることと関連づけて説明する。

参考文献

エリック. R. カンデル ＆ ラリー. R. スクワイア（2013）『記憶のしくみ（上・下）』小西史朗，桐野豊（監修）ブルーバックス

★カンデルとスクワイアの共著。HMの記憶を直接検証したブレンダ・ミルナーの話も紹介されている。豊富な図解によって，難解な記憶のしくみも楽しく（？）学べる。

ヘッブ. D. O. 著，白井常訳（1975）『行動学入門〔第三版〕―生物学としての心理学』紀伊國屋書店

★意識，学習，記憶，思考といった認知機能を生理的に扱う人間行動学。同著者の『行動の機構―脳メカニズムから心理学へ（上)』(岩波文庫）も面白い。

Poeppel, D., *et al.*（2020）『Cognitive Neuroscience（sixth edition)』W・W・Norton ＆ Company.

★ Fifth edition まではGazzanigaが第一編者。記憶に限らず，認知神経科学におけるバイブル的一冊。大学院生向け。和書では『イラストレクチャー 認知神経科学』(村上郁也編，オーム社）もお薦め。どちらも読み応えあり。

8 日常の記憶

池田まさみ

《目標＆ポイント》 記憶は，人が生きていくうえで自己そして他者との間に一貫性や連続性をもたらす，なくてはならない重要な認知機能である。しかし，その記憶はコンピュータの「メモリ」とは異なり，かなり「創作的」であり，特に日常の記憶ではそれが顕著に見られる。本章では，日常の記憶に関わる様々な事象を取り上げ，①どうすれば覚えられるのか，②何を思い出すのか，③なぜ記憶は変容するのか，を中心に人間の記憶と行動の関係について理解を深めることが目標である。
《キーワード》 レミニセンス，デフォルトモードネットワーク，検索手がかり，フォールスメモリ，フラッシュバルブ記憶，スキーマ，事後情報効果

第７章では「記憶のしくみ」と題して，主に，記憶の形成・保持・想起・忘却の基本的な仕組みとその神経的基盤をみてきた。本章では，その理解を基に，日常の記憶に中で「想起」に関わること，特に事実とは異なることを思い出す「記憶の変容」，実際には無かったことを思い出す「偽りの記憶」を中心に，それらがどのような要因で生じるのかを探る。

その前に，最初の節では，記憶に関するそもそもの問い，多くの人が関心を持っているであろう問い「どうすれば覚えられるのか」「どうすれば思い出せるのか」について，脳科学の知見を交えて概説する。

1. 覚える工夫・思い出す工夫

（1）覚えるために

【レミニセンス】

試験前に「一夜漬け」で暗記しても，肝心の本番で思い出せなかったりする。前章で記憶の定着にはリハーサルが有効だといったが，それも連続よりも間欠リハーサルのほうがよいとされている。覚えた情報を一度寝かせること，すなわち「間」が記憶の定着を促す。

覚えた直後よりも一定時間経ってからのほうがよく思い出せる現象のことを**レミニセンス**（reminiscence）という。この間，脳では不要な情報を排除し，必要な情報を長期記憶へ転送するなど，情報の交通整理をするとされている。例えば，学習後は睡眠をとったほうがよい。これについては，「メモリーリプレイ」（休息時リプレイとも呼ばれる）といって，起きている時に学習したことが睡眠中の脳内で再生されることが検証されている（龍野，2007）。睡眠には「レム睡眠」と「ノンレム睡眠」と呼ばれる眠りの段階がある。レム（REM：Rapid Eye Movement）とは眼球が素早く動くことを指し，この時夢を見ているとされる。ノンレム睡眠は４段階の眠りの深さに分類されるが，レム睡眠時は，ノンレム睡眠時の最も浅い眠りの時と同様のシータ波（θ波）が出る。このθ波は覚醒時の海馬からも出ること，すなわち記憶の定着に関わっていることがわかっている。実際，レム睡眠を剥奪（邪魔）すると学習したことが定着しないという。

【デフォルトモードネットワーク】

ところで，休憩している時も，脳の後帯状回や前頭前野内側部，側頭葉などが活動することが分ってきた（Buckner *et al*., 2008）。このように，何もしていない安静時に活動する脳全体の神経ネットワークは，

デフォルトモードネットワークと呼ばれる。このネットワークの神経活動パターンは，記憶に関する情報整理をしている時だけでなく，例えば，私たちが何かを「閃く」時の活動パターンとも似ているという。閃きはある問題の解決策だったりするが，それは，その問題に考えが囚われている時ではなく，全く別のことをしていてその事を意識していない時，すなわちぼんやりしている時に浮かんだりする。デフォルトモードネットワークの機能は過去の記憶整理だけでなく，様々な記憶の断片をつなげて新しい発想をも生み出すことがあるようだ。

（2）思い出すために：検索手がかり

ところで，喉まで出かかっているのに思い出せないということがある。これは舌端現象または舌先現象（tip of the tongue phenomenon）といわれる。その時，もし何かヒント（手がかり）があれば思い出せたかもしれない！

タルビングとパールストン（Tulving & Pearlstone, 1966）は，単語記憶課題の中で，再生時に，その単語の意味に関連するカテゴリー名を手がかりとして提示すると，手がかりが無い時には再生できなかった単語も再生できることを明らかにした。また，干渉によって再生率が低下した場合でも，学習項目の内容を変化させると（例えば，3文字の「子音綴り」から，3桁の「数字」に変えると），再生率が回復した（Wickens, 1973)。これは，日常の例で考えると，同じ年恰好の十数名の初対面者が順に名前だけの自己紹介をしていく中で（名前を覚えようとする中で)，年齢も性別も異なる人物が途中に入る状況を想像するとわかりやすいかもしれない。例えば，最初は思い出せなくても，『女性がいましたよね』といったヒントを与えると思い出すなど。ここで重要なのは，第7章で指摘したように，「再生できない」＝「記憶が消え去る」ではない，ということである。一度覚えた痕跡があれば，**検索手がかり**が有効になる可能性がある。

ところで，お酒を飲んで酔ってしまい，翌朝は飲んだ時の出来事をすっかり忘れていても，再びお酒を飲んだら思い出した！　そんな経験はないだろうか。思い出せるかどうかは，符号化と検索時の手がかりが一致するかどうかが鍵になる。**符号化特殊性原理**（encoding specificity principle）によると，情報が符号化される時と検索される時の「文脈一致」が再生率を高める。これについて，ゴドンとバデリー（Godden & Baddeley, 1975；1980）は，外的文脈である「環境」での一致効果を検証している。実験参加者に，水中または陸上で単語リストを学習してもらい，同じ環境または異なる環境で再生テストを実施した。その結果，符号化時とテスト時の環境が同じ場合に再生率が高くなることがわかった（図8-1：左）。ただし，同様の条件で再認テストを行うと，その効果は消失した（図8-1：右）。消失の理由は，再認の場合，選択肢そのものが手がかりとして利用できるため，文脈の一致性は重要ではなくなるとしている。

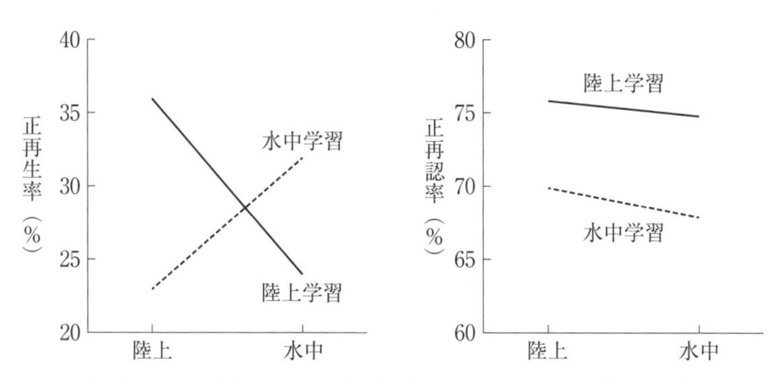

図8-1　文脈一致効果の検証：再生（左）と再認（右）
（Godden & Baddeley 1980より作成）

また，内的文脈として「感情」や「気分」の効果が検証されている。例えば，符号化された時の感情と同じ感情になると，覚えた内容がポジティブかネガティブかに関わらず，思い出しやすい（Kenealy, 1997 など）。これは**感情状態依存効果**（気分状態依存効果）と呼ばれる。また，似た現象に**感情一致効果**（気分一致効果）がある。これは，その時の感情や気分と一致する情報が想起されやすいという現象である。ただし，記憶に限らず，高揚している時はポジティブな情報に，沈んだ気持ちの時はネガティブな情報にアクセスしやすくなることも含まれる。こうした現象は，脳内では情動の処理に関わる「扁桃体」が記憶の処理に関わる「海馬」と隣接した位置にあり，両者が密接なネットワークを形成しているからだと考えられる。符号化の際に生じる情動喚起は記憶に残ると同時に，検索手がかりとしても有効だといえる（第 13 章を参照）。

2. 何を覚えているのか，何が思い出されるのか

思い出せたとしても，それは記憶のほんの一部にすぎない。一体どのような情報が記憶として残り，取り出されるのだろうか。

（1）情報の意味を抽出する

イラスト（線画）を用いた再認課題の実験では，課題直後の 10 秒後の正答率は 79％だったが，10 分後には 59％まで下がってしまった（Gernsbacher, 1985)。しかしこの時，再認できなかったのはイラストの中の人物の向きなどの細かい違いであり，何が描かれていたかの文脈に関する意味は覚えられていた。文章を用いた記憶再生課題でも，参加者は，文法的構造や語順までは正しく再現できなくても，文章の意味は再生できた（Anderson, 1974)。

また，カーマイケルら（Carmichael *et al.*, 1932）の実験では，図

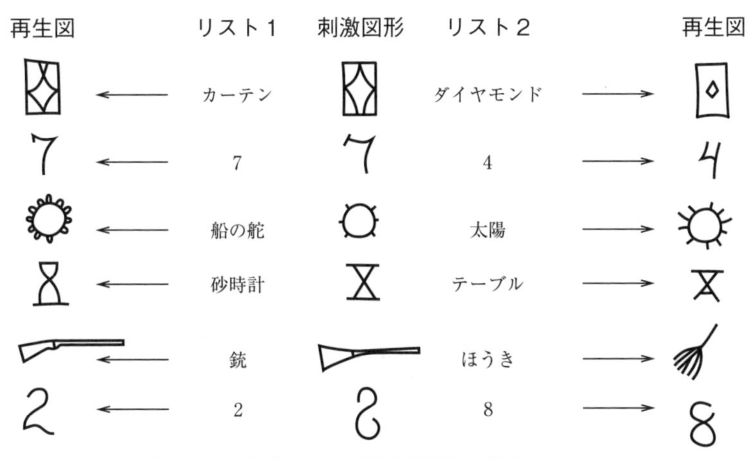

図8－2　命名による再生図形の変容
（Carmicheal *et al.*, 1932より一部抜粋）

8－2の中央の刺激図のように，曖昧な図形を提示する前に，「次の図は○○に似ています」と口頭で図形に対する言語的なラベルを提示した。○○にはリスト1またはリスト2から（例えばカーテンかダイヤモンドのどちらかの）ラベルが提示された。結果，再生図はラベリングを反映した図形に変化した。これは符号化の時に言語情報処理が関与すること，また，その情報の意味的方向に記憶が変容することを示している。

日常でのエピソード記憶の場合はどうだろうか。自分の人生における出来事の記憶「自伝的記憶」であれば，詳細に覚えているのだろうか。全生涯の自伝的記憶の中で想起される出来事（件数）を調べてみると（Rubin & Schulkind, 1997など），年齢の高い群では，①3歳以前の記憶はほとんどないこと（幼児期健忘），②10～30歳にかけて想起件数が多いこと，③現在から過去10～20年遡るにつれ忘却が見られること，が示された。この結果を，年齢を横軸に，想起数（または想起割合）を縦軸にして，模式的な曲線を描くと（図8－3：50代の参加者の結果），

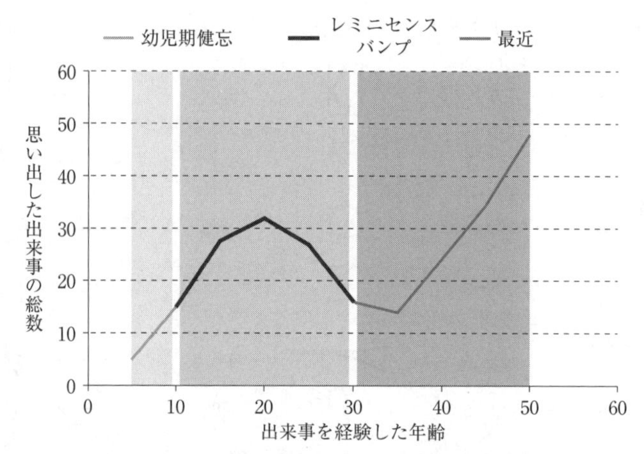

図8－3　自伝的記憶における再生数の変化
Wikimedia Commons：Lifespan retrieval curve より（Public Domain）

②の時期がコブのように見えることから，この凸状部分は**レミニセンスバンプ**（reminiscence bump）と呼ばれている。レミニセンスバンプが見られるのはなぜだろうか，読者はぜひ「自分事」として，この問いを考えてみてほしい。

（2）記憶は変わる，記憶は植え付けられる

意味などの情報の本質的な部分のみが記憶として残ることは，貯蔵量や検索速度など「効率」の観点からしても当然のことだろう。しかし，重要な部分でさえ「変容」が生じることがある。変容の要因を考える前に，どのような変容パターンが見られるのか概観しよう。

【フラッシュバルブ記憶の場合】

フラッシュバルブ記憶であれば，正確に再生されるのだろうか。第1章では9.11同時多発テロの時の記憶の変容が紹介された。古いところ

では，1986年に起きた米国スペースシャトル・チャレンジャー号爆発事故の記憶に関する研究がある。事故当時と2年半後の2回にわたって大学生に調査を行ったところ，そこでも，学生の記憶が劇的に変化したことが報告された（Neisser & Harsch, 1992)。フラッシュバルブ記憶について語る本人は，その記憶について自信をもって「鮮やかに覚えている！」と回答するが，その内容は必ずしも正確とは限らない。これは**確信度ー正確性無相関現象**と呼ばれている。

こうした現象がなぜ生じるのか。ナイサーによると，フラッシュバルブ記憶に頑健性あるとされるのは，出来事が起きた時の特別な情報処理によるものではなく，その出来事の後に頻繁にリハーサルを行ったからだという。その時に，「バイアス」や「思い込み」が混入するらしい。

【植え付けられた記憶】

記憶の変容とは別に，まったく経験していない出来事をまるで経験した出来事のように思い出すことがあるという。この偽りの記憶は**フォールスメモリ**（False Memory：FM）と呼ばれる。「誤記憶」や「虚記憶」と訳されることもある。FMに関しては，様々な検証がなされてきた。

例えば，ショッピング街で迷子になったこと（Loftus, 1997)，ウエディングパーティでパンチ・ボウルをひっくり返したこと（Hyman *et al.*, 1995)，乳児の頃にベビーベッドの上にモビール（乳児用玩具）がかかっていたこと（Spanos *et al.*, 1999)，これらを（実際にはなかった出来事だが)，過去に体験した出来事（事前に家族から確認しておいた実際にあった出来事）と一緒に，それぞれの実験参加者に提示した。その後，子どもの頃の記憶について再生を求めた結果，いずれの研究においても実際に体験した出来事と共に，FMも再生された。つまり，幼児期の自伝的記憶の中に，実際には存在しない記憶を植え付ける「インプランテーション」が可能であることが証明された。

【目撃証言】

仮に，ある事件の犯人グループの「顔」に関する再認実験をするとしよう。参加者に，まず犯人の顔写真（学習刺激）を見て覚えてもらい，次に，学習刺激の半分を犯人ではない別人の顔写真（新奇刺激）に入れ替えて，それらをランダム順に提示し，先ほど見た犯人の顔かそうでないか「イエス」「ノー」判断を求める。この時，参加者から得られる反応を整理すると，学習刺激に対するイエス（ヒット）とノー（ミス），新奇刺激に対するイエス（FM）とノー（CR：コレクトリジェクション，正棄却）の4パターンとなる（表8-1）。正答は学習刺激に対するイエス（ヒット）と新奇刺激に対するノー（CR）である。記憶が鮮明であるほど，ヒット率とFM率の比（ヒット率／FM率）は大きくなる。

ここでの問題は，犯人ではない人（新奇刺激）を犯人としてしまう「FM」と犯人（学習刺激）なのに見逃してしまう「ミス」はどちらも誤認に違いないが，どちらがより重大な過誤だろうか。章末の学習課題で考えを聞かせてほしい。

思い出したことが不正確でも，それがトラブルを招くような情報でなければ，問題ないかもしれない。しかし，もし誤った目撃証言，すなわち虚記憶が法廷で語られるとしたら，それは審判を左右する一大事だ。虚記憶が証言として採用されれば冤罪を生むことになる。アメリカでは

表8-1　再認課題における項目と反応の関係

反応＼項目	学習	新奇
イエス	Hit	False Memory（FM）
ノー	Miss	Correct Rejection（CR）

1992年に法学者らが冤罪を証明する目的で「イノセンスプロジェクト」を立ち上げた。そこでは，2011年までに292名の囚人が無実の罪で収監されていること，そして，そうした事態を引き起こした原因で最も多かったのが「誤った目撃証言」だったという（越智，2014）。

誤った目撃証言を生む要因はいくつかある。目撃した時の環境的要因もその１つである。例えば，周囲の明るさ，見えた角度，現場との距離，目撃した時間の長さ，などである。また次の節で触れる「事後情報」「誘導質問」「情報源の共存」といった要因もFMに影響することが知られている。

3. なぜ記憶は変容するのか

自分では鮮明に記憶しているつもりでも，それは時に「思い込み」によって偽りの記憶が作られることを見てきた。なぜ，このような現象が起きるのだろうか。本節では，様々な記憶の変容やFMがいかにして起きるのか，脳内の情報処理の過程で，どのような要因が影響するのかを考察する。記憶と行動の関係を理解しておくことで，日常生活の中で，また他者との関係の中で，情報を自ら吟味し判断し行動することにも通じることがあるだろう。

（1）記憶が変容する要因

【スキーマの影響】

日常の記憶研究の先駆者的存在であるバートレット（Bartlett, F. C.）は，1930年代，北米インディアンに伝わる「幽霊たちの戦い」という物語を用いて，一定時間ごとに繰り返し再生する反復再生法を用い，記憶が変化するか否かを調べた。結果，時間の経過と共に，固有名詞や数値の情報が脱落したり，物語の細部が省略されたりするだけでなく，実験参加者の知識や態度に適合するように情報が付け加えられたりなどの変容が示された。

こうした変容の要因を探るには，人間の情報処理過程において，脳内の「知識表現」がどのような構造をもっているかを考える必要がある。バートレットはそこに**スキーマ**（schema）の概念を提示した。これは，経験によって個人の中に形成される知識的・認知的枠組みのことで，ある意味，頭の中の知識の引き出しのようなものである。スキーマは情報処理における「トップダウン」のはたらきに共通する。つまり，変容が生じるのは，情報処理のプロセスにおいて，自分のスキーマと，①一致する情報に注意を向ける，②一致しない情報を受け入れない，③一致する情報の記憶が促進される，④一致するように記憶を歪ませる，といったことが影響すると考えられる。

スキーマとFMの関係は，**DRMパラダイム**（Deese-Roeding-McDermott paradigm）の実験で検証することができる。例えば，「赤，トナカイ，雪，サンタクロース，ツリー，プレゼント，……」など十数個の学習刺激を用意し，実験参加者にそれらを1つずつ順に提示した後，5分ほど経ってから，学習刺激の半分を新奇刺激に入れ替えて再認課題を行うと，実際は提示されていない「クリスマス」が高い率で再認される。このことは学習時に，（クリスマスの概念をもつ）個人の中のスキーマが影響したことを示唆する。つまり，情報を記銘（符号化）する際，学習刺激が順に提示される度に，関連する単語「クリスマス」が，脳内で何度もアクセスされ活性化し，学習刺激の中に「あった」ものとして記憶され，その結果，FM率が高くなると考えられる。

【事後情報の影響】

ある出来事の記銘（符号化）から想起（検索）までの間に，そこに関連する情報が入力されると，その情報に影響されて，元の情報の一部が変わってしまうことがある。これは**事後情報効果**（post-event information effect）と呼ばれる。この時，元の情報と明らかに異なる情報であれば，そのような影響は受けない。これは**差異検出原理**（principle of discrepancy detection）による。つまり，事後情報の影響は情報間の差異（不一致）に気づかない時に生じることになる。

事後情報が及ぼす影響として，2つの仮説が挙げられる。1つは情報の一部を書き換えてしまう「上書き仮説」，もう1つは元の情報と事後情報が共存する「共存仮説」である。後者の場合，新旧の情報が混在することでオリジナルを見分けられなくなり，新しく入力されたより鮮明な情報のほうをオリジナル，つまり本物の記憶だと判断してしまう可能性が高いという。

【質問による影響】

事後情報の中には，権威者からの質問や誘導尋問といった事後の質問も含まれる。例えば，子どもから記憶を引き出す場合，親や先生あるいはカウンセラーなど年長者からの質問は，それだけで「怒られないように」「期待に応えるように」子どもの態度や回答を仕向けてしまうことがある。これは権威効果と呼ばれる。成人であっても，実際，過去に虐待などの事実が全く無いにも関わらず，カウンセリングによって引き出された偽りの記憶が報告され，議論になったケースもある（章末の参考図書に詳しい）。

質問の際，「だれに」「どのように」聞かれるかは記憶の内容を左右する分岐点になる。誘導という点では，子どもでも大人でも，「聞き返し」をされると，聞かれた側は自分の答えが間違っているのかもしれないと思い，記憶を歪めてしまう可能性がある。また，質問の際に，「何か見ましたか」と聞かれるのと，「黒いジャンパーの男性を見ましたか」と聞かれるのとでは，後者の場合，頭の中にその具体的なイメージが描かれてしまうことがある。そうすると，もともとなかったはずのイメージが混在することになり，情報源のエラー，すなわち**ソースモニタリングエラー**が生じることになる。

また，言語情報自体が（言葉のもつ印象などによって）記憶を歪めることがある。ロフタスとパーマー（Loftus & Palmer, 1974）は，実験参加者を5群にわけて，まず全員に同じ自動車事故の映像を提示した。その後，事故に関して，群ごとに，①激突した（smashed），②衝突した（collided），③ドスンと当たった（bumped），④ぶつかった（hit），⑤接触した（contacted），のいずれかの単語を用いて参加者に車の速度を見積もるように（例えば，①の群であれば，「車は激突したとき，時速何キロで走っていたと思いますか」のように）質問した。結果，用いた単語によって見積もられた速度が変わることが確認された。さらに1週間後，「車のフロントガラスが割れていたかどうか」を参加者に尋ねた結果，実際は割れていなかったにも関わらず，「割れていた」と回答した割合は，「ぶつかった」と質問された群では14%，「激突した」と質問された群では32%にのぼった。FMが生成される要因には，このように，言語情報が大きく関与している。

【情報源の共存による影響】

ところで，顔の記憶に関して，顔自体の情報は記憶に残りやすいが，その顔を見た場所（情報源）についてはあまり覚えていないことが多い。日常生活でも，道で知っている顔を見かけて（確かに知っている顔なのに）どこで見たかを思い出せずにいると，少し経ってから，「あっ，守衛さん！」（私服でわからなかった）と思い出すことがある。どこで見たかを思い出すには「考える」，または「手がかり」が必要になる（例：服装手がかりとして，「制服」の守衛さんと「私服」の守衛さん）。

手がかりが無いと，それほど情報源のはっきりしない記憶は，他の情報源との共存によって区別がつかない事態（ソースモニタリングエラー）が生じる。目撃証言で冤罪を導いてしまった記憶エラーの中には，以前見たことがある顔を「事件現場」で見たように錯覚してしまったケースがあるという。これは**無意識的転移**と呼ばれる。

【視覚的リハーサルの影響】

精緻化や視覚的リハーサルは符号化に有効となる一方で，実際には起きていない出来事でも繰り返し思い浮かべたり，そのイメージを口にしたりすると，FM が出来上がってしまうことがある。つまり，イメージが上書きされていくうちに，それがだんだん明確になってきて，実際に起こったことだと思い込んでしまったりする。イメージと実際に知覚している感覚が区別できなくなる現象のことを**イマジネーション膨張**と呼ぶ。こうした錯覚現象は，上述したソースモニタリングエラーなどによる混乱とも関連している可能性がある。

（2）記憶の変容，フォールスメモリを振り返って

記憶の変容や FM の形成に，知識構造や「思考のクセ」とも呼べる，人間の情報処理の特徴が関わることを見てきた。これらの要因は相互に作用して，変容にも FM にも関わると考えられる。

そのようにして歪んでしまった記憶や，実際には無いはずの記憶が，時に取り返しのつかない事態を巻き起こすことは人間社会にとってこの上ない不利益であり，問題である。ただ，もう1つ問題にすべき点は，そのような記憶が，われわれが考えている以上に容易にできあがってしまう一方で，これを意識することはなかなか容易ではない，ということである。さらにいえば，そうした記憶のしくみを知らないままでいることも，問題をより深刻なものにしてしまう可能性がある。

視覚が無意識の推論によって意味のある世界をそこに見出すように，記憶もまた同様に，無意識のうちに，脳内のスキーマと入力情報を「照合」し，その文脈に合う「意味」を見出す「創作活動」をしているというと，少々大袈裟だろうか。記憶は，まさに，意識的にも無意識的にも「考える」ことと密接に関わっている。以降の「推論」や「感情」の章でも，引き続き，記憶との関連を考えながら読み進めてほしい。

学習課題

課題 1 レミニセンスにはどのようなタイプがあるかを調べて，それらを具体的に説明しなさい。またレミニセンスの体験があればそれも述べること。

課題 2 デフォルトモードネットワークと閃きの関係について，自分自身が日常の中で経験した閃きを取り上げて説明しなさい。

課題 3 気分状態一致効果を調べるための実験デザインを考えなさい。

課題 4 目撃証言における FM とミスでは，どちらの誤認がより問題となるか，自分の考えを述べなさい。

課題 5 記憶の変容や虚記憶が生じるメカニズム（要因）を説明しなさい。

学習課題のポイント

課題 1 「バラード型」と「ワード型」の 2 つのキーワードで調べてみよう。

課題 2 どのような問題に対して「閃き」が生じたのか，また，閃きが生じた時に何をしていたかを思い出して書き出してみる。

課題 3 先行研究を調べて，気分の条件設定と誘導方法，誘導後に記憶する実験刺激（記憶する材料），想起課題（再生または再認）を考える。

課題 4 FM とミスは統計学における「第一種の過誤」と「第二種の過誤」に相当する。もし，あなたが目撃者の立場だったら，あるいは，犯人ではないとしたら，と仮定して考えると自ずと答えは出るだろう。答えを導いた理由を理路整然と説明する。

課題5　本章では，様々な記憶の変容とFM，そしてそれらが生じる様々な要因を紹介した。自ら理解（記憶）を促すために，どのように整理したらよいか，また他者にも伝わるようにするにはどのように説明したらよいか，を考える。

参考文献

シヨウ. J（著）服部由美（訳）（2016）『脳はなぜ都合よく記憶するのか』講談社
★虚記憶を中心に記憶のメカニズムを平易に解説。
越智啓太（2014）『つくられる偽りの記憶』化学同人
★著者は警視庁科学捜査研究所の勤務経験を持ち，犯罪捜査への心理学の応用研究を専門としている。目撃証言の他にも，前世の記憶やエイリアンに誘拐された記憶など虚記憶の謎を最新の知見を基に解き明かす。
ロフタス. E. F.（著），K. ケッチャム（著），仲真紀子（訳）（2000）『抑圧された記憶の神話：偽りの性的虐待の記憶をめぐって』誠信書房
★内容的に抵抗のある読者もいるかもしれないが，ロフタスの代表的な著の1つとして紹介しておく。「抑圧された記憶」の形成を実験的に検証。カウンセリングや面接の危険性を指摘するノンフィクション。

9 推論のしくみ

石口　彰

《目標＆ポイント》 推論は大まかに言うと演繹的推論と帰納的推論に分けられる。演繹的推論では，前提条件を基に，論理規則に則り，妥当な結論を導き出すプロセスが重要である。しかし，人が論理規則に則った推論を行うとは限らない。帰納的推論では，前提となる情報を基に，あらたな仮説を生成し，それを検証・評価するプロセスが重要となる。これらの仕組みを基に，人間の推論の特性を理解することが目標となる。
《キーワード》 演繹的推論，帰納的推論，三段論法，ウェイソンの選択課題，実用的推論スキーマ，仮説検証，ベイズ規則，非形式的推論

推論とは，様々な「考える」ことに共通の認知機能であり，「考える」ことと同様に，意識的な推論と無意識的な推論とがある。後者は，特に，知覚領域で検討されるテーマである。本章では，次章以降で展開される，問題解決や判断・意思決定の基盤としての，主として，人間の意識的な推論機能を解説する。

1．推論の様式

推論とは，いくつかの前提や事実，データが与えられた時，それらから，何らかの結論を導き出す認知機能である。

身近なところで考えてみよう（図9－1参照）。①アキラ君はお父さんから「サカナには鱗がある」と教わりました。②家の金魚は，「金魚」というくらいだから，確かにサカナである。③アキラ君は「金魚には，鱗があるんだ！」と考えました。この③は，前提①と事実②から，推論

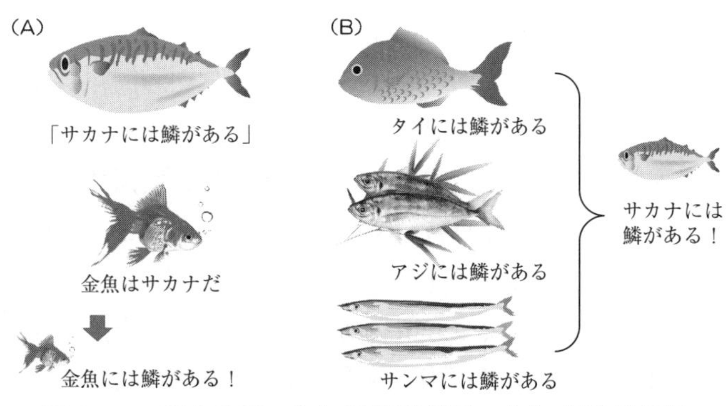

図9－1　推論の例　(A) 演繹的推論　(B) 帰納的推論

によって導かれた結論である。なお，実際には，鱗のないサカナも，いる。

第2の例を挙げよう。魚屋さんの店先で，子どもが，「①タイには鱗がある，②アジにも鱗がある，③サンマにも鱗がある……④そうか，サカナって，みな鱗があるんだ！」と目を見張って話している（「鱗」を知っているのか，という点は不問）。この子は，①～③のデータを基に，推論によって，④の結論を導いたことになる。

この例のように，推論機能は，大きく分けて，2種類考えられている。1つは，**演繹的推論**（deduction）である。上記の第1の例は，演繹的推論が働いている。演繹的推論とは，前提（法則や規則など）や事実を真とした時，論理規則に則り，妥当な結論を導き出す推論形式である。そのプロセスは演繹的論証ともいわれる。演繹的推論では，結論は，原則的には，内容は別として，論理的に妥当であるか否かの2値のいずれかで，第1の例の結論は前提を真とするならば，妥当である。演繹的推論は，いわゆる，規範理論としての論理学を基盤としており，科学論文の論理展開や数学の証明問題などは，演繹的論証の例である。

一方，**帰納的推論**（induction）は，データや事例から新たな仮説を結論として導き出したり，あるいは，データなどから既存の仮説の確からしさを検証して結論を導き出したりする推論形式である。本書では，前者を**仮説生成型（探索型）帰納**，後者を**仮説検証型帰納**と呼ぶことにする。データを説明するために仮説を生成し評価するという帰納的推論は，特に，**アブダクション**（abduction）と呼ばれることがある。

上記の第2の例は，仮説生成型帰納の例であり，一方，第3章で説明した科学的研究のプロセス（図3－1）は，仮説検証型帰納に準拠している。つまり，科学的進展も，人間の持つ，この帰納的推論機能によるところが大きい。この帰納的推論のプロセスは帰納的論証ともいわれる。注意すべきは，帰納的推論の場合，結論は確定的ではなく，つまり，真・偽の2値ではなく，その妥当性（仮説の確からしさの強度）は，「90％正しい」など，確率的である。

以下の節では，人の演繹的推論と帰納的推論の機能に関し，知覚・認知心理学ではどのように扱われてきたか，紹介する。さらに演繹的推論のような形式的な推論のほかに，日常場面で用いられる推論，つまり，内容や経験などに左右される**非形式的推論**（informal reasoning）にも触れよう。

2. 演繹的推論

（1）三段論法

古代ギリシアのアリストテレス（Aristotle 前384～前322）の時代から，西洋では，演繹的推論こそが，合理的思考の最も高次なものと信じられてきた。そして演繹的推論を研究するツールの1つが，**三段論法**（syllogism）である。三段論法は，2つの前提と1つの結論からなる。真なる前提から論理規則に則り結論が論理的に導かれる場合，結論は論理的に妥当（valid）である，という。第1節で示した最初の例も，この三段論法の一例である。ただし，三段論法自体は，あくまで形式論理的なものであり，日常場面を考えた際の意味的な妥当性は除外する（第4節参照)。これが，人間の日常推論を扱う場合に問題となる。

三段論法には，**条件三段論法**，**定言三段論法**などがある。条件三段論法とは，前提文に「もし……ならば」（if-then）と，条件が付く場合であり，定言三段論法とは，断定的な言明で，前提文や結論に「すべての」や「いくらかの」といった量的な意味を有する用語や記号（量化子（quantifier）という）が付帯する。その意味で，量化三段論法とも呼ばれる。本書では，条件三段論法を解説する。定言三段論法に関しては，章末の参考文献を参照してほしい。

【条件三段論法】

条件三段論法は，基本的には，2つの真なる前提（大前提，小前提）と，それらから導出される1つの結論からなる。大前提は，「ｐならばｑ」といった条件式であらわされ（ｐ，ｑには具体的な事項が入る)，ｐを前件，ｑを後件という。小前提には，ｐやｑの肯定，否定に関する記述が入る。これによって，前提文は，前件肯定，前件否定，後件肯定，後件否定の4種類に分類される。具体的に例を挙げてみよう。大前提は共通である。

大前提：その動物が哺乳類ならばAI神経がある。
①前件肯定　小前提：その動物は哺乳類だ。
②前件否定　小前提：その動物は哺乳類ではない。
③後件肯定　小前提：その動物にはAI神経がある。
④後件否定　小前提：その動物にはAI神経が無い。

なお，AI神経などというものは存在しない。このような架空の特性など，意味とは無縁の特性を**空白特性**と言い，推論の妥当性を心理学的に検討する研究では，よく用いられる。妥当性とは，前提から必然的に結論が導かれるかという意味である。

さて，これらの前提から，どのような結論が導かれ，その妥当性は認められるのかが問題となる。

導かれる結論を考えてみよう。小前提と結論との組み合わせにより，論証の種類は8通り考えられる（表9-1参照）。①の場合，「AI神経あり」という結論は，妥当であり，論理学では，**肯定式**（modus ponens：前件肯定規則）と呼ばれる。なお，①の結論として「AI神経が無い」は，話を聴いているのか，と突っ込みたくなるぐらいであり，もちろん妥当ではない。次に，④の場合，「哺乳類ではない」という，妥当な結論が導かれる。論理学では，**否定式**（modus tollens：後件否定規則）と呼ばれる。一方，②で「AI神経が無い」という結論を考えたならば，これは，論理的には妥当ではない。これを**前件否定の錯誤**という。同様に③で，「哺乳類である」という結論も，論理的には妥当で

表9-1　条件三段論法における妥当性と心理実験例

大前提	哺乳類である→AI神経あり					心理実験（Marcus&Rips, 1979）		
						参加者の反応（3択）（%）		
小前提		結論	妥当性		備考	妥当	場合による	妥当でない
①	哺乳類である	AI神経あり	○		肯定式	100	0	0
		AI神経なし	×		常に×	0	0	100
②	哺乳類でない	AI神経あり	×	▲		5	79	16
		AI神経なし	×	▲	前件否定の錯誤	21	77	2
③	AI神経あり	哺乳類である	×	▲	後件肯定の錯誤	23	77	0
		哺乳類でない	×	▲		4	82	14
④	AI神経なし	哺乳類である	×		常に×	0	23	77
		哺乳類でない	○		否定式	57	39	4

▲は演繹的には妥当ではないが，結論が正しく導出される場合もあることを示す

はない。これを**後件肯定の錯誤**という。いずれの場合も，哺乳類以外でもAI神経を持つ動物がいるかもしれないからである。

以上は論理学上での，つまり，規範理論上の話であるが，知覚・認知心理学では，条件三段論法で導かれた結論が妥当かどうかに関し，人間がどのように判断するかを検討する課題を設定した（Marcus & Rips, 1979　表9-1参照　ただし，用いられた特性は異なる）。つまり，条件三段論法課題である。エバンズ（Evans, 1993）が多くの先行研究をレビューした結果によれば，上記の4つの論証を妥当と判断した割合は，肯定式が約98%，否定式が約60%，前件否定，後件肯定ともに約40%になるという。つまり，人間の推論は，規範理論から少しズレるようである。

なぜ，このような結果が得られるのか。それを説明するモデルとして，ジョンソン-レアード（Johnson-Laird, 2005）のメンタルモデル理論やオークスフォードとチェイター（Oaksford & Chater, 2007）による確率モデル理論などがある（詳しくは，章末の参考文献参照）。

（2）ウェイソンの選択課題（4枚カード課題）

【真理値表課題】

条件三段論法では，「真なる条件文」から導出される「結論」の妥当性が検討された。しかし，演繹的推論を研究するツールは，三段論法だけではない。

人による条件文を用いた推論では「条件文の真偽」を検討する課題もある。例えば，「哺乳類ならばAI神経を持つ」という条件文が本当か嘘か，それを確かめるにはどうするか。このような問題を扱うのが**真理値表課題**である（ただし，真理値表課題は，条件文のみを扱うわけではない）。

論理学では，「ｐかつｑ」や「ｐまたはｑ」などの論理演算を扱う。真理値表は，論理演算の各要素（ｐやｑ）の真偽と論理演算の結果の真偽との関係を表したものである。表９-２は，論理演算の一種である含意（条件文に等しいので，以下，条件文という）（「ｐならばｑ（ｐ→ｑ）」）の場合である。

この表からわかるように，「ｐ→ｑ」が偽となるのは，「ｐが真，ｑが偽」の場合だけである。

なお，「ｐが偽」の場合，論理学上では，「ｐ→ｑ」は真となる。しかし，人はそのようには理解せず，そもそも「ｐ→ｑ」の真偽を検討するのに，「ｐが偽である（not-p)」が情報として与えられたら，真偽を検討するに当たらない，つまり，ｑの真偽がどうあれ無関連と考える。表９-２の最後の欄はそれを反映している。

さて，条件文の真理値表課題の話に入るが，その課題は２通り考えられる。１つは「ｐ→ｑ」という主張が正しいか否かを確かめる**主張課題**である。もう１つは，「ｐ→ｑ」という規則が遵守されているか否かを確かめる**規則課題**である。この両者の違いを，これから具体例を用いて説明しよう。なお，これら２つの用語（主張課題，規則課題）は，筆者の造語である。

真理値表課題の中で，**ウェイソンの選択課題**（「４枚カード課題」と

表９-２　含意（条件文）の真理値表

真理値表			
ｐ	ｑ	ｐ→ｑ	ｐが偽の場合をどう扱うかの一例
真	真	真	真
真	偽	偽	偽
偽	真	真	無関連
偽	偽	真	無関連

もいう）が有名である。

ウェイソン（Wason, 1966）の選択課題は，基本的には，まず図9－2のように4枚のカードが机の上に置かれる。どのカードも両面に印字されており，片面はアルファベット，もう片面には数字が書かれている。そこで，条件文が与えられる。「カードの片面に書かれた文字が母音ならば，もう片面に書かれた数字は偶数である。」参加者の課題は，この条件文が正しいか間違っているかを確かめるには，少なくとも，どのカードを選んで裏返したらよいか，決めることである。つまり，主張課題である。あなたならば，どのカードを選ぶだろうか。

これまでの研究では，ほとんどの参加者がEのカードを選ぶ。次に多いのが4のカードである。7はあまり選ばれず，Kはほとんど選ばれない。論理的に妥当なのは，実は，Eと7のカードを選択することである。これが，真理値表課題の一種であることに気づけば，おのずと理解できよう。すなわち，「p（片面が母音）ならばq（もう片面は偶数)」が正しいか否かを検証するには，p（真）かつq（偽）の可能性のあるカード（これを反証事例という）を選べばよい。その可能性があるのは，Eと7のカードということになる。

このような結果を前にすると，「pならばq」という条件文（あるいは規則）が与えられたら，①なぜqのカードが選ばれやすいのか，なぜqが偽（not-q）のカードは選ばれにくいのか，さらに，②妥当な回答を促進する手立てはないのか，といった疑問がわくであろう（多分)。

E　K　4　7

図9－2　Wasonの選択課題

ビール　コーラ　25　16

図9－3　変形選択課題
(Griggs & Cox, 1982)

①の問いに関しては，条件三段論法の場合と同様に，章末の参考文献に説明を譲るが，②の問いに関しては，以下の研究例を紹介しよう。

【実用的推論スキーマ】

基本的な「ウェイソンの選択課題」は，主張課題であり，上記のように内容的には抽象的で，日常場面で使われることはない題材を用いている。それによって，人間の推論に関する基本的な特性が抽出されるわけであるが，その特性が，日常場面でそのままうかがわれるわけではない。日常場面では，条件文の内容が，推論様式に影響を与える可能性は大きい。グリッグスとコックス（Griggs & Cox, 1982）の研究では，図 9 - 3 のようなカードを 4 枚用意し，以下の教示を与えた。「カードは，ある飲食店のテーブルに座っている 4 人の素性が記述してある。カードの一面には“飲んでいるもの”，他の一面には“年齢”が書かれている。そして，『ビールを飲むなら，19 歳を過ぎていなければならない』という飲酒規則を破っている若者がいないか調べたい。どのカードを調べたらよいか」。これは，「選択課題」の変形であり，しかも，規則課題である。この課題も「真理値表課題」と形式的には同じであり，「p ならば q」という規則に違反していないか否かを確かめるためには，「p かつ not-q」の可能性のあるカード（これを違反事例と言う）をチェックするのが妥当である。通常の「選択課題」と異なり，実験参加者の多くは，16のカード，つまり not-q のカードを正しく選んだ。いったい何が起こったのだろうか。

条件文に日常的な事例が用いられた時には，実験参加者の頭の中に真理値表が浮かんだ，などということは考えられない。論理学を学んだことのない参加者も，同様な反応を示すからである。実際には，彼らの頭の中には，義務とか許可といった概念の枠組み（**スキーマ**）が備わっており，意識的か否かはわからないが，そのスキーマを使って，上記の課

題を判断したと思われる。そのスキーマとは，規則「p（行為）ならば q（条件）」に対し，

①　もし行為pがなされるならば，条件qが満たされている必要がある。
②　もし行為pがなされていないならば，条件qは問題としない。
③　もし条件qが満たされているならば，行為pは問題としない。
④　もし条件qが満たされていないならば，行為pをしてはならない。

といった社会的規則・規範といえる。pを「車の運転」，qを「免許」と置き換えれば，わかりやすいだろう。権利を遂行するには，義務を果たさなくてはならないというのは，公の規則だけでなく，仲間内のルールにも当てはまる。これらを，スキーマとして身に付けているので，それを破る事例には敏感なのである。このスキーマは，現在，**実用的推論スキーマ**（pragmatic reasoning schemas）と呼ばれている。ただし，その後の研究で，「規則として知っていても，それがどんな理由で設けられたのかといった，深い意味を理解していないと，十分なスキーマは形成されない」ことが報告されている（Cheng & Holyoak, 1985）。

この実用的推論スキーマは，実は，人間の進化の過程で獲得されたとする，進化心理学的観点からの理論も提唱されている（Cosmides, 1989）。

以上のように，「選択課題」は，真理値表課題の代表的なものであるが，その内容が主張課題なのか規則課題なのかという観点は重要である。特に後者は，課題解決に際し，意識的な推論を遂行しているのか，あるいは，スキーマを喚起しているのか，という重要な問題を孕んでいるからである。

3. 帰納的推論

人の**帰納的推論**（induction）は，前提から，広い意味で，新たな仮

説を結論として生成し検証する認知機能である。ここでは，帰納的推論における仮説生成・検証の特性を説明しよう。

（1）仮説生成・検証の事例

一般に，データ（事実命題）を前にして，そこから帰納的推論によって新しい仮説を生成することで，科学は進歩してきた。それは，科学に限らず，日常場面でも，人は誰でも物事や事象に関して，自分なりの信念や意見を持つ。ただし，それらは多くの場合，真実とはいえないので，一般には仮説である。すなわち，人は，日常的に，「仮説生成」を行っている。そして，新たな情報が得られたり，あるいは自ら求めて情報を収集したりして，仮説を検証する。仮説生成・検証では，得られた情報は新たな事実となって，仮説（信念）の強度が更新されることになる。

仮説生成・検証の古典的な研究では，ブルーナーら（Bruner *et al.*, 1956）による一般帰納に関する先駆的な研究があるが，ここでは，再度，選択課題で紹介したウェイソンに登場してもらおう。

【ウェイソンの2・4・6課題】

ウェイソン（Wason, 1960）は，ある規則（T）に則った3つの数字からなるリスト（2，4，6）を提示した。実験参加者は，その規則を推測し，仮説（H）を生成する。例えば，H：x，2x，3x（xは自然数）である。そして，自分の仮説HがTと同じか否か検証するために，仮説Hの事例を生成・提示し，実験者から，フィードバックを得る。そして，何回かのフィードバックの後に，仮説Hを回答する。これを繰り返し，規則Tを発見することが求められる。

結果から言うと，まず，実験者の考えたルールは，「昇順の3数字」，といった包括的なルールであった。そして，参加者29名中，最初の仮説回答時に正解に達したのは，6名のみであった。仮説回答5回までに正解に達したのは，21名であり，残りの8名は，正解に辿り着くことはなかった。

この実験で注目すべきは，参加者が挙げる3数字は，自ら生成した仮説を検証するための証拠という点である。参加者がどのような例を挙げるかで，検証の意図がわかる。**確証化**（confirmation）は，ある仮説に対して，それを支持する証拠を探す試みであり，**反証化**（falsification）は，ある仮説に対して，その反例を挙げる試みである。2・4・6課題では，参加者は自分の仮説を確証すると思われる3数字を挙げる傾向があった。これは後に**確証バイアス**（confirmation bias）と呼ばれた。確証化のみでは，真実のルールに辿り着くことは少ない。

なお，ウェイソンの研究は，発表当初から，多くの問題点が指摘されることになったが，その1つの側面に，ルールと仮説との包含関係が挙げられる。2・4・6課題は，実験者の考えたルールがかなり一般的（昇順の3数字）で，多くの参加者が初期に考えた仮説（「2ずつ増加する数字」など）を包含するものである。従って，参加者が自身の仮説の正事例を挙げても，常にイエス反応が得られるので，正しいルールの発見には至らない。しかし，2・4・6課題は，いわば一般帰納課題となっており，一般帰納とは，そもそも，事例を基にそれを包括する一般的な仮説を生成する帰納的推論であるので，ウェイソンの設定が一概に問題であるとは言えない。人間の帰納的推論における確証バイアスを浮き彫りにしたという点で，重要な研究と思われる。

ところで，一般の帰納的推論における仮説の検証では，演繹的推論と異なり，「正しいかどうか5分5分だ」とか，「99%正しい」など，確率的な観点から仮説の確からしさを評価するのが通例である。以下，**ベイズ規則**に基づく仮説評価の方法について解説する。

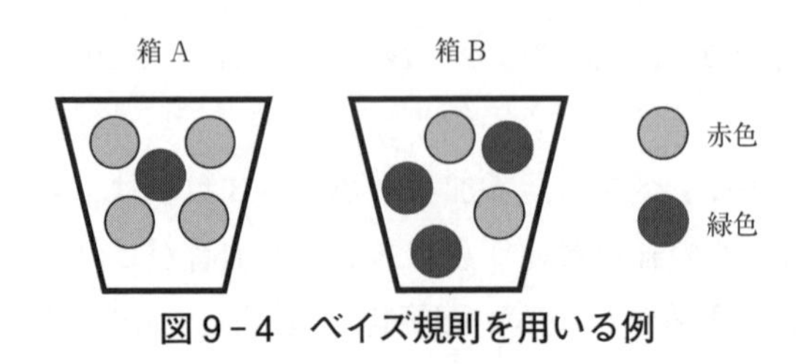

図9-4　ベイズ規則を用いる例

（2）ベイズ規則に基づく仮説評価

ベイズ規則って何？　と思うであろう。そこで，簡単な例を用いて，ベイズ規則を説明しよう。

2つの箱A，Bにはそれぞれ赤色，緑色合わせて5個のボールが入っている（図9-4)。箱Aでは5個のボールのうち赤色ボールが4個，箱Bでは赤色ボールが2個入っているとする。さて，どちらか一方の箱を選択して，ボールを取り出す。そのボールが赤色だった時，選択した箱がAである確率は，いくらか，という問題を考える。通常の確率は，ある仮説の下でデータが得られる確率を考える。例えば，「サイコロはインチキではない」という仮説の下で，奇数が出る確率を求める（これを**条件付確率**という)。ベイズ統計ではデータが得られた後で，そのデータを生み出すモデルや仮説の確からしさを求める。

この問題では，事前には箱やボールに関する情報が無いので，箱A，箱Bは等確率で選択されると仮定する。従って，それぞれが選ばれる**事前確率**は，$P(A)=0.5$，$P(B)=0.5$ である。さて，箱Aが選ばれた時，取り出されるボールが赤色である条件付き確率（**尤度**という）は，$P(red \mid A)=4/5$ であり，箱Bが選ばれた時，取り出されるボールが赤色である条件付き確率は，$P(red \mid B)=2/5$ となる。さて，求める確率は $P(A \mid red)$ である。つまり，新たなデータ（赤色ボールが取り出された）が得られた時，「Aの箱が選択された」という仮説の確からしさを求めることになる。ベイズ規則に則れば，式9－1のようになり，これを計算すると，2/3となる。つまり，データが得られたことで，「Aが選ばれる」という仮説の事前確率が更新されて，「Aが選ばれた」という仮説の**事後確率**が算出される。

$$P(A \mid red) = \frac{P(A \wedge red)}{P(red)} = \frac{P(A)P(red \mid A)}{P(A)P(red \mid A) + P(B)P(red \mid B)} \quad \text{(式 9－1)}$$

さて，このベイズ規則を用いて，仮説評価の方法を説明する。次の例を考えてみよう。

「家に帰ったら，ドアが半開きになっていた。もしかしたら，泥棒に入られたかもしれない。」このような事態は日常的に起こりえる。この場合，仮説は「泥棒が入った」である。この仮説は，どの程度妥当なのか。

ベイズ規則に基づいて仮説を評価するには，「泥棒が入る」先験的確率（**事前確率** $P(H)$），「泥棒が入った時にドアが半開きになる」条件付き確率（**尤度** $P(D \mid H)$）が必要である。これらがあれば，仮説の妥当性を確率で示すことができる。ここで，犯罪統計として，この町では泥棒発生率が $P(H)=0.001$ という事前情報があるとする。従って，$P(\sim H)=0.999$ である（~は否定を表す)。さらに，泥棒が入った時にドアが開いている条件付確率は，$P(D \mid H)=0.8$，泥棒が入らなくてもドアが開いている条件付確率は，$P(D \mid \sim H)=0.01$ という統計があるとしよう。いま，「ドアが半開きになっている」というデータが与えられた時，「泥棒が入った」という仮説の確からしさは，$P(H \mid D)$ で与えられる。ベイズ規則（式9－2）に当てはめれば，その値は，0.074となる。つまり，仮説の確からしさは，まだ小さい値ながらも，データが与えられたことにより，事前確率の74倍になったといえる。

$$P(H \mid D) = \frac{P(H)P(D \mid H)}{P(H)P(D \mid H) + P(\sim H)P(D \mid \sim H)} \quad \text{(式9-2)}$$

ベイズ規則は，上記のような人の推論における仮説評価や認知モデルの検証ばかりでなく，ビッグデータを用いる現代のITC社会では，データ分析に不可欠な手法となっている。例えば，スパムメールの判定や，将棋や囲碁の世界で有名になったディープラーニングなどにも活用されている。なお，データ分析の世界では，ベイズ規則（ベイズ統計）における尤度を，上記のような主観的な確率で代用することは勧められていない。

4. 非形式的推論

第2節で紹介した演繹的推論は，論理規則に則った形式的推論である。そして，演繹的推論では，人の知識や経験，その場の状況などは考慮せず，論証の妥当性のみを問題とする。しかし日常では，演繹的推論であっても，それらの要因は無視できない。それは，第2節で紹介した**実用的推論スキーマ**でも，実証されている。ここでは，2つの観点から，日常における演繹的推論，つまり非形式的推論の特性を紹介しよう。

（1）論証の不確実性

演繹的推論は，前提として与えられる命題を真であると仮定した上で，結論が真であるか否か，つまり論証が妥当であるか否かが検討される。先に紹介した前件否定の錯誤や後件肯定の錯誤などは，論理規則に準拠すれば「錯誤」となる。しかし，表9-1右側（心理学実験）に示されるように，人は三段論法課題においても，妥当-非妥当という2値判断ではなく，「場合によっては妥当」といった，不確かさを伴う推論を行うことが多い。これは日形式的推論では，論証の妥当性が，確率的に変動することを意味する。

また，論証の構成要素（前件，後件など）に関しても同様なことが言える。例えば，「雨が降ったら，傘をさす」という大前提が与えられたとしよう。演繹的推論では，この大前提を真とし，小前提「雨が降った」，従って，結論「傘をさす」ことになる。この例では，日常では2種類の不確定性が含まれる。構成要素と論証の不確定性である。砂漠にすむ人々ならば，「雨が降る（P）」という現象はまれであり，また，雨合羽を常備している人は，「傘をさす（Q）」という行為はまれである。さらに，風の強い地方では，「雨が降ったら傘をさす（P → Q）」と考えることは少ない。つまり，前提の構成要素であるＰやＱ，およびそれらの関係Ｐ → Ｑを真と考える可能性は状況によって変化し，従って，上記の前提を真とするといわれても，「ほんまかいな？」となってしまうことがある。それらに対する主観的確率は，必ずしも，1となることはない。これらに関して，心理学的にも，研究が進められている。

（2）信念バイアス

演繹的推論課題に関して，人の持っている知識や経験の影響は，**信念バイアス**（belief bias）として知られている（「信念」という用語が適訳かどうかは問わない）。例えば，①「魚ならば卵を産む。コイは卵を産む。従って，コイは魚である」という論証と，②「魚ならば卵を産む。ニワトリは卵を産む。従って，ニワトリは魚である」という論証とを比べると，構造的には，同一である（後件肯定）であり，論理的には妥当ではないのだが，①は妥当あると思ってしまう。それは，結論が信念に合致するからである。図9－5は，信念バイアスを扱った古典的な研究結果

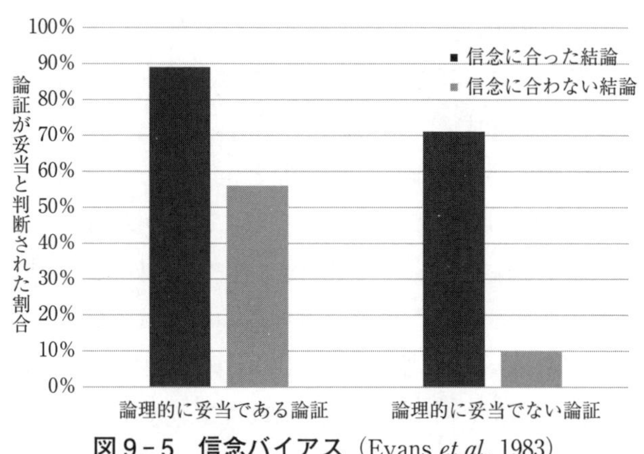

図9-5 信念バイアス（Evans *et al.*, 1983）

の一例である（Evans *et al.*, 1983）。縦軸は「論証が妥当である」と判断された割合で，論証が論理的には妥当でなくても結論が信念に合う場合には，論証は妥当であると判断される傾向がある。

このほかにも，非形式的推論の特性として，「自分に都合の良いことや自分で考えた論証には甘く，自分に不都合なことや人が考えた論証には厳しい」という，マイサイドバイアス（myside bias）などがある（Trouche *et al.*, 2016）。

学習課題

課題1　演繹的推論と帰納的推論の違いを，例を使って，説明しなさい。

課題2　ウェイソンの選択課題と実用的推論スキーマを，例を使って，説明しなさい。

課題3　帰納的推論における確証バイアスとは何か，説明しなさい。

課題4　演繹的論証における信念バイアスに関して，自分自身で例を作成して，説明しなさい。

学習課題のポイント

課題1　第1節をよく理解すること。そして，論理規則，妥当性，データ，仮説生成・検証など，基本用語を用いて説明すればよい。

課題2　まず，真理値表及び真理値表課題を説明し，それとの関係で，ウェイソンの選択課題を典型的な実験例を用いて説明する。実用的推論スキーマは，ウェイソンの選択課題の変形版を用いて，典型的な研究例とその意義を説明する。

課題3　まず，「確証バイアス」とは何かを端的に説明する。その例として，ウェイソンの「2・4・6課題」における仮説検証の特徴を挙げればよい。

課題4　まず，形式的推論と非形式的推論とを対比的に説明する。そして，非形式的推論の特徴としての「信念バイアス」について述べればよい。考案する例は，他の人も納得するものを考え出すこと。

参考文献

P. N. ジョンソン-レアード（著）海保（監修）（1988）『メンタルモデル：言語・推論・意識の認知科学』産業図書

★メンタル・モデルの第一人者による古典的著書の邦訳。難しいが，一読の価値あり。

K. マンクテロウ（著）服部・山（監訳）（2015）『思考と推論』北大路書房

★推論の様々な側面に関して，実験，理論両面に関し，包括的に解説している。ただし，章によっては，翻訳が読みづらいところもある。

戸田山和久（2000）『論理学を作る』名古屋大学出版会

★初学者にもわかりやすい，論理学の入門書（ただし，分厚い）。練習問題も豊富で，一読すれば，論理学が好きになるかもしれない（責任は持たないが）。

10 問題解決と熟達化

石口　彰

《目標＆ポイント》 問題解決とは何か。まず，日常生活における「問題」を分類してみる。次に，知覚・認知心理学における問題解決の古典的な研究として，情報処理アプローチとゲシュタルト心理学アプローチに触れ，それらを踏まえて，問題解決の基本プロセスと類推による問題解決を理解する。最後に，問題解決における熟達化と脳組織や脳活動との関係を探る。
《キーワード》 良定義問題，情報処理アプローチ，ゲシュタルト心理学，問題空間，ヒューリスティック，洞察，類推，熟達化

1. 知覚・認知心理学で扱う問題解決

我々は，日々，問題に直面しそれを解決している。個人的な問題，家庭の問題，社会問題など，解決すべき問題は多々ある。知覚・認知心理学では，しかし，その解答を検討するのではない。個々の問題を解決するプロセスやメカニズムを検討する。さらに，他の動物や人工知能による問題解決と対比して，人間の問題解決の特徴をあぶりだすこともある。

まず，この節では，人間の問題解決の基本的枠組みを説明しよう。そこで問題解決の例を挙げてみる。

①旅行で沖縄に行きたいと思う。

②数学のテキストを読み，章末の問題を解くという宿題が出た。

③将来，総理大臣になろうと考えている。

等々。

このように，ここで扱う「問題」は，たどり着くべき「ゴール」があり，そこへたどり着く方法が，すぐにはわからない，という特徴を持つ。どんなアクションを起こせばよいか，正確に知っているならば，「問題」は発生しない。また「問題」か「問題でない」か，といった2値的なものとして捉えるのではなく，連続体として捉えることが，重要である。この点は，第5節の「問題解決と熟達化」で説明する。

問題解決は，**初期状態**（Start：問題の認識）から出発し，様々な**操作**（Operation：道具や行動など）を活用して，**目標状態**（Goal：解決）へと向かう，いわば，**問題空間**という迷路内の探索行動と捉えることができる。沖縄へ旅行するのに，電車や飛行機を使う，これが操作である。初期状態から，目標状態に至るまでに，数多くの中間状態（最寄りの駅，羽田空港，那覇空港など）を経験するのが，通常である。しかし，それは，問題の種類によって異なる。そこで，問題を，いくつかの観点から分類してみよう。

（1）良定義問題と不良定義問題

問題の分類として，形式的に重要なのは，その問題が明確に定義されているかという観点である。**良定義問題**（well-defined problem）とは，初期状態（S），目標状態（G），操作（O），制約（R），が提供されている問題である。東京（S）から沖縄（G）まで，交通機関を使って（O），なるべく安く（R）旅行する問題などは，その例である。ただし，操作の中からどれを選び，どのように適用するかは，解決者の頭の中の課題である。

一方，**不良定義問題**（ill-defined problem）とは，上記のＳＧＯＲのうち，どれか（通常はＯやＲ）が欠けているか，あるいは曖昧な問題である。「総理大臣になるという問題」は，その典型である。

（2）一般知識問題と領域固有知識問題

問題を解決するのに，特殊な，事前知識が必要か，という観点は重要である。特殊な知識を必要としない問題を，**一般知識問題**という。この問題は，問題の構造，手順，規則などが単純で明確であり，解決に至るために必要な知識は，多くの種類の問題に適用可能な方略や方法に関する知識（領域一般知識）である。これに対して，医学診療上の問題や法律問題などを解決する場合，多くの事前知識（領域固有知識）を必要とする。一般人には，解決することは，ほぼ不可能であるが，知識があれば解決は可能である。この種の問題は，**領域固有知識問題**と呼ばれる。いわば，専門的職業上の問題といえる。

2．古典的研究

問題解決の科学的アプローチは，20 世紀前半から中ごろにかけて，始まったと言えよう。1 つは，現在では人工知能と呼ばれる領域の研究者らによる**情報処理アプローチ**，もう 1 つは，**ゲシュタルト心理学**の研究者らによるアプローチである。

（1）情報処理アプローチ

初期の問題解決に関しては，20 世紀中頃以降，人工知能研究者によって，コンピュータで問題解決を扱う試みがなされた。それは，情報処理アプローチと呼ばれる。知覚・認知心理学における情報処理の基本は，第 1 章を参照されたい。

問題解決の情報処理アプローチでは，問題解決には，理解と探索というプロセスが働くと考える。理解とは，問題の心的表現（問題空間）を形成するプロセスであり，探索とは，心的表現の中で，解を求めて，探し回るプロセスである。つまり，問題解決とは，問題空間の中のある地点から別の地点への移動と考えられる。移動するにつれて，問題の中の現在地は更新されねばならない。

情報処理アプローチでは，ルールが明らかな良定義問題で，かつ，領域固有の知識を余り必要としない問題を扱った。図10－1は，良定義問題として有名な，「ハノイの塔」問題である。この問題では，1つの杭（左図ではA）に，大きさの異なる何個かのリングが大きさの順に置かれている（図Aでは3個：**初期状態**）。杭は3本あって，課題は，3本の杭を利用して，杭Aから杭Cに3個のリングを移動させる（**目標状態**）ことである。ただし次の**制約**がある：①一度には1つのリングしか移動できない。②小さいリングの上に大きいリングを移動することはできない。③杭以外の場所にリングを置いてはいけない。ここではリングの移動が**操作**に相当する。この問題は，リングの数が増えると，途端に難しくなる。ハノイの僧がこの問題を使って瞑想したという逸話が残っている。

ハノイの塔の問題は，初期状態（S），ゴール状態（G），操作（O），

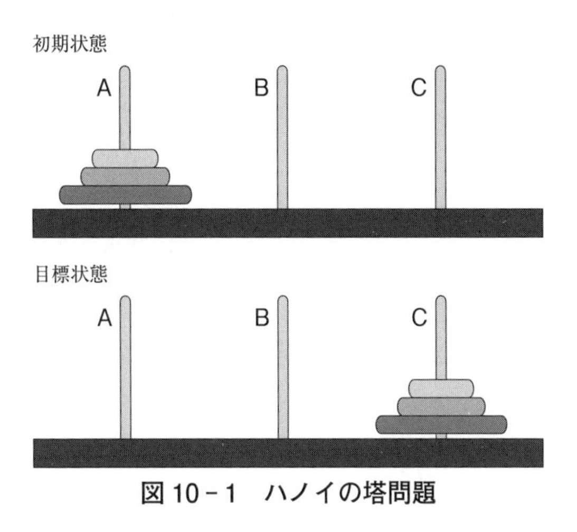

図10－1　ハノイの塔問題

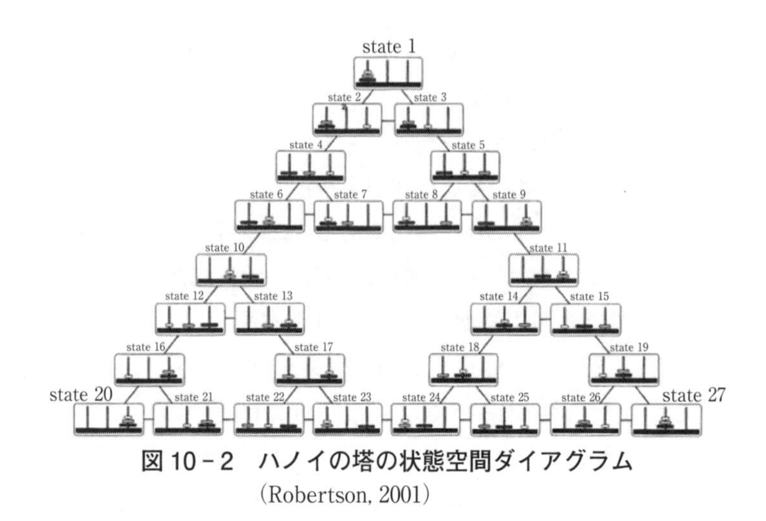

図 10－2　ハノイの塔の状態空間ダイアグラム
(Robertson, 2001)

制約（R），が明確に提供されており，良定義問題である。

ニューエルとサイモン（Newell & Simon, 1972）は，情報処理アプローチにより，ハノイの塔の問題を扱い，後で説明する「**手段－目標分析**」という方法を用いて，問題空間内の移動を考えた。そして，その移動と各ステップでの状態を表したものとして**状態空間ダイアグラム**を考案した（図 10－2）。人がハノイの塔問題を解決する際，どのような問題空間を構成し更新していくかを，人の反応と状態空間ダイアグラムとを比較することで，推測できると考えたのである。その際，人間のワーキングメモリには容量に限界があるから，問題空間を移動する場合，アクセスできる表現は限られることに注目している。

情報処理アプローチは，良定義問題かつ固有の知識を必要としない一般知識問題に適用されてきたが，この点が弱点とは言える。

(2) ゲシュタルト心理学アプローチ

ゲシュタルト心理学では，感覚，知覚，認知を要素に還元することなく，全体として捉える立場をとる。例えば，知覚で言えば，要素のまとまりに注目し，知覚的体制化の原理を提唱した（第5章参照）。問題解決でも同様で，問題構造を全体的に把握し，その構造に潜む不整合を発見することが重要であると考えた。

この観点から，ウェルトハイマー（Wertheimer, 1945）は，**再生産的思考**（reproductive thinking）と**生産的思考**（productive thinking）という概念を提唱した。前者は，問題の全体的な構造を考慮することなく，以前に学習した手続きを使用する思考法であり，後者は，問題の構造に関する深い理解を基礎とし，必要に応じて問題を再構成する思考法である。そして問題が与えられた時，解決が遅れるのは，まず，①問題の構造や過去の経験が活用される（再生産的思考）。それが不適切な場合，問題解決に必要な関係性の発見が阻害され，②行き詰まり状態（**インパス** impasse）に陥る，と考えた。しかしながら，③対象となる問題を新たな観点から捉えなおし，再構成化することにより解決が導かれる，と考えている（Scheerer, 1963）。③の過程は**洞察**（insight）と呼ばれている。

ゲシュタルト心理学者は，既知識の不適切な使用による思考の失敗に注目し，次の2つの要因を指摘した。1つは，**機能的固着**（functional fixedness）というもので，あるモノの使用法は一種類ではないことに気づかない，という特徴を有する。2つ目は，**構え効果**（set effect）と呼ばれるもので，より単純な手続きで解決できるのに，以前に学習した手続きが心的構えとなり，それを適用してしまうことをいう。

機能的固着の例としてローソク箱問題（Duncker, 1945）がある。図10－3のような画面を提示して，「ローソクに火を灯した時，蝋が床に

図 10－3　機能的固着とローソク箱問題
（Anderson, 2015）

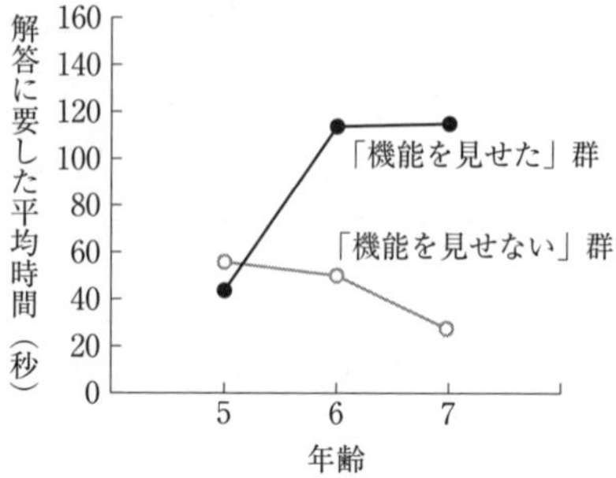

解答に要した平均時間（秒）
160
140
120
100
80
60
40
20
0
5　6　7
年齢
「機能を見せた」群
「機能を見せない」群

図 10－4　機能的固着と発達的変化
（German & Defeyter, 2000）

落ちないよう，ローソクをドアに固定しなさい」という問題である。すぐに，解けるだろうか？　これは，画びょうが入っている箱をローソクの支持台とするのが正解である。ゲルマンとデファイテル（German & Defeyter, 2000）は，5，6，7 歳児を実験参加者として，箱の機能（モノを入れる）を，あらかじめ見せる群と見せない群とに分けた。そして，その後，箱をローソクの支持台として使用するまでの時間を測定した。その結果，5 歳児は，事前に箱機能を見たかどうかに影響を受けないが，6，7 歳児は，事前に箱機能を提示されると，5 歳児より，正解にたどり着くまでに，時間がかかった。つまり，6，7 歳児では，再生産的思考が働き，機能的固着を示したことになる（図 10－4）。

構え効果の例に関しては，放送教材を参照のこと。

以上，問題解決の古典的研究として，情報処理アプローチやゲシュタルト心理学アプローチを紹介したが，最近では，洞察や類推による問題解決，問題解決の熟達化と脳活動の関係などの研究が進んでいる。以下，それらを含めて，問題解決の方略や基本プロセスを説明しよう。

3. 問題解決の方略とその特性

(1) 差縮小法とヒューリスティック

人が問題解決で通常用いる方略は，**ヒューリスティック**（heuristic）（ヒューリスティックスともいう）という直感的方法である。問題解決で一般的にみられるヒューリスティックは，現地点とゴールとの差異を減少させるヒューリスティックであり，**差縮小法**（difference reduction）と呼ばれる。その代表的なものに，**山登り法**や**手段－目標分析**がある。

山登り法とは，例えば，山の頂上を目指しているのだが，霧の中で道に迷ってしまい，手探り（足探り？）で道を探索する方法である。要は，手探りで，現在よりも高い場所の方に移動する方略である。人は，問題解決場面において，このような直観的方法を使用する場合が多いが，問題点として，①たどりついた点が，山の頂上（ゴール状態：正解）とは限らないこと（途中の小高い展望台かもしれない），②ゴールに近づきつつあるかどうかを「測定」する方法がある場合にのみ適用できる，という点が挙げられる。つまり，周りが平坦である場合には，ランダムに選択しなくてはならない。

しかし，先人の遺した諺に，「急がば回れ」という金言がある。途中の展望台で，途方に暮れても，少し考えれば，正解にたどり着く場合もある。それは，この「急がば回れ」ヒューリスティックを使用していることがうかがわれる。このヒューリスティックは，現在の状態と目標状態との差を減少させるため，順次，新たに下位**目標**を設定して，その下位目標を達成するための**手段**を考案し，解決に至る方略であり，**手段－目標分析**（Means-Ends Analysis）と呼ばれる。この手段－目標分析により，解決に至る道があるならば，いつかはただちに達成可能な下位目標が設定される。その後は，設定した下位目標を次々と解決していけばよい。なんだか，わかりにくい表現だが，最近の例を挙げれば，TV 番組の「路線バスの旅」で使われる方略である。ゴールに向かって，最短経路の路線バスが無ければ，迂回してでも，逆戻りしてでも，あるいは，歩いてでも，ゴールにたどり着くという方略である。時間的制約がなければ，いつかは，ゴールにたどり着けるのである。ただし，日常での問題解決では，時間的制約がつきものであるが。

(2) 洞察

洞察とは，問題解決の過程において，漸近的に解に至るのではなく，手詰まり状態に陥るものの，一瞬の閃きが生じて解に至る解決過程を言う。通常の問題では，解への近づき感（暖かさ warmth と表現される場合もある）が次第に増大するが，一般に洞察が生じた問題（以下，「**洞察問題**」と略す）では暖かさが低レベルから高レベルへ突然に変化する。

【洞察問題と心的表現】

通常の問題解決では，与えられた問題表現から，心的表現（問題空間）を形成し，それに長期記憶からの情報を加味して，推論を行い，操作を選ぶ。その結果，われわれの心的表現が変化する。問題を解決する際，困難に陥るのは，①間違った心的表現を形成した場合，②正しい心的表現を形成しても，選択肢がたくさんあり，どのような推論が妥当か不明な場合，である。洞察問題は，①に当てはまる。

ここで，図 10－5 の「不完全チェッカーボード問題」を考えてみよう。この問題では，図のように，「8 × 8 の 64 マスからなる白黒チェッカーボードの右上と左下のマスを取り除いた，不完全チェッカーボードを用いる。このチェッカーボードを，31 個のドミノ（2 つのサイコロがくっついたようなもの）で覆いつくせるか」という問題である。ドミノの方位は水平でも垂直でもよい。

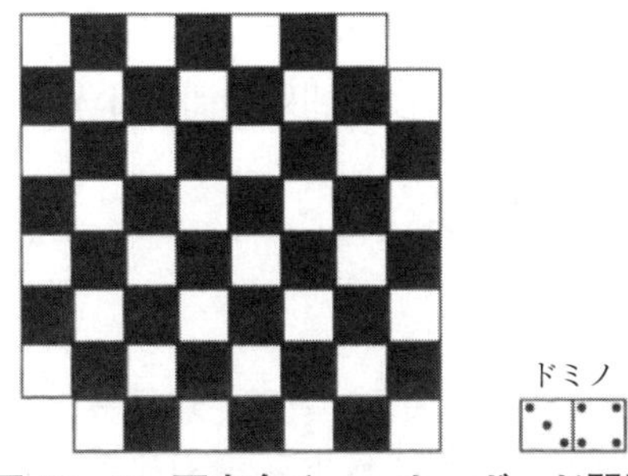

図10－5　不完全チェッカーボード問題

通常，人がまずこの問題に接すると，ドミノでチェッカーボードを順に埋め尽くそうとする。この時，問題解決者は，心的表現として，「埋め尽くし問題空間」を形成し，その空間内を探索していると考えられる。しかし，その心的表現のために，行き詰まることもある。行き詰まり（インパス）を打開する方法には，①問題の別の側面に焦点を当てる，②極端なケースに注目する，③類似な問題がないか探す，④問題を別な方法で見るべく努力する（再符号化），⑤制約を緩和する，などが挙げられる。「チェッカーボード問題」では，④を用いると「白黒マス数え上げ問題空間」の探索となり，行き詰まりが打破されて，問題解決の道が開ける。解答は章末参照。

【洞察問題の解決プロセス】

洞察問題の発生と解決プロセスをまとめると，次のようになる。

①失敗事例への固執（再生産的思考）とインパス。それによって，②重要なデータの無視が生じる。しかしながら，しばらくの③抱卵期（incubation：卵を抱きかかえるように問題を温めておく期間）の後，④飛躍的解決が生じる。これは，漸進的ではなく突然の「ひらめき」である。そして，ひらめきが生じた時，⑤感情的体験の随伴，つまり，驚きや感動（アハ体験）が随伴し，⑥洞察後の了解，つまり，後から考え

ると，こうだったのか，という納得状態に至る。この時，⑦問題表現の転換が生じる。つまり，洞察前後で問題空間自体が別物になるのである。

4. 類推による問題解決

(1) 類推とは

問題解決では，過去を振り返り，現在，直面している問題と類似の問題を探り出し，その解決法を適用することもある。それが，**類推**（analogy）による問題解決である。類推とは，2つの事物・事象間に本質的な類似点があることを根拠にして，一方の事物がある性質をもつ場合に，他方の事物もそれと同じ性質をもつであろうと推測することである。

(2) 類推と類似性

類推は，すでに知っていて理解している問題，概念，状況など（**ソース**あるいはベースという）を把握し，それを新しい問題や，概念，状況など（**ターゲット**という）に適用することである。この場合，ソースとターゲットの間の類似性が鍵となる。

類似性を分類すると，「表面上の類似」と「構造上の類似」とに分けられる。「表面上の類似」は，対象や事象間の物理的類似性，意味的類似性である。「構造上の類似」とは，対象や事象間の関係の類似性である。例えば，太陽系における太陽と惑星との関係は，原子レベルでの原子核と電子との関係と，表面上は類似しないが構造上で類似する。

類推を用いた問題解決は，図 10‐6 に示すように，5段階のステップ（①～⑤）を踏むといわれる（Robertson, 2001）。なお，図中の A，C は問題，B，D は解決法を表す。①検索段階：ワーキングメモリ（WM）内に，直面している事例（**ターゲット**）を保持しながら，長期記憶

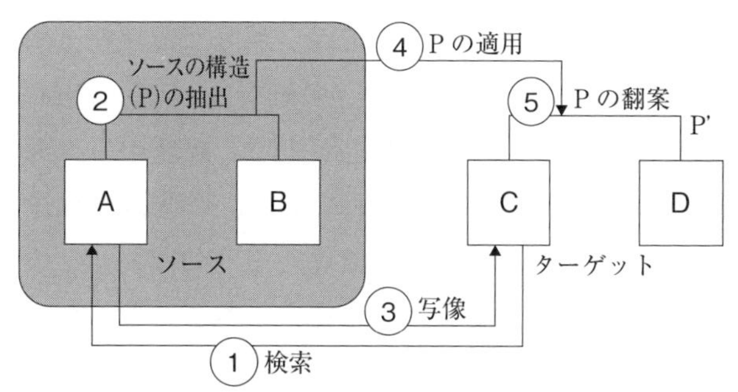

図10－6　類推による問題解決の5段階
(Robertson, 2001より作成)

(LTM) 内に，類似な事例 (**ソース**) を探索する。②ソースの構造抽出段階：ソース内で，問題の特徴 (A) や関係構造 (AとBとの関係：P) を抽出する。③写像 (mapping) 段階：ソースとターゲットをWM内に保持し，並べて，ソースの特徴をターゲットに写像する (A→C)。④適用段階：ソースの構造をターゲットに適用する。⑤翻案と予測段階：ターゲットに合わせてソースの構造を翻案し，ソースで知られている解決法や特徴から，ターゲットの扱い方に関する仮説を生成する。③の写像とは，問題の構成要素や制約などを対応させることであり，類推による問題解決では，表面的や意味的に類似なモノは写像されやすい。

(3) 放射線問題と要塞問題

類推に注目した研究として，ギックとホリオークの研究 (Gick & Holyoak, 1980) が有名である。彼らは，参加者に次の2つの問題を提示した。「放射線問題」の概要は，「手術が不可能な胃癌患者に，体外からの放射線照射による治療を行いたい。放射線は，強度が弱いと，周りの組織は大丈夫だが癌組織は破壊できない。強度が強いと癌組織は破壊できるが，周りの組織を傷つけてしまう。さて，どんな方法が考えられるだろうか」である。一方「要塞問題」の概要は，「要塞に独裁者がいる。独裁者を追放するべく，将軍が立ち上がった。要塞からは何本も道が放射状に延びていたが，地雷が埋められていた。その地雷は少人数で通行するならば，爆発しない。軍隊全体で攻めなければ要塞を攻略できないが，大群で攻めたら地雷が爆発してしまう。さて，どんな方法が考えられるだろうか」である。

この2つの問題には，構造上の類似性があることがお分かりだろうか。実験では，「要塞問題」（**ソース**）とその解答（軍隊を分散させ，多方向から，同時に攻める）が与えられ，その後，「放射線問題」（**ターゲット**）が与えられた場合，「放射線問題」のみが与えられた場合よりも，成績がよかった。つまり，類推が働いたのである。しかしながら，自発的に類推が働いたのではなく，実験者から，「要塞問題」を参考にする，などのヒントが与えられることが必要であった。これは，この2つの問題では，表面上の類似性が低いからである。一方，人は，表面上の類似性が高いと類推を働かせやすいが，それによって間違った解を導き出すことがある。

5. 問題解決と熟達化

問題解決の熟達者（エキスパート）となるためには，当然ながら，訓練が必要である。訓練の結果，問題解決に必要な時間が短縮され，正確性や精度が上がる。それは，図10-7のように連続的・漸進的である。これは，一種の学習曲線である。

【熟達化への道】

ところで，**熟達化**（expertise）にはどのような特徴や方略があるのだろうか。

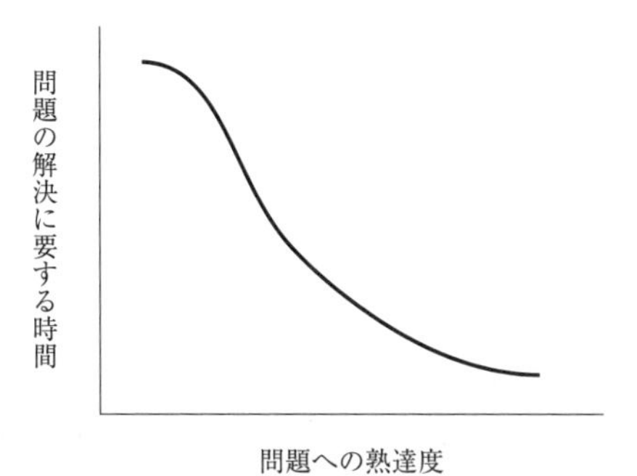

図10－7　問題解決の熟達化

問題解決に不慣れな時は，宣言的知識（記憶）を利用する。例えば，パソコンのキーボード入力の場合，初めは，キーの配置を覚え，それを確認しながら，キーをたたく。しかし，習熟するにつれて，キーボードを見なくても，指が適切に動くようになる。つまり，手続き的知識（記憶）を活用するようになる。宣言的知識の利用から手続き的知識の利用に移行する，これを**手続き化**（proceduralization）と言い，熟達化の特徴の1つである（Anderson, 2015）。

特定の問題に対して，特定の解決法を習得することを，**戦術的学習**（tactical learning）といい，熟達化の方略の1つといえる。例えば，練習問題の解法を丸暗記して，その問題が期末試験に出たら，単に解法を思い出す，といったように，問題解決をパターン認知や記憶の問題へと質的な変換を行うものである。ただし，このような問題解決技能は，汎用性に乏しい。また，この種の熟達者となるには，単にその課題に時間を費やすだけでなく，意図的な訓練（deliberate practice）が必要であるといわれる（Ericsson *et al.*, 1993）。意図的な訓練には，結果のフィードバック，つまり，正解にどれだけ近いか，どこにズレが生じているかなどの情報が不可欠である。

これに対して，問題の構造を理解して，適切な解決法を習得することを，**戦略的学習**（strategic learning）といい，より高度な熟達化の方略の1つである。例えば，論文を書く場合，初心者は，序論から順に積み重ねて書いていくことが多いが，熟達者は，論文全体の構成を考え，骨子となる部分を書きだし，それに肉付けを与えていく方法をとる。いわゆる，トップダウン的方法である。

また，類推のところで説明したが，問題の類似性には，表面的な類似性と構造的（深層的）な類似性とがある。熟達者になるほど，構造的類似性に気づきやすく，問題解決が促進される。

【熟達化と脳】

熟達化が進むと，行動的変化だけではなく，脳の組織や活動も変化する。あるいは，熟達するにつれ，脳の組織や活動が変化し，そうした脳の変化が行動に反映されるともいえる。

脳の組織変化を示す有名な研究として，ロンドンのタクシードライバーの例がある。迷路のような複雑な道路を辿り，難なく目的地に到達する熟練のタクシードライバーと統制群の脳を比較すると，前者は，空間的記憶に関与する側頭葉内側部の海馬（第7章参照）の後部灰白質（細胞体の集まり）が有意に大きく，ただし，新しい知識の記憶に関与する前部灰白質は有意に小さいと報告されている（Woollett & Maguire, 2011）。

脳の活動性の変化に関しては，人工的な代数問題に取り組む訓練の結果，問題解決に関与する脳部位が減少することが示されている（Qin ら, 2003）。図10－8（A）は，訓練初日の脳活動部位（色の濃い部分），（B）は5日後の活動部位を示す。訓練が進むにつれ，少ない部位で問題解決を行っていることがうかがわれる。つまり，ある領域での熟達化とは，脳が省エネモードに入ることを示唆する。

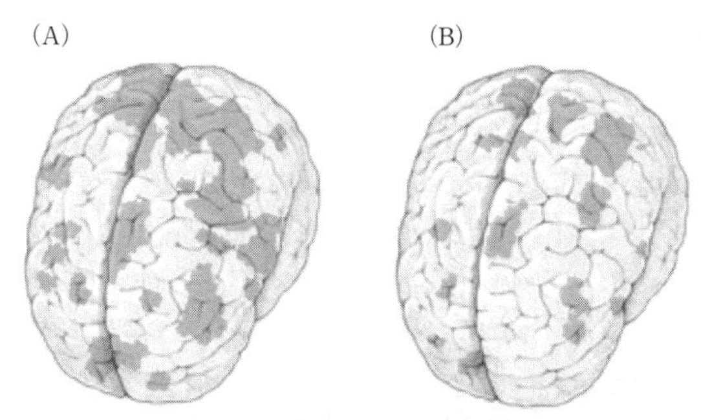

図 10－8　熟達化と脳の活性化
Qin *et al.* (2003) の研究結果を Anderson (2015) が，まとめたもの

活動の量的変化ではなく，活動部位の変化を示す研究もある。文字を反転や鏡映などに変換した文章を読む訓練では，訓練の初期段階では，宣言的記憶に関与する海馬の活動が多くみられたが，訓練が進むと，手続き的記憶に関与する大脳基底核の活性化が増大し，海馬の活性化は減少する，つまり作業が**手続き化**する，という研究がある（Poldrack & Gabrieli, 2001）。

いずれにせよ，熟達化と脳の活性化の問題は，多様な側面を有し，その因果関係の検討や教育的支援は，現在進行形である。

学習課題

課題 1　本章で紹介した問題解決の分類を踏まえて，その例を考えなさい。

課題 2　図 10－5 を用いて，洞察問題の解決プロセスを要約しなさい。

課題 3　放射線問題の解決過程を，要塞問題をソースとし，図 10－6 を用いて，解説しなさい。

課題 4　戦術的学習と戦略的学習に関して，本章の例とは別な例を用いて，説明しなさい。

学習課題のポイント

課題 1　良定義問題，不良定義問題，一般知識問題，領域固有知識問題とはどういうものか概要を示し，それぞれに関して例を考える。それらを組み合わせても良い。例：不良設定問題かつ一般知識問題

課題 2　まずは，図 10－5 の「不完全チェッカーボード問題」を解いてみる。そこで，インパスに陥った時，その原因を探る。そして，解決に至ったプロセスをなぞってみる。

課題 3　「放射線問題」（ターゲット）と「要塞問題」（ソース）とし，まずは，ソースは記憶しているものとして，その構成要素と関係構造を抽出する。後は，テキストの説明に従い，具体的にターゲットの解決過程を説明すればよい。

課題 4　まずは，戦術的学習と戦略的学習に関して，その違いがわかるように説明する。「再生産的思考」と「生産的思考」との関連性に触れても良い。例は，なるべく身近なものを挙げると，わかりやすい。

参考文献

石口彰，池田まさみ（編著）(2012)『言語と思考』オーム社
　★「問題解決」に関して，より詳しく記述してある。
大芦治 (2016)『心理学史』ナカニシヤ出版
　★心理学史に関して，邦書では最も充実していると思われる。ゲシュタルト心理学や認知心理学の歴史も簡潔にまとめられている。

【不完全チェッカーボード問題の解答】

ドミノを乗せると，必ず，一対の白黒が隠れる。つまり，ドミノで覆うことができるためには，白と黒の数が同数でなくてはならない。図 10－5 のチェッカーボードは，白が 32 個，黒が 30 個である。つまりは，ドミノで覆うことはできない。これが正解である。

11 判断と意思決定

石口　彰

《目標＆ポイント》 問題に直面した際，人は状況を判断し，何らかの決定を下さなければならない。本章では，人間の高次な認知機能の１つである判断と意思決定の特性を考える。そして，可能性の判断（確率判断）や価値判断（効用）をもとに，規範的理論である期待効用理論と記述理論であるプロスペクト理論を理解する。
《キーワード》 決定木，確率判断，価値判断，効用関数，期待効用理論，価値関数，プロスペクト理論

日常生活では，人は常に判断を迫られる。例えばランチで何を食べようか，オムライスかハンバーグ定食にしようか，と迷う。ゴールが定まらない。そこで，**判断**（judgement）という認知機能が働く。人は判断を行う際，様々な情報を活用し，評価を行う。この１週間何を食べたか，カロリーは？　そもそもお店にオムライスやハンバーグ定食があるのか，などの情報が判断材料となる。その判断材料への評価を基に，今日はオムライスにしようと決める。これが，**意思決定**（decision making）である。意思決定には，その決定の重要性によって，関わる要因が異なる。ランチの選択より結婚相手や手術をするか否かの選択など，その決定が将来や生死にかかわる時は，決定の重要性が増すだろうし，それによって，選択肢の評価・判断に必要な情報の量も変化するであろう。つまり，評価・判断と意思決定は相補的な関係がある。本章では，人間の認知機能としての評価・判断と意思決定を一体化した認知過程として，その基本的なプロセスやメカニズムを説明する。なお，以下の説明では，

評価・判断を略して，判断と表記する。

1. 判断と意思決定を科学する

次のような例を考えてみよう。「クラスの子を，デートに誘いたい。OKならば，その後は，幸せな日々が待っているはずだ。でも，ノーだったら，落ち込む日々かもしれない。だが，1つ問題がある。明日は試験だ。卒業後のことを考えると，図書館へ行って，勉強するべきかもしれない。そうすれば，きっと良い点がとれる。しかし両方はできない。どうしたらよいだろうか。」

この場合，デートに誘うか，図書館で勉強するか，の判断と意思決定に迫られる。ここで，重要な要素は，「選択肢の価値」と「結果の確からしさ」である。意思決定を科学的に検討するには，何らかの理論（モデル）が必要であり，これまで，以下のような**規範理論**と**記述理論**が提唱されてきた。

規範理論とは，最良の結果をもたらす合理的意思決定モデルであり，要するに，「〜すべき」という解を導出する理論である。一方，**記述理論**とは，人が，「どのように決定すべきか」ではなく，実際に，「どのように意思決定しているか」に関する理論である。記述理論は，現実場面における人の意思決定行動の予測と理解に有効と思われる。

上記の理論の詳細は後述するが，意思決定の構造は，**決定木**（decision tree）と呼ばれるグラフィカルな表現で要約できる（Smith & Kosslyn, 2007）。決定木は，主として第3節で説明する期待効用理論で使用されることが多い。

図11－1は，先の例を**決定木**で表現したものである。図の枝のようなものは，選択肢を表す。上の枝は，「図書館で勉強」，下の枝は，「デートに誘う」である。枝の先には結果が記されており，そこに添えられて

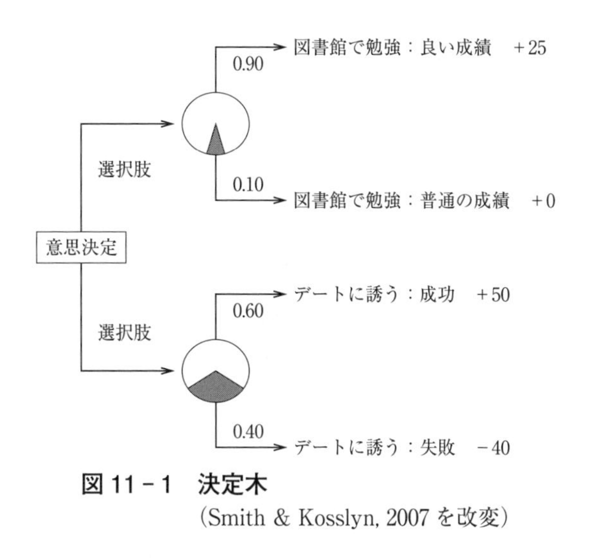

図11－1　決定木
（Smith & Kosslyn, 2007を改変）

いる数値は，結果から受け取る価値（利得や損失）である。図書館で勉強し，良い成績を修めれば25の利得，普通の成績ならば0の利得，デートに誘ってOKならば50の利得，ノーならば40の損失となる。数値は，あくまで，個人の主観的な価値であり，**効用**（utility）と呼ばれる。枝に添えられている数値は，結果が得られる可能性（主観的確率，尤度）で，図書館で勉強すれば90%の確率で良い成績（25の利得），10%の確率で普通の成績が得られ，デートに誘ったならば60%の確率で成功（50の利得）し，40%の確率で失敗（40の損失）することを示している。

このように，意思決定の基盤となる判断には，可能性（確率）の判断と価値の判断とが絡むことになる。以下の節では，それらについて説明しよう。

2. 確率と価値の判断

(1) 確率判断

確率にはいろいろな定義がある。数学的に厳密なものではないが，例えば，論理的可能性としての定義（コインの表の出る確率など），頻度論としての定義（事故や犯罪の発生率など），あるいは，ある事象への信念強度としての定義（試験に合格する確率など）である。それぞれで定義された確率について，人間は実際にどのように判断しているだろうか。

正常なコインを投げた場合，表の出る確率は，論理的には 0.5 である。もし，コインを 5 回投げて，5 回とも表だったら，次は裏が出ると考える人が多いであろう。これは，**ギャンブラーの錯誤**（gambler's fallacy）といわれる確率判断上の**認知的バイアス**（cognitive bias）である。コイン投げは，1 回 1 回が独立試行なので，6 回目に表か裏の出る確率は，論理的には，共に 0.5 であり，裏が出る確率が高いわけではない。しかしそろそろ裏が出るはずだと考え，人の主観的な確率判断では，裏の出る確率が高いとなるのである。これは，限られた数の頻度を想定している可能性がある。つまり，コインを 100 回投げれば，だいたい 50 回は表が出るから，続けて 5 回も表が出たら，表の出る頻度は減るはずだ，という，一種の認知的バイアスがかかる。

頻度論的な確率においても，特有なバイアスがかかる。例えば，アメリカの話であるが，死亡発生因として，自動車事故や糖尿病などの病気より，自殺の方が多い。しかし，自殺の報道はほとんどなく，それは過小評価され，一方，大きな自動車事故や疾病による有名人の死亡は，ニュースなどにより目に触れる機会が多いので，過大評価される（Lichtenstein *et al.*, 1978）。これらは，**利用可能性ヒューリスティック**

（availability heuristic）と呼ばれ，確率判断にバイアスを引き起こす原因の1つに挙げられる（Tversky & Kahneman, 1981）。つまり，思いつきやすい事例は，頻度が高く，発生確率が高いと判断されやすいのである。

信念強度とは，まさに主観的確率のことであるが，関連する情報が得られると，信念強度は変動する（**信念更新**）。例えば，入学試験に合格する確率は50％程度と思っていたが，模擬試験の結果が案外良くて，合格率は70％くらいかもしれない，といった具合に変化する。このような信念更新は，規範的には**ベイズ規則**で定式化される。ベイズ規則に関しては，第9章3節で解説したので参照のこと。

上記のように，新たなデータが手に入ると，それを基に**信念更新**が生じるが，ベイズ規則を用いれば新たな規範的信念強度が算出されるはずである。しかし人間の判断は，どうもそれから逸脱するようだ。その例を示そう。

「ポックリ病は，この町では0.1％の発生率であることが知られている。友人のQさんは，定期検診で難病ポックリの検査を受けた。この検査では，ポックリ病患者ならば95％陽性反応が出る。一方，ポックリ病患者でなくても10％陽性反応が出る。Qさんが検査を受けたところ，陽性反応が出た。Qさんは，自分がポックリ病である確率が95％であると考え，悲嘆にくれた。」

さて，あなたなら，どう考えるだろうか。これは，診断問題としてよく知られている問題である。そこで，検査を受けた後，Qさんがポックリ病である確率をベイズ規則に則って計算してみよう。

まずポックリ病である事前確率（基準率ともいわれる。信念強度に相当する）は，$P(H)=0.001$ である。ポックリ病で陽性反応（D）が出る条件付き確率（尤度，感度，ヒット率ともいう）は，$P(D \mid H)=0.95$,

さらにポックリ病でなくても陽性反応が出る確率（偽陽性率，虚報率，第一種の過誤ともいう）は $P(D \mid \sim H) = 0.10$（'～' は否定を表す）。これで，準備が整った。そこで，陽性反応が出た時，Qさんがポックリ病である確率（事後確率。信念更新に相当する）は，式 11－1 から $P(H \mid D) = 0.009$ となる。多分，予想よりだいぶ小さな確率となったのではないだろうか。予想と異なった理由は，2つ考えられる。1つは，事前確率の見落とし（**基準率無視**ともいう）である。もともとポックリ病の事前確率が低い（0.001）ので，そもそもQさんはポックリ病である信念強度は低かったはずである。ところが，ポックリ病で陽性になる確率は 95％と聞いていたので，動揺し，信念更新を誤ってしまった。もう1つ重要な見落としは，虚報率（ポックリ病ではないのに陽性になる確率，偽陽性率）が 0.1 と高いことである。虚報率が 0 ならば，「陽性ならばポックリ病になる」という命題が成立する。つまり，Qさんは，100％ポックリ病ということになる（式 11－1 で確かめられたい）。この2つの見落としは，人間の確率判断の特性である。

$$P(H \mid D) = \frac{P(H)P(D \mid H)}{P(H)P(D \mid H) + P(\sim H)P(D \mid \sim H)}$$ **（式 11－1）**（式 9－2 を再掲）

ところで，日常では，確率の判断は稀であり，相対的な頻度で判断する場合が多い。そこで，診断問題を確率表現ではなく，以下のような頻度表現にすると，正確な判断が導かれるという（Gigerenzer, 2002）。

「定期検診でポックリ病の検査を行った。人口1万人のこの町で，ポックリ病に罹っているのは，10 人程である。検査では，ポックリ病患者 10 人中9人に陽性反応が出る。一方，残りの 9,990 人のうち 1,000 人にも陽性反応が出る。Qさんが検査を受けたところ，陽性反応が出た。さて，Qさんがポックリ病である確率はいかほどであろうか。」この表現だと，算数の問題となるので，小学生でも解ける（かもしれない）。

（2）価値判断

価値といえば，客観的に算出される動産や不動産などの金銭的価値が想定されるであろうが，ここで扱うのは，個人が抱く，主観的価値である。これは，主として経済学の分野で，**効用**（utility）と呼ばれてきた。

図11－2（Markowitz, 1952）は，客観的価値と効用との関係を表す曲線で，初期の**効用関数**（utility function）と呼ばれる。図の横軸は客観的な価値（損失と利得）を表し，縦軸は効用を表す。損失部分と利得部分とは，原点対称になっている。図からわかるように，利得部分に関していえば，客観的価値が小さい部分では関数は下に凸であり，客観的価値が大きくなると上に凸になることを想定している。なお，一般的なテキストに載っている効用関数は，後で説明する**価値関数**（図11－4）を指し，利得部分では全体的に上に凸，損失部分では全体的に下に凸となっていて，原点付近の客観的価値が小さい部分を考慮していないもの

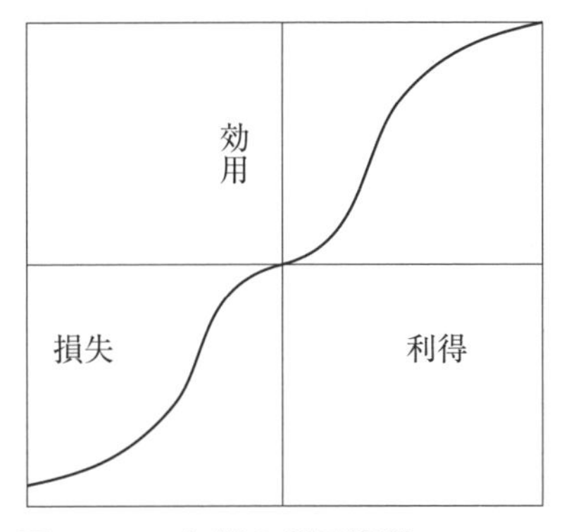

図11－2　初期の効用関数
（Markowitz, 1952を改変）

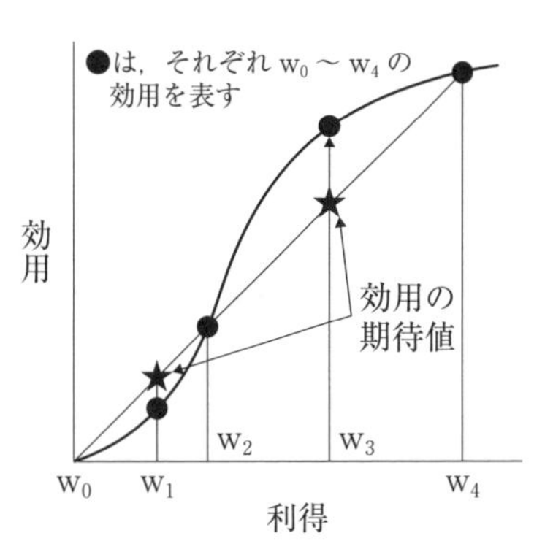

図11－3　効用関数の意味
（横軸は対数尺度）

が多い。

ところで，効用関数の意味を理解するには，次のような「賭け」を考えると良いだろう。以下は，利得（儲け）の部分（図 11－2 の右上の部分，図 11－3 はその拡大図）で説明しよう。

五分五分の確率で 100 円貰うか（図 11－3 の w_2）0 円もらうか（w_0）という賭けと，確実に 50 円（w_1）貰うのと，どちらを選ぶか？　このような少額の場合には，賭けを選ぶ方が多数を占める。これは，wo と w_2 の効用の期待値の方が 50 円の効用より高いからである。図 11－3 で利得が小さい場合，効用関数が下に凸である理由がこれである。一方，五分五分の確率で 1 万円貰うか（w_4）0 円貰うか（w_0）という賭けと，確実に 5,000 円（w_3）貰うかの選択では，確実に 5,000 円貰う方を選択する人が多い。これは，wo と w_4 の効用の期待値より 5,000 円（w_3）の効用の方が高いからである。利得が大きい場合，効用関数が上に凸となる根拠がこれである。

3. 合理的意思決定―規範理論―

意思決定には，人は「○○すべき」という**規範理論**と，人は，「○○している」という**記述理論**があると述べた。ここでは，まず規範理論を説明しよう。

（1）リスク回避とリスク追求

株の売買を考えてみよう（なお，筆者は，未経験である）。さて，1 株 10,000 円で 100 株購入したとする。その後，株の値段が上がって 1 株 11,000 円になれば含み益は 100,000 円（1,000 円 × 100 株），1 株 9,000 円になれば 100,000 円の含み損となる。この時点で売買を決定すれば，それぞれの金額の損得となる（手数料は除く）。さて，あなたは，売買を決定するであろうか。

一般的に，人は利益に関してはリスクを負おうとはせず（**リスク回避**：risk-aversion），逆に損失に関してはリスクを負ってでも損失を避けようとする（**リスク追求**：risk-seeking）傾向にある。つまり，一般人としての私ならば，1 株が 11,000 円になった時点で株を売って 100,000 円の利益を確定する。つまり，その後，株が値下がりして利益を逃すリスクを恐れるのである。逆に，9,000 円になって含み損が 100,000 円になっても，その後の値上がりを期待して，株を売らないでおく。つまり，損は確定したくないのである。しかし，それで，大損する例は多々ある（私の実体験ではない。念のため）。

上で述べたリスク回避傾向とは，低リスク・低リターン型を好む傾向であり，リスク追求傾向とは，高リスク・高リターン型を好む傾向である。

以上のことを反映したのが，先に紹介した効用関数である。利得の部分で効用関数が上に凸の場合，リスク回避傾向がみられ，損失の部分で効用関数が下に凸の場合には，リスク追求傾向となる。

（2）期待効用理論

上記の例で挙げた効用に確率の重みをつけたものを**期待効用**（expected utility）と呼ぶ。期待とは確率を反映しているが，客観的な数値というより主観的な確率，つまり見込みを扱う場合が多いので，**主観的期待効用**と呼ぶ場合もある。期待効用理論では，意思決定者の合理的な行動は，期待効用を最大化する行動であると規定する（フォン・ノイマン＝モルゲンシュテルンの定理）。

期待効用理論が想定する期待効用を最大化するプロセスは，次のような 5 つのステップからなる。①尤度の推定：特定の結果が生じる主観的確率を推定する。②効用の推定：特定の結果を評価して，意思決定者にとっての価値を効用とする。③期待効用の算出：選択行動 x の結果の価値（効用 u）に，その尤度（主観的確率 p）を掛け，期待効用を算出する。結果が複数ある場合も同様である。④選択肢の評価：各選択肢に関して，複数の期待効用がある場合には，それらを加算し，その選択肢の全体期待効用を算出する（式 11－2）を参照)。⑤最良選択枝の抽出：各選択肢の全体期待効用を比較して，それが最大となる選択肢を選ぶ。

$$\text{Expected utility} = \Sigma p(x_i)u(x_i) \quad \textbf{(式 11－2)}$$

期待効用理論では，このプロセスが合理的な意思決定であると考えた。このプロセスを踏まえて，先程の「デートに誘う」vs「図書館で勉強する」の例で，各自，合理的な最良選択肢を求めてみよう（解答は，章末参照）

ところで，期待効用理論が合理的といえるためには，選好に関する以下の原理を満たす必要があるといわれている（フォン・ノイマン＝モルゲンシュテルンの定理の前提)。まず，**順序性**（完備性ともいう）と**推移性**の原理である。つまり，A，B，Cのうち，どれかを選ぶ場合，それらの中に何らかの順序付けがなされ，さらに，A＞B，B＞Cならば，A＞Cという，推移性が成り立たなくてはならない。

次に，**独立性**の原理である。これは，選択肢の持つ属性のうち，共通なものは，選択肢の合理的な決定には使われないという原理である。例えば，ノートパソコンを購入する際，価格やディスプレイの大きさなどが選択肢に共通する場合，それらの特徴は，購入の決定には使われない。

さらに，**不変性**の原理が挙げられる。これは，選択肢の提示法や記述法などによって，意思決定が変化することはない，つまり，合理的な意思決定は，文脈に左右されないという原理である。

これらの原理は，当たり前のように思われるが，以下で説明するように，人間の意思決定は，これらの原理から逸脱する例が多いのである。

4. 人間の意思決定の実際と記述理論

期待効用理論は，期待効用を最大にする合理的な意思決定を導く理論であるが，それから逸脱するデータが多々報告された。この節では，それを紹介しよう。なお，ここでいうギャンブルとは，賭博といった意味ではなく，損得を伴う意思決定の状況一般を指す。

（1）損失回避傾向

次のようなギャンブルでは，どちらを選ぶであろうか。

ギャンブル1「コインを投げて表が出たら2,000円獲得，裏が出たら1,000円損失」
ギャンブル2「コインを投げて表が出たら1,000円獲得，裏が出ても損失はない」

2つのギャンブルの期待値はともに500円の利得であるが，多くの場合，ギャンブル2が選ばれる。この選択は，人が損失に敏感であることを示し，この特性を**損失回避**（loss aversion）**傾向**という。期待効用理論が準拠する効用関数は，利得の部分と損失の部分とは，原点に関し，対称形となっている（図11－2参照）ので，上記の結果は予測できない。この点を踏まえて効用関数を改良したのが，後に紹介する**プロスペクト理論**である。

(2) 意思決定者の状況

1,000万円の借金を抱え，返済を迫られているAさんと，借金のないBさんがいるとする。2人は次のどちらのギャンブルを選ぶだろうか。

ギャンブル1「コインを投げて表が出たら1,000万円獲得，裏が出たら900万円損失」
ギャンブル2「確実に50万円もらえる」

損失回避傾向を考えると，一般的にはギャンブル2が選択されるが，借金を抱えているAさんは，一発逆転を狙って，ギャンブル1を選ぶ可能性がある。実際，競馬の最後のレースでは，それまで負けている人ほど，確実な選択（リスク回避傾向）ではなく，大穴狙い（リスク追求傾向）になるというデータがある。つまり人の意思決定では，決定者の状況が決定要因となる。期待効用理論では，この要因が組み込まれていない。後述の**プロスペクト理論**では**参照点**として，決定者要因が組み込まれている。

(3) 手続き不変の原理からの逸脱

合理的意思決定では，不変性の原理に則り，同じ質問を異なる様式で尋ねても，同じ答えが得られるはずである。これを特に**手続き不変の原理**（principle of procedural invariance）と呼ぶ。

これに対して関して，トヴェルスキーとカーネマン（Tversky & Kahneman, 1981）は次の問題を考えた。

問題 1
600 人を死に追いやる疾病の発生に対する準備として，公衆衛生局は 2 つのプログラムを考えた。あなたは，どちらを支持しますか？
プログラム A：このプログラムを実施すれば，200 人が助かる。
プログラム B：このプログラムを実施すると，600 人が助かる確率は 1/3，誰も助からない確率は，2/3 である。

結果は，プログラム A を選ぶ人が多かったのである。
次の問題はどうであろうか。

問題 2
600 人を死に追いやる疾病の発生に対する準備として，公衆衛生局は 2 つのプログラムを考えた。あなたは，どちらを支持しますか？
プログラム C：このプログラムを実施すれば，400 人が死亡する。
プログラム D：このプログラムを実施すると，誰も死亡しない確率は 1/3，600 人が死亡する確率は，2/3 である。

結果は，プログラム D を選ぶ人が多かった。
よく見ればわかるように，プログラム A と C，プログラム B と D とは，同じことを，表現を変えて記述しているだけである。従って，手続き不変の原理に従うと，A が選ばれれば C が選ばれるはずである。しかし結果は異なった。つまり選択が逆転しているのであり，この結果は「手続き不変の原理」に反しているといえる。
上記のように，等価な意思決定問題でも，問題の表現によって心的枠組み（フレーミング）が異なると，採択される選択肢が異なってしまう現象があり，これは**フレーミング効果**（framing effect）と呼ばれる。問題 1 は，「生存」が強調され，ポジティブ・フレームが形成された結果，リスク回避傾向となり，Aが選択された。一方，問題2は，「死亡」が強調され，ネガティブ・フレームが形成された結果，リスク追求傾向となり，Dが選択されたといえる。つまり，われわれ人間の意思決定行動は，状況そのものではなく，状況の心的表現によって決定される。フレーミング効果もその一種といえる。

このほかにも，規範的な意思決定では前提となる**推移性の原理**に関する研究（Tversky, 1969）や**独立性の原理**に関するアレのパラドックス（Allais paradox）など，人間の判断・意思決定は，これらの原理に反していることが示されている。

（4）プロスペクト理論—記述理論—

主流としての期待効用理論に対して，様々なパラドックスが生じる人間の実際の意思決定は，当初は例外的なものとして扱われていた。しかし，1970年代以降，流れは変わった。上記のように，人間の意思決定行動の特性に対し，期待効用理論が論破できない事態が注目された。

そこに登場したのが，人間の意思決定行動を踏まえたカーネマンとトヴェルスキー（Kahneman & Tversky, 1979）の**プロスペクト理論**（prospect theory）である。プロスペクトとは，「見込み」のことである。その理論は，行動実験を踏まえた，主として次の3つの特徴を有する。

①価値関数　提唱された価値関数は効用関数の修正版である。価値関数では，図11-4のように，利得部分では上に凸，損失部分では下に凸の関数形をしており，さらに損失の方が，変化率が大きい。その結果，損失回避傾向が説明できる。

②確率加重関数　人は確率を与えられてもそのまま鵜呑みにするのではなく，確率の程度に応じて確率に対する評価が異なる。提唱された確率加重関数は，図11-5のように，小さい確率は過大評価，中間の確率

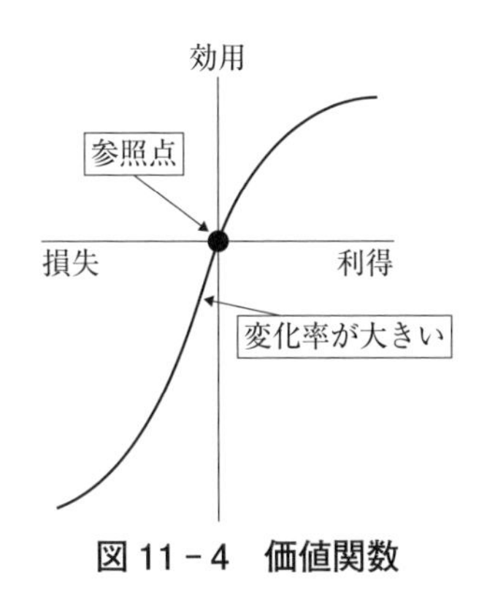

図 11－4　価値関数

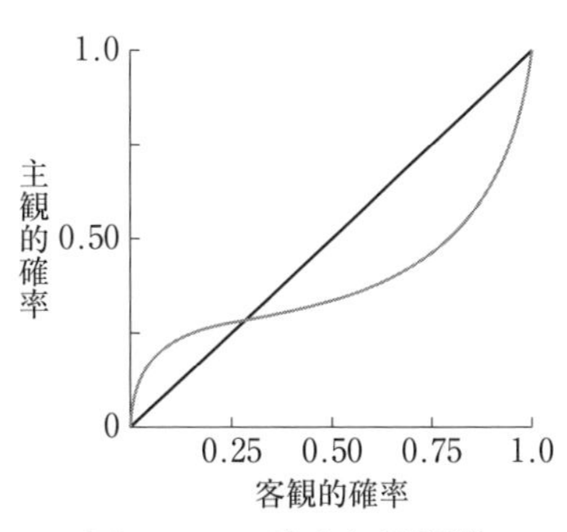

図 11－5　確率加重関数

に関しては確率の変化に対して感度が低く，大きい確率は過小評価されることを反映している。

③**参照点**　フレーミング効果を踏まえて，参照点（reference point）を導入した。意思決定者が問題をどのように捉え，判断の出発点として拠り所としている点は何なのか，それを示すのが参照点である。プロスペクト理論では，価値関数の原点が，参照点である。

これらを踏まえて，プロスペクト理論では意思決定過程は，「編集段階」と「評価段階」の 2 段階からなると考える。編集段階とは，選択肢を認知的に再構成する段階であり，利得と損失とに分けるので，心的枠組み（フレーミング）が生じる。ここで，参照点が導入される。次の評価段階で，価値関数と確率加重関数を組み合わせて，最も評価値の高いプロスペクトが選ばれる。

カーネマンは，上記の業績により，2002 年にノーベル経済学賞を受賞した。一方，共同研究者のトヴェルスキーは，その栄誉を受けることなく，1996 年 59 歳の若さで，逝去した。なお，カーネマンらの提唱した，人間行動に準拠した行動経済学は，その後も発展をつづけ，2017

年には，カーネマンの共同研究者の一人であるセイラー（Thaler, R. H）が，ノーベル経済学賞を受賞している。

学習課題

課題 1　身近な意思決定の例を用いて，それを決定木で表現しなさい。

課題 2　確率判断における基準率無視とは何か，説明しなさい。

課題 3　損失に関するリスク追求傾向と損失回避傾向を説明しなさい。

課題 4　プロスペクト理論における参照点の意味を説明しなさい。

学習課題のポイント

課題 1　決定木の構成要素（選択肢，尤度，効用など）を念頭に置き，結婚や進学，就職などの意思決定状況を説明すればよい。

課題 2　まず，データを基にした確率判断の更新に使われるベイズ規則を説明する。そこでは，基準率とは何かに言及する。そして，基準率が無視される例を挙げ，なぜ，無視が生じるのかを考える。

課題 3　まず，リスク回避傾向，リスク追求傾向とは何かを説明する。そのうえで，リスク追求傾向と損失回避傾向との関係を説明する。具合例を挙げれば，もっと良い。

課題 4　まず，プロスペクト理論の中で，フレーミングや参照点が注目された背景に言及する。そして，参照点の導入により，何が説明可能となるのか，例を挙げて考察する。

参考文献

G. ギーゲレンツアー（著）吉田訳（2010）『リスク・リテラシーが身につく統計的思考法：初歩からベイズ推定まで』 早川書房

★日常的な推論や意思決定に関し，頻度による考え方が有効であることを解説している。文庫版なので，手に入りやすい。

K. マンクテロウ（著）服部・山（監訳）(2015)『思考と推論』　北大路書房
★意思決定を含む，人間の思考と推論に関する概説書。全体的には良書だが，章によっては，（翻訳が）読みづらいところもある。

【解答】

「図書館」選択肢の全体的期待効用 = 0.90 × 25 + 0.10 × 0 = 22.5
「デート」選択肢の全体的期待効用 = 0.60 × 50 + 0.40 × (− 40) = 14
合理的な最良選択肢は，「図書館」選択肢。

12 知覚・認知と言語

石口 彰

《目標&ポイント》 言語は人のコミュニケーションの重要な道具となっている。本章では，音声言語に関する言語産出や言語理解のプロセスを，知覚・認知の枠組みの中で，理解する。あわせて，言語と思考との関係，および，言語の基盤である脳・神経系の仕組みを通して，言語に関する理解を深める。
《キーワード》 心理言語学，言語表象，スピーチエラー，言語産出，言語理解，統語分析，ガーデンパスモデル，言語決定論

言語，あるいはより身近な表現で言うと，言葉は，重要なコミュニケーションの道具であり，他の知覚・認知活動と同じように，われわれは意識することなく，それを活用している。そこで，この章では，「考える」ことの大きな役割を担う「言語」について，特に知覚・認知の枠組の中で扱う。

本章で扱うテーマは，言語の性質，言語の産出，言語の理解，言語と思考との関係，言語とその基盤となる脳・神経系である。言語には音声言語や文字言語，手話など，複数の様式があるが，ここでは，主として音声言語に絞って話を進める。

各テーマの話に入る前に，言語と心理との関係を検討する学問領域に関して，説明しておこう。

1. 言語と心理を扱う領域

言語の理解・産出とその基盤となるプロセスを探求する心理学領域は，**言語心理学**（psychology of language），または，**心理言語学**

(psycho-linguistics) と呼ばれる。前者は，心理学（特に実験心理学）の枠組みで言語を扱い，その歴史は古い。それに対して，後者は言語学の枠組みで，心理過程を扱うのが主眼である。ともに，言語の獲得や理解，産出が主なテーマとなるが，言語の構造などを基盤とし，さらに，言語学の学際性も加味した心理言語学という用語を使用する場合が多いようである。内容的には，大差はない（言い過ぎであろうか）。認知言語学（あるいは，言語認知科学）と呼ばれることもある。なお，参考文献に挙げた，心理学者である重野（編）の著書も，副題は「心理言語学の世界を探検する」となっている。

心理言語学の主要問題は，①言語理解とその心理過程，②言語産出とその心理過程，③言語獲得の過程とそのメカニズム，などである。また，そこから，言語と世界の捉え方の関係，言語と思考の関係，動物の言語などの諸問題へと展開されることが多い。言語獲得を扱う分野はとくに発達心理言語学と呼ばれることもある。

2. 言語の性質

「私の父は放送大学で知覚・認知心理学の講義を行っている。」少し長い文であるが，声に出して読んでみよう。この文が文字や単語からなっており，それぞれの読みがあり，そしてそれらの情報が組み合わさって，文を構成し，意味が伝わるであろう。このように，聞いたり読んだり話したりするすべての文は，音，文字，音節，単語，句など多くの要素・情報から成り立っている。そしてこれらは，何らかの階層的な構造を持っており，その構造は様々な言語表象の水準と捉えることができる。そして，これらの要素や構造が言語の文法を形成することになる。

（1）言語表象の水準

図 12－1 は，“The chef burned the noodles”「そのシェフはその麺を焦がした」といった，単純な文を用いて，多くの水準からなる言語の構造を表現したものである。一般に，言語の使用ルールを**文法**というが，心理言語学者は，使用している言語の構造に関し，各人が持っている言語水準の知識（多くは無意識的知識）の集合体として文法を捉えるようだ。それでは，個々の水準について，簡単に説明しよう。

【意味水準】

個々の単語の意味ではなく，文全体の意味を表象する水準である。談話水準ともいわれる。知識表現として，心的表象の一種と考えられる。知識表現は，脳の中に蓄えられているので，実際には目に見えないが，認知心理学では，それを命題表現，命題ネットワーク表現など（図 12－2 参照）でモデル化している（Kintsch, 1998)。なお，命題とは，真偽が定まる言明のことである。意味の表象は，この文の生起した文脈

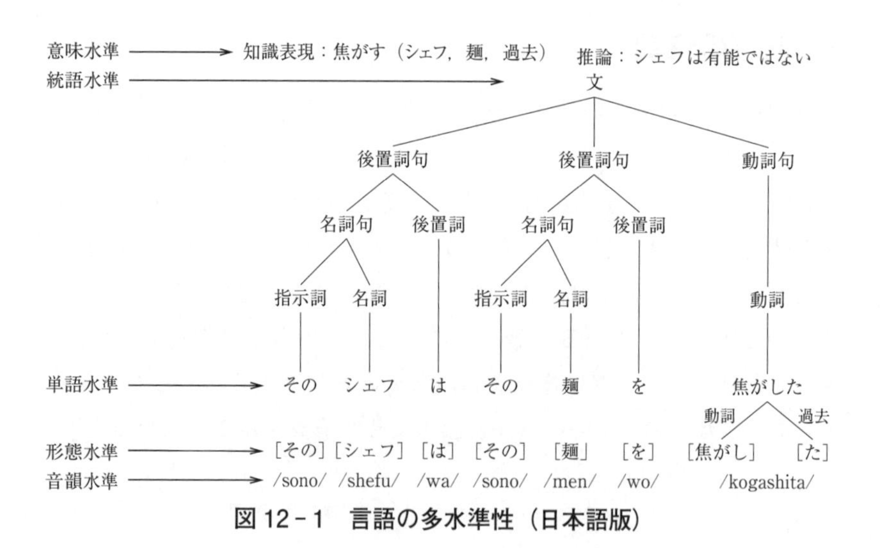

図 12－1　言語の多水準性（日本語版）

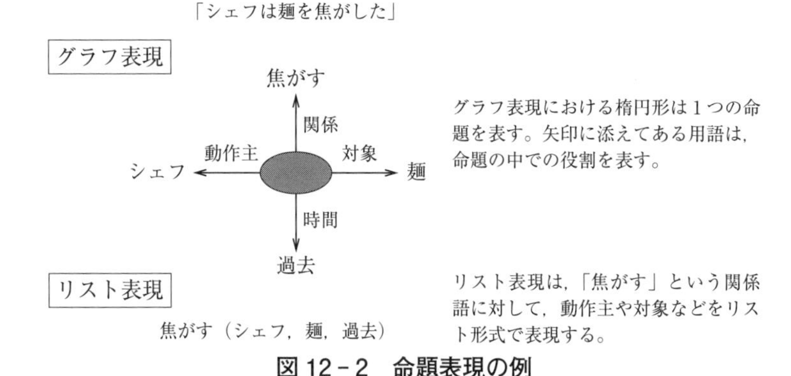

図12－2　命題表現の例

や長期記憶と意味的にリンクし，推論を産み出す。例えば，「このシェフは，前にも，麺を焦がした」という記憶から，「このシェフは2流だ」といった帰納的推論が生じることもある。

この水準は，言語産出では出発点であり，言語理解ではゴールとなる。

【統語（シンタックス）水準】

文を構成する種々のタイプ（名詞や動詞など）の単語間の関係を基にして，文全体の構造を表す水準である。シンタックス（syntax）を表現する一般的な方法として，言語学では**句構造樹形図**（phrase structure tree）を用いることが多い。意味水準は同じでも，統語水準では異なって表現される場合がある。例えば，「ネコがイヌを噛んだ」と「イヌはネコに噛まれた」は意味水準では同じだが，統語水準では異なった表現（樹形図が異なる）となる。

樹形図の様式やその構成素は，言語や研究領域によって異なるので，あまり気にする必要はない。知覚・認知心理学的観点から言うと，人は文を理解するプロセスにおいては，単語の関係を示す階層的・ネットワーク的な心的表象（統語水準）を作り出し，それを基に文の意味（意味水準）を決定することになろう。文の産出ではその逆になる。

統語水準の表象が重要な例として，第6節や第15章で紹介するブロカ失語が挙げられる。その症状の特徴は発話が流暢ではなく，非文法的な点にある。つまり，統語水準の表象に問題があるといえる。

【単語水準，形態水準，音韻水準】

単語水準は，個々の単語を表現する水準である。単語は，文を構成し，それぞれに意味を有する。つまり，単語水準は，プロセスとして考えると，個々の単語を同定し，それらの意味を一義的に付加する段階である。単語認知に関しては，知覚・認知心理学でもその歴史は長い（天野，2010；Carreiras *et al.*, 2014 参照）。

単語は文字や音声によって表現される。文字の場合には形態水準が関与する。形態の最小単位は**形態素**（morpheme）と呼ばれ，単語を形成する，いわばブロックである。例えば，“burned”は単語であり，[burn] と［ed］の２つの形態素からなる。日本語でも，「焦がした」という単語は，［焦がし］＋［た］（過去を表す）という形態素からなる。

単語が音声によって表現される場合には，音韻水準が関与する。音韻の最小単位は**音素**（phoneme）と呼ばれる。音韻水準は，本章で扱う音声言語の産出（いわゆる発話 speaking）ではゴール，音声言語の理解（いわゆる聴取 listening）では出発点となる。

（2）人間の言語の特殊性

人間の使用する言語は，他の動物には見られない，特殊な性質を有する。

【恣意性】

人間の用いる言語では，単語の音韻や形態とその意味（実体）との関連が恣意的で，一般には予測できない場合が多い。例えば，ネコ（/

neko/), cat (kæt) という単語は,「ひげを生やし, のどを鳴らす小さなほ乳類」という実体と, 形態的にも音韻的にも関連しない恣意的なモノである。ただし, 象形文字のように, 実体と関連している場合もある。

【生成能力】

人間の用いる言語では, 形態素や単語, 文を組み合わせると, 可能性としては無限の数の表現を生成することが出来る。また, 新たな造語（例「僕的には」,「きもい」,「cartoony」）が毎日のように生成されているが, 話者の意図するところは概ね理解可能である。それは, 言語表現の柔軟性から来ているのだろう。

構文上での生成能力の一種として, **再帰性**（recursion）がある。これは, 文の構成要素の中に, 他の構成要素や文を組み入れることである。例えば,「シェフは麺を焦がした」も再帰性を用いると

「シェフは, 森の近くの, 丘にある, 農園で育てられた, 小麦から作られた麺を焦がした」

といった具合になる（まだまだ続けられる）。

後に紹介するガーデンパス文も, 言語におけるこの再帰性が関与している。

3. 言語の産出

食堂で, テーブルの下に箸を落とした時, とっさに,「箸を落としたので, 替わりの箸をお願いします」と店の人に言ったことがあるだろう。この発言は, 頭の中に台本があるわけでもなく, その場の状況を理解して, ほぼ無意識に発せられたものである。

言語産出は, 図 12 - 1 が示す各水準が活性化し, 音声言語では, 最終的に発話に至る（統語が先か, 単語が先か, に関しては議論がある）。言語産出を研究することは, いわば無意識的な思考（図 12 - 1 の意味水

準）を言語に変換し，発話のための実行プランを展開するプロセスを研究することである。そこには，研究方法の難しさがある。後で紹介する「言語理解」の領域ならば，実験の統制が容易であり，反応も客観的な指標で測定できる。例えば，反応時間，正確性，脳活動などである。一方，言語産出プロセスのスタートは，非言語的な内的表象の生成であり，実験的統制が困難であり，かつ，反応の測定も難しかった。その結果，従来の研究は，実験研究ではなく，観察研究が主であり，記録された産出エラーがデータとなった。

（1）スピーチエラー

米国の言語学者フロムキン（Fromkin, V）は，失言（slip of the tongue）やスピーチエラーの観察と分類を行い，それらのデータを基に，人の心の中で言語がどのように組織化されるかの研究を行った（Fromkin, 1971）。

スピーチの典型的なエラーは**交換エラー**（exchange error 転換エラーともいう）である。これは，発話される文を構成する2つの要素が交換される現象である。交換エラーには単語交換エラーと語音交換エラーがある。

単語交換エラーとは，文字通り，文や句の中で，それらを構成する単語が交換されるエラーである。例えば，“I wrote a letter to my mother”と言うべきところを，“I wrote a mother to my letter”と言ってしまう。交換される単語は，典型的には，文法クラスが同じ，つまり名詞と名詞，動詞と動詞などの場合が多く，また，文の中で遠く離れている場合が多い。結局，頭の中でのスピーチプランによって活性化された単語群の中で，その発声順序に混乱が生じたといえる。

語音交換エラーとは，多くは2つの単語の語音（頭音が多い）が交換されるエラーである。文の中で比較的近い位置の単語間で生じるといわれている。英語ならば，“cook base”（正しくは“book case”）や“bold cutter”（正しくは“cold butter”），日本語の場合では，「ウサツノクシ」（正しくは「クサツノウシ（草津の牛)」や「ひおしがり」（正しくは「シオヒガリ（潮干狩り)」（江戸ことばでは,「ひおしがり」と言ったとか)。語音交換エラーは，この種のエラーを頻発したとされる（学生による創作が多いそうだが)，オックスフォード大学のスプーナー（Spooner, W. A.）にちなんで，スプーナリズム（spoonerisms）と呼ばれる。

単語交換エラーや語音交換エラーは，言語産出モデルの発展において，初期の重要なデータとして扱われた。近年では，実験的に言い間違えを誘導し，言語産出過程を検討した研究もみられる（Saito & Baddeley, 2004；Nakayama & Saito, 2014)。

（2）言語産出モデル

代表的な言語産出モデルには，活性化拡散理論（Dell, 1986）やレヴェルツ（Levelt, W. J. M.）の理論がある。前者は並列（同時）処理モデル，後者は直列（逐次）処理モデルと言えよう。ここでは後者を紹介する。

図12-3に示されるように，心理言語学者レヴェルツの言語産出モデルでは，発声に至る3つの段階を想定している（Levelt, 1989；Levelt *et al.*, 1999)。第1段階は，伝えるべきメッセージを形成する非言語的な「メッセージ形成」段階，第2段階は，メッセージの意味を伝えるべき単語を選択し，文の統語構造を吟味する「文法的符号化」段階（図12-1の統語水準と単語水準とが融合)，第3段階は，発声の音韻的表現を吟味する「音韻的符号化」段階である。

メッセージ形成段階で主として働くのは,「○○という状況では，××という反応（行動や発言）をとる」といった，長期記憶の中に蓄えら

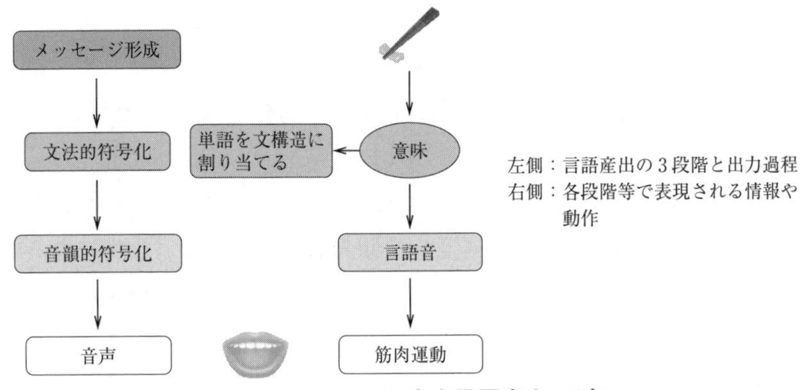

図 12－3　Levelt の音声言語産出モデル

れている知識表現である。これらは，**スキーマ**とか**スクリプト**と呼ばれる。「食堂で箸を落としたら，箸を替える旨，発言する」というスキーマが働き，無意識のうちに，「箸を替える」旨のメッセージが形成されるわけである。

次の文法的符号化段階では，単語の選択と統語構造の吟味が行われる。前者は，メッセージに含まれる意味情報を**心的辞書**（**レキシコン**）内の個々の単語に関連づけるプロセスである。例えば，箸を「一膳」,「一組」,「ひとつ」と呼ぶか，その選択を行う。この場合，メッセージの意味が３つの単語を活性化することになり，活性化が強い方が選ばれる。活性化の度合いが同じくらいだと，混同エラーが生じることがある（例えば「ひと膳」)。

単語が選ばれると，どの様な文構造にするか，統語構造の吟味が行われる。「箸を一膳お願いします」,「お願いします，箸を一膳」，あるいはもっと手短に「あのー，箸」のどれが妥当か。文構造に関する無意識的な意思決定の多くは，単語の選択に依存する。単語の選択されやすさは，メッセージ内の意味における単語の重要性が関与する。重要なのは，「箸」，でも落としたのは自分だから「お願いします」。この単語の選択順位が，文構造決定のトリガーとなる：「お願いします，箸！」

単語が選択され，文構造の一部が計画されると，言語産出の第 3 段階である，音韻的符号化の段階がスタートする。言語産出に関する多くの研究で，単語の選択と音韻的符号とは，異なるステージであることが示されている。それを例示するのが**TOT 現象**（Tip-Of-the Tongue phenomenon：舌先現象）である。TOT 現象とは，単語はわかっているが，その音韻的符号化段階（語音）にたどり着けない。顔はわかるが名前が出てこないという状況と似ている。つまり，意味的表象から発音への変換が，上手くゆかないともいえる。特徴的な発声は，「えーと」，「あれあれ……」，「うーむ」などである。

音韻的符号化は先に紹介したスプーナリズム（語音交換エラー）の源と考えられる。つまり，いくつかの単語が同時に活性化し，ちょっとした音韻的符号化の誤作動が生じ，語音効果エラーが発生したと考えられる。

言語産出に関する上記の 3 つの段階は，順に処理されると考えられるが，単語交換エラーに注目すると，語音の類似する単語で生じやすいという報告がある（Dell & Reich, 1981）。文法的符号化が完了してからでは，語音の影響で構文が変化することはないはずだから，この結果は，文法的符号化と音韻的符号化とは相互作用する場合があることを示している。

4. 言語の理解

音声言語の理解は，図 12 - 3 の言語産出モデルとは逆向きに，言語の各水準が活性化すると考えることができる。つまり，音声情報が入力されると音韻情報が符号化され，単語が認知される。それらを基に文法的・統語的な符号化が行われ，意味（メッセージ）が復元される。ただしこのようなボトムアップ処理だけではなく，各水準での処理には，さまざまな知識や文脈情報など，トップダウン情報の影響があることが知られている。この節では，文法的符号化，中でも，統語的な分析に絞って説明する。他の水準での説明は章末の参考文献で調べていただきたい。

（1）統語分析

再度，図 12－1 を思い出してみよう。言語の持ついくつかの水準の中には，言語産出でも取り上げた統語水準がある。図 12－3 でいえば，文法的符号化段階である。言語理解では，この段階の中でも，特に統語分析（構文分析）に焦点があてられる。言語理解においては，さまざまな言語構造とそれが意味する解釈とを関係づける規則を身に付けなくてはならない。というのも，言語は規則に従って構造化されており，その規則は，単語の列から意味へと至る方法を示すものである。そして，人はそれらを知識として有している。その知識を生かして，「ネコがイヌをかじった」と「ネコはイヌにかじられた」といった文の意味の違いがわかる。

文を統語的に分析することの基本課題は，個々の単語や句の意味を組み合わせて，文全体の意味を捉えることである。人は文を理解する時，統語的特徴を利用するが，一方では，単語そのものの意味も利用する。外国人が片言の日本語でしゃべって，統語的には正しくなくても，ある程度はその文意を理解できる。例えば，「駅どこ？浅草，電車」と訊かれたら，それぞれの単語の意味と関連性から，「浅草の電車の駅はどこ？」と解釈するかもしれない。

文を理解するには，このような単語の意味情報と統語情報とを統合しなくてはならない。その実験的検証を紹介しよう。

タイラーとマースレン・ウィルソン（Tyler & Marslen-Wilson, 1977）は，次の穴埋め問題を考えた。

①. If you walk too near the runway, landing planes are (　　　)

②. If you've been trained as a pilot, landing planes are (　　　)

landing plane は2つの意味がある。「着陸する飛行機」と「飛行機を着陸させること」である。①は，統語情報と意味情報とが拮抗しない。②は拮抗する（末尾の are に注目）。結果として，①の課題の方が，解決が早かった。

（2）ガーデンパスモデル

統語分析で問題となるのは，曖昧性（多義性）である。多くの文は，単語・語彙や統語構造の曖昧性のため，複数の解釈が成り立つ。

語彙的曖昧性の例として“John went to the bank.”や「このはし渡るべからず」などがある。統語構造の曖昧性の例としては，“Flying planes can be dangerous.”や「もう1人も来なかった」などが挙げられる。われわれはそれらの多くを，前後の文脈情報や音節情報などを基に，解決している。

曖昧な文をどのように理解していくか，そのモデルとして**ガーデンパスモデル**がある。ガーデンパスモデルは，語順に沿って文処理を進めていくというモデルで，その結果，構造的に曖昧な文は，誤った構造が一時的に正しいものと解釈される。そして，構造的な曖昧性がなくなった時点で，再解釈が行われると考える。この一時の解釈とその修正が続く現象をガーデンパス現象と呼び，ガーデンパス現象が起こる文をガーデンパス文と呼ぶ。なぜ「ガーデンパス文」と言うかというと，欧米の庭園（ガーデン）は広く，その中の小径は，入り組んでいて，目的地にたどり着くのに，行ったり来たりする。そのように，正しい意味にたどり着くのに，行ったり来たりする文という意味で，ガーデンパス文という。

ガーデンパス文の例を挙げよう。

「太郎は花子に指輪を贈った次郎に暴言を吐いた三郎に挨拶した」

語順に沿って文処理を進めていくことで誤った意味理解に導かれてしまい（「太郎は花子に指輪を贈った」），適切な手がかりとなる語（「挨拶した。」）が出現するとそれまでの解釈の誤りに気づき，結局，解釈の修正や読み返しを行ったりする。

なぜ最初に誤った意味理解に達するのか。それには統語分析における**最小付加原理**（principle of minimal attachment）が働くからだと説明されている。その原理とは，「文が与えられた時，人は，もっとも構成要素（付加ユニット）の少ない構文を選び解釈する」というものである。

ガーデンパスモデルは，文理解の逐次処理モデルであり，統語情報は意味が抽出される前の段階で用いられると考える。しかし，実際には，統語情報以外の情報が，モデルが予測するより早い段階で，使用されるようである。

5. 言語と思考

言語と思考に関しては，次の3つの関係が考えられる（Anderson, 2020）。①思考は言語に依存する，②言語は思考に依存する，③言語と思考は大体において独立なシステムである。

【①の立場：思考は言語に依存】

①の立場としては，まず行動主義心理学が挙げられる。行動主義者のワトソン（Watson, J. B.）は，「思考」は心の中の言葉以外の何物でもないと述べている。思考は潜在的なスピーチや他の観察されない運動活

動からなる，という行動主義の主張は，運動活動が無くても思考は進むという実験結果から，反論を受けている。

同様に①の立場としては，**言語決定論**（あるいは，ウォーフ仮説）がある。これは言語が思考方法や世界の見方を決定する，あるいは強く影響するという考え方である。言語学者ウォーフ（Whorf, 1956）は，「異なる言語は世界の異なる面を強調する。この力点の違いが，世界をどのように捉えるかに影響を与える」と主張している。例えば，エスキモーのイヌイット族は，様々な雪の状態を表す複数の単語を有し，それが雪の捉え方を規定している。

この仮説に対して，さまざまな実験的検討が行われた。一例として，言語と思考との関係を検証するために，「色の命名」が使われた。色に関する語彙の多さは，色の識別と関連するかという問題意識である。その結果，言語による色の語彙の多少にかかわらず，色の識別には差がないことが示された（Rosch, 1973）。しかし，言語によって，色の境界を判断するのに，違いが見られた。

言語と記憶の問題も検討されている。第 8 章で紹介したように，言語情報が，図形の記憶に影響を与えるという古典的研究がある（Carmichael *et al.*, 1932 など）。最近でも，色の記憶に言語が影響することが報告されている（Roberson *et al.*, 2000）。

言語決定論は，言語は思考に影響を与えると主張するが，思考にも様々な領域があるので，その妥当性が伺える範囲や思考のどのプロセスで影響するのかを検討する方が，実り多いと思われる。

【②の立場：言語は思考に依存】

次に②の立場について触れよう。

2500 年前のアリストテレスの時代から，「思考が言語のカテゴリーを決定している」と考えられてきた。これは，動物や乳児の例が示すように，言語を使用する能力より，思考能力の方が進化的に早く出現するからである。思考が言語より早く進化したと考えると，言語は思考を伝達するツールとして生じたと仮定するのが自然である。

例えば，単語の順序（主語 S，動詞 V，目的語 O）に関して，世界の言語では，SOV SVO，VSO で 98％を占め，どの言語でも主語の前に目的語が来ることはほとんどない。これは世界で生じるイベントを認知することと関係する。主語は動作を遂行するモノであり，それは，目的語に影響を与えるからである。

この②の観点は妥当のように思われるが，①を支持する研究もあることから，思考が言語のどの側面（言語産出や言語理解）やどのプロセスで影響するのかを検討する方が良いだろう。

【③の立場：言語と思考は独立】

最後に，言語と思考とは互いに独立という，③の立場である。

システムの観点から言うと，システム全体の中で，機能的に独立していて取り外しが可能なサブシステムを，モジュールというが，この場合，認知システムの中で，言語モジュールを考えるのが，③の立場である。そこでは，言語理解は他の一般的な認知プロセスとは独立に成立するのか，という問題が提起できる。フォーダー（Fodor, 1983）は，視覚の初期過程では他の機能とは独立な視覚モジュールを持つように，言語の初期過程は，独立な言語モジュールを有し，その出力が，上位の認知プロセスに送られると主張した。その主張は，**特異的言語障害**（specific language impairment：SLI）という，知的障害や知覚障害，運動障害が見られないにもかかわらず，言語能力のみにみられる発達障害を根拠にしている。

このように，③の立場の妥当性は，発達初期での言語と思考との関係に限定的と言えようか。

6. 言語と脳

言語と脳との関係は，外科的手術による副反応や脳損傷と言語障害との関連性を検討する神経心理学的知見，脳機能イメージングを用いた脳神経生理学的知見，それに，心理言語学や言語学的知見を基に，さまざまなモデルが提唱されている。

まず，多くの脳損傷患者を用いた研究や，2 つの大脳半球を外科的に離断した**分離脳**（split-brain）の研究から，言語に関しては左半球の優位性が認められている。例えば，分離脳者は，視覚情報（例えば，「リンゴ」の画像）が右半球にのみ入力（左視野にのみ提示）された場合，それが何であるか言語化することができない。それだけでなく意識に上らない（Gazzaniga, 2000）。

失語症の古典的な研究からは，言語産出にはブロカ野（下前頭回），言語理解にはウェルニッケ野（上側頭回後部）が関与しているといわれている。なお，失語症に関しては第 15 章を参照して欲しい。

神経学者ゲシュヴィント（Geschwind, N.）は，ウェルニッケがすでに提唱していた，言語産出と言語理解の脳領域を連絡する経路を拡張して，ウェルニッケ＝ゲシュヴィントモデルを提唱した（Geschwind, 1979）。図 12－4A は，話を聴いて，それを「復唱」する際に関与する脳の神経経路のモデルである。第 4 章の感覚系のところで説明したように，話し言葉は聴覚器官である内耳に入力され，その神経信号は間脳にある視床の内側膝状核を経由して，大脳皮質の上側頭回にある一次聴覚野へ伝えられる。そして，ウェルニッケ野から弓状束などを通りブロカ野に至る領域で言語の理解と産出をおこない，一次運動野から口を制御して音声を発するという経路をたどる。

ウェルニッケ＝ゲシュヴィントモデルは，その単純性ゆえに有用であ

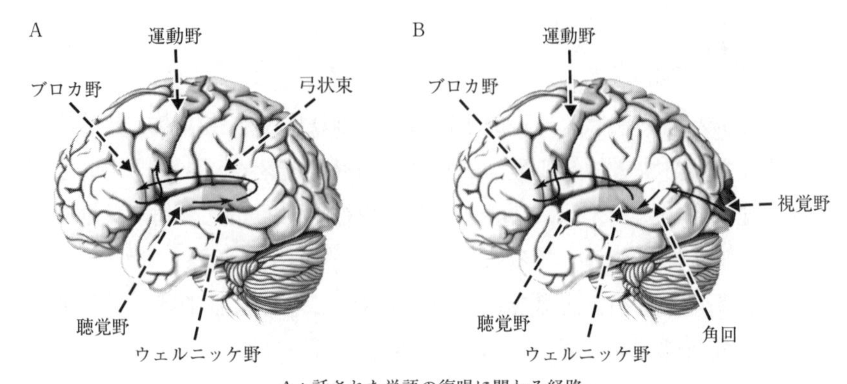

A：話された単語の復唱に関わる経路
B：書かれた単語の復唱に関わる経路
実線の矢線は，情報の流れを表す

図 12－4　ウェルニッケ＝ゲシュヴィントモデル
（Bear *et al.*, 2016 より作成）

るが，問題点も多い。このモデルでは大脳皮質領域に焦点を当てているが，言語機能には皮質下の組織（間脳や大脳基底核など）の関与も考えられている。また失語症の研究によれば，多くの失語症患者が，言語理解と言語産出の障害を併せ持ち，機能と脳部位との関係はそれほど単純ではない。

言語は他の認知機能や意識とも関連しており，脳内の各領域は，言語に関して複雑なネットワークを構成していることは間違いない。この領域は日進月歩で進展しているのである。

学習課題

課題1　心理言語学とはどのような領域か，説明しなさい。

課題2　「私の父は放送大学で知覚・認知心理学の講義を行っている」という文を句構造樹形図で表しなさい。

課題3　レヴェルツの言語産出モデルを説明しなさい。

課題4　語彙的曖昧性や統語的曖昧性の例を挙げ，日常では，それらをどのように解決しているか考察しなさい。

学習課題のポイント

課題1　第1節で紹介した心理言語学の概要と主要課題を説明すればよい。

課題2　図12-1Bの統語水準，単語水準の表記を参考にする。個々の用語には，こだわる必要が無く，文の構造を表現できればよい。

課題3　本文を参考に，図12-3を説明する。その際，産出する文を例示すると，わかりやすい。

課題4　まず，語彙的曖昧性と統語的曖昧性とは何か，を説明する。そして，日常生活上で気づいた例を取り上げ，それをどのように解決しているか，それとも，誤解のままならば，それはどのような状況なのかを，考える。

参考文献

今井むつみ（2010）『ことばと思考』岩波新書

★著者の発達言語心理学としての研究を基に，言語決定論や言語獲得について，平易に解説している。

斉藤純男（2010）『言語学入門』三省堂

★音韻論から統語論，語用論に至るまで，言語の様々な側面を言語学的に平易に解説してある。心理学の本にはあまり見られない日本語の統語構造の例もあり，有用である。

重野純（編）（2010）『言語とこころ』新曜社

★心理言語学の扱う領域は幅広く，この放送大学のテキストでは扱いきれない。この本は，それを補うのに，適当である。

13 知覚・認知と感情

石口　彰

《目標&ポイント》 日常生活を送るうえで，人は常に自分自身や他人の感情に直面する。感情は知覚・認知を左右する場合もあるし，逆に，知覚・認知が感情を調整する場合もある。従って，「考える」ことも，感情抜きでは理解できない。本章では，知覚・認知と感情とのかかわりを理解する。まずは，感情の発生メカニズムとその神経生理的基盤などについての知見を概観し，それを基に，知覚・認知と感情との関係を理解することを目標とする。
《キーワード》 情動，気分，基本感情モデル，次元モデル，ジェームズ=ランゲ説，キャノン=バード説，気分一致効果，扁桃体，前頭前野

19世紀の中頃，アメリカ北東部の鉄道工事現場で，ダイナマイトの暴発事故が起きた。暴発によって飛ばされた金属棒が，現場監督の左頬から入り右前頭部に突き抜けた。驚くことに，彼は，2か月後に現場復帰した。しかし，以前は沈着冷静で責任感のある人物だったのだが，復帰後は，感情を抑えきれない無軌道・無計画な人物へと一変した。社会的な適応能力を失った彼は，職も失い，その後は，数奇な人生を歩み，事故後10年ほどして，亡くなった。彼の名前は，フィニアス・ゲージといい，認知神経科学や感情研究で歴史に名前を残している。彼に何が起きたのだろうか。

1. 感情の基礎

感情は，「無意識的に考える」ことの典型である。本書では，感情を，「生体内外の刺激により生じる，一時的なあるいは継続的な，興奮性の

心理的・生理的評価反応及び状態」と定義する。下で述べるように，一時的な感情は「情動」，継続的な感情は「気分」に相当する。心理的評価反応とは，快・不快といった反応であり，しばしば，発汗や心拍数の増加などの生理的評価反応を伴う。

日常的には感情という用語が用いられるが，心理学や生理学の分野では**情動**（emotion）がよく使われる。情動とは，基本的には，特定の対象によって生起し，表情などの身体反応を伴い，強度が高く，持続時間が短い評価反応をいう。TV 番組を見て笑ったり（「楽しい」），泣いたり（「悲しい」）するなどである。これに対して，**気分**（mood）という用語も使われる。気分は，一般的に刺激対象が曖昧で，強度は低く，持続時間が長い，心的評価状態である。「何となく，ブルーな気分」などと使われる。ただし，情動が気分を生み出し，また，気分が情動に変容する場合もあるので，その境界は曖昧である。また，情動価／感情価（emotion/affect valence）という用語は，ネガティブからポジティブを軸とする感情の次元を表現する用語である。

情動と気分とを合わせて，**感情**（affect, feeling）と呼ぶ場合が多い（Eysenck & Keane, 2020）。本章では，場合に応じて，これらを使い分ける。基本的には「感情」を使用するが，紹介する研究で emotion が使用されている場合には「情動」，mood が使用されている場合には「気分」と表記する。なお，情動を生体反応，感情を心の反応として区別する場合もある（Damasio, 2003）。

（1）感情の構造

虹の7色とか7音階とか，人は身近な知覚・認知的現象に対し，構成するカテゴリーに着目し，その数を数える傾向にある。感情に関しても同様で，基本感情となる個別カテゴリーがあり，それらの複合体として一般的な感情を理解するという立場がある。それが**基本感情モデル／カテゴリーモデル**である。つまり，幸せ，怒り，恐れ，嫌悪，悲しみなど個別の感情があるという立場で，主観的な経験に合う。ちなみに，仏教では，「喜怒哀楽愛悪欲」を七情という。

ダーウィン（Darwin, 1872）は，動物と人間の情動表出の普遍性を報告し，基本情動に言及している。情動表出（**表情**）の普遍性は共通の情動経験を含意するというのである。近年，エクマンら（Ekman *et al*., 1972）は表情の研究を通して，人間には6つの基本情動表現：怒り（anger），嫌悪（disgust），恐れ（fear），幸せ（happiness），悲しみ（sadness），驚き（surprise）があり，それらは，進化の過程で形成され，基本的に全ての文化で見られると考えた。そして，それぞれの表情は，感情ごとに脳の異なる部位とリンクしており，特有な顔筋の運動によって，実現されるという，基本情動モデルを提唱した（Ekman, 1992）。

これに対して，感情を独立したカテゴリーとして捉えるのではなく，連続的に変化するものとして，次元や軸といった尺度上に配置する，**次元モデル**がある。その次元として，ラッセルとバレット（Russell & Barrett, 1999）は，「快－不快」（あるいは「喜び－悲しみ」）次元と「覚醒－非覚醒」次元の2次元を考え，この2次元を**コア感情**と呼び，それらは神経生理学的基盤を持つとした。個別の感情を，図13－1のように円環上に配置したので，**円環モデル**（circumplex）とも呼ばれる。ここでの個別の感情は，あくまで，認知的解釈によって形成されたものとみなしている。

次元モデルには，このほかにも，感情を動機付けの観点から説明する**接近－回避次元**（approach-withdrawal）モデル（Davidson *et al*., 1990）もある。それによれば，情動は，接近情動（幸せ，驚き，怒り）と回避情動（悲しみ，嫌悪，恐れ）に分けられるという。

図 13－1　次元モデルとコア感情
（Russell & Barrett, 1999 より作成）

経験的には基本感情モデルが妥当なような気もするが，実際には，次元モデルを支持するデータは多い。

（2）感情の発生

ところで，そもそも，感情はどのようにして生じるのであろうか。そして，感情の発生に伴う生理的反応（発汗や心拍，涙など）や身体的反応（表情，動作など）とどのような関係があるのだろうか。

19 世紀後半，アメリカの心理学者ジェームズ（James, W）とデンマークの医師ランゲ（Lange, C. G.）は，同時期に，情動の末梢起源説と呼ばれるモデルを提唱した。そのモデルでは，「悲しいから泣くのではなく，泣くから悲しいのだ」となる。つまり，外部から刺激が与えられると，その信号は大脳皮質で処理され，さらに身体の末梢部分に送られる。そして，内臓や骨格筋，血管などに変化が見られると，その信号が大脳皮質に送られ，そこで「情動」経験が発生する。情動発生の源は，あくまで，末梢における身体的・生理的変化にあると考えるので，**末梢起源説**あるいは提唱者の名前にちなんで，**ジェームズ＝ランゲ説**（James-

Lange theory）と呼ばれる（図13－2）。

20世紀前半になると，末梢起源説に反証を示す研究者が現れた。アメリカの生理学者キャノン（Cannon, W）とその弟子のバード（Bard, P）は，身体の末梢部と脳を切り離しても，情動に変化は見られないことなどから，情動発生の起源を脳の中枢部にあると考える**中枢起源説**を唱えた（**キャノン＝バード説**，Cannon-Bard theory：図13－3）。外部刺激からの感覚信号は，脳内の**視床**（thalamus：間脳の一部）で感情価が判断され，そこから発生する信号は，身体の末梢部と大脳皮質へと分岐され，大脳皮質で「情動」経験が発生すると考えた。しかし，視床でどのように感情価が判断されるのかが不明であり，また，現在では視床ではなく，後述のように，大脳辺縁系の**扁桃体**が情動発生の中心的役割を果たしていると考えられている。

20世紀半ばを過ぎたころ，シャクターとシンガー（Schachter & Singer, 1962）は**情動2要因説**を提唱した。彼らの説は，末梢説と中枢説を融合した形となっている。刺激が与えられる（例えば，温かいものに触れる）と，まず非特異的な生理的覚醒が生じる。つまり，末梢部分で分化のない情動反応（例えば，鳥肌）が生じる。続いて，その覚醒状

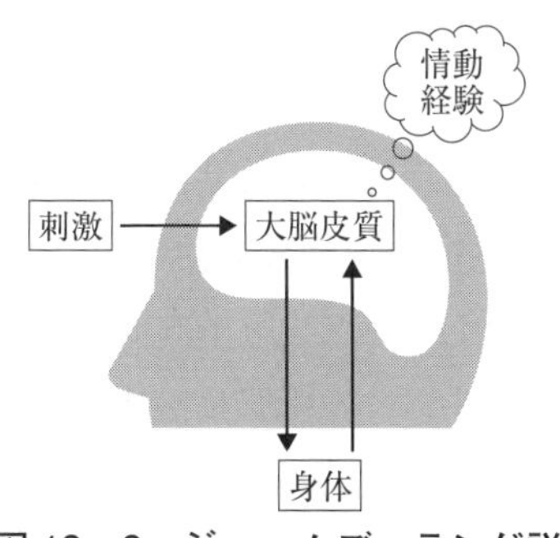

図13－2　ジェームズ＝ランゲ説

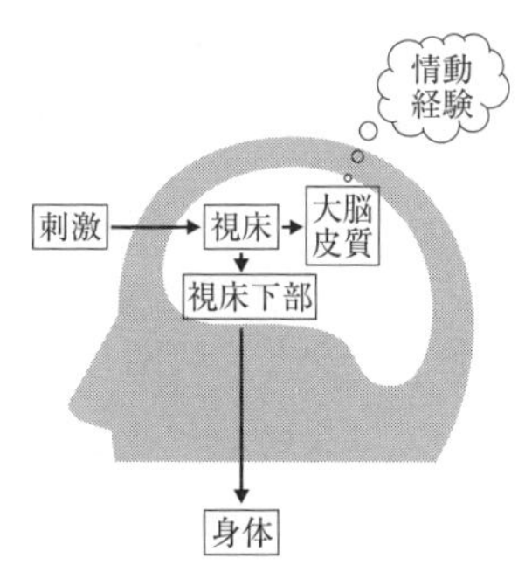

図13－3　キャノン＝バード説

態に対して，その原因を探り，対象が痴漢だったら恐れ，恋人だったら幸せといった認知的な評価がなされ，情動経験が生じる，というものである。つまり，情動の生起には，生理的覚醒要因と認知的評価要因の2要因が関与するというものである。

情動発生に関するここまでの理論を概観するに，情動の発生にはボトムアップ過程（身体・生理的反応過程や無意識的判断過程）とトップダウン過程（意識的な認知過程）が働くことになり，そのどちらを重視するかということになろう。最近の**認知的評価理論**（cognitive appraisal theory）は，トップダウン過程（意識的判断過程）を重視する立場である。例えば，他人が無礼な行動を起こした状況で，その状況を制御できると評価した場合には「怒り」感情，その状況に対して，自分は無力だと評価した場合には「悲しみ」感情が生起するという報告がある(Scherer & Ellsworth, 2009)。しかしこの場合でも，無礼な行動に対し，無意識的に「不快」情動が発生し，身体反応が生じたことは否定できない。

以上をまとめてみよう。無意識的判断過程には，後述するように，感覚信号を取り入れた脳内部位（扁桃体，特にその外側核や中心核）を中心に，**無条件反応**プロセス（痛覚に対する嫌悪反応や，大きな音や急激な視覚対象の拡大に対する驚愕反応など）が組み入れられていることが考えられる。前に紹介した**コア感情**（快－不快，覚醒－非覚醒）は，このようなボトムアップ過程の産物であり，生理的反応と共に，迅速に情動が発生すると考えられる。一方，基本感情のような情動経験（「楽しい」，「怖い」など）に関しては，緩やかなトップダウン的な認知的評価が働くのではないかと考えられる。図13－4にその概要を示す。

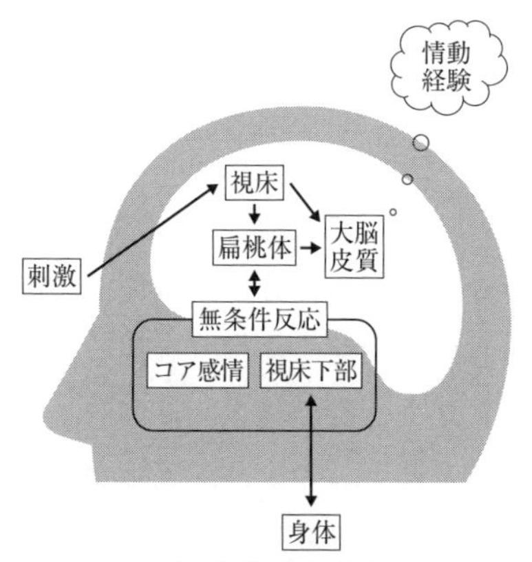

図 13－4　無条件反応を組み入れた感情生起プロセスモデル

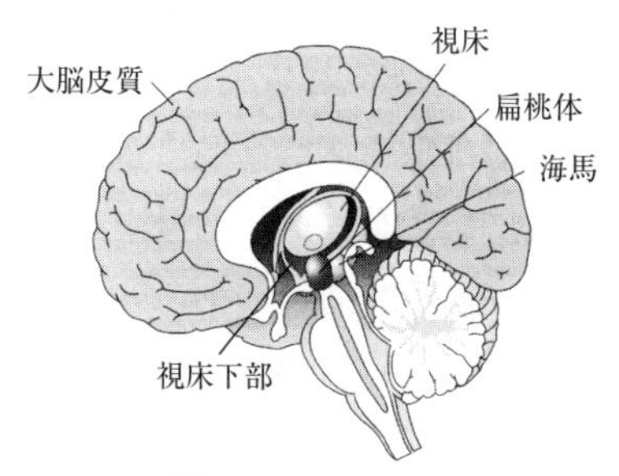

図 13－5　情動回路としての大脳辺縁系
(Smith & Kosslyn, 2007 より作成)

(3) 感情の神経基盤

情動の発生に特化した神経システムは，最近の研究によれば，キャノンの主張したような視床ではなく，側頭葉前方の内側（コメカミの内側辺り）にある，**扁桃体**を中心とした**大脳辺縁系**である（図 13－5 参照)。扁桃体は感覚情報の通り道である視床やその手前の上丘（superior colliculus）から信号を直接受け取っており，「無意識的に考える」ことに関連している。多くの研究によれば，扁桃体の，特に外側核や中心核が，情動生起に関わっているということである（Carlson, 2013)。さらに，扁桃体は，**視床下部**（hypothalamus）に働きかけて，自律神経系の活動を促し，情動に伴う身体反応を調整しているようである。

しかし，判断や行動を，扁桃体を含む情動発生神経群の働きだけに任せておいては，まずくないだろうか。それでは動物と同じで，感情に任せた人間になってしまう。社会生活を円滑に営むために，われわれは時に，感情を抑制しなければならない。つまり，扁桃体の暴走を抑える感情管理システムが欲しいところである。実は，前頭葉の前の方（前頭前野）という部分がその任務にあずかっているのである（図 13－9 参照）。

前頭前野は，推論や意思決定など高次の認知機能（つまり，「意識的に考える」機能）に深く関わる脳領域である。そして前頭前野の中でも，眼の上の部分（眼窩前頭皮質）や前頭前野の外側の部分（腹外側前頭前野）は，扁桃体に直接信号を送り，その活動を調整する役割を担っている。この部分に障害があると，プランニングや行動の修正，社会的スキル（協調性など）の低下や顔表情の抑制力の低下（つまり，感情がすぐに顔に表れる）が生じる。ここで，冒頭のフィニアス・ゲージの例を思い出してほしい。鉄の棒の貫通による損傷部位は，まさに，この前頭前野であった。その結果，感情を抑制できず，無軌道・無計画，協調性欠如など，社会的スキルが低下したあげく，悲惨な後半生を送ることになったのである。

2. 感情が知覚・認知に及ぼす影響

感情が人の知覚・認知に及ぼす影響を実験的に検討するには，実験参加者の感情を操作する必要がある。どうするか。一般的には，楽しい・悲しい映像や音楽を見せたり，楽しい・悲しい記憶を呼び起こさせたり，あるいは，美味しそうな・不味そうな食べ物を提示するなどがある。また，参加者に偽りの問題を課し，それに対して（偽りの）過剰な高評価・低評価を与えるなどの方法もある。ただし，この最後の例では，実験後の適切な説明が大事である。なお，自然な状態での感情の生起とは異なり，人為的に感情を生起させる場合，その強度にはバラツキが生じやすい点は，留意すべきである。

（1）感情と知覚・注意

感情状態によって，知覚が変容するだろうか。楽しい時は世の中がバラ色に見えたり，悲しい時にはブルーに見えたりとか。それらは，比喩的な表現であり，色知覚に関して感情が影響を与えるという報告はない。また，錯視量が変化するという報告もない。ただし，感情が表情認知の処理スピードに影響を与えるという報告はある。顔写真の背景がポジティブ感情を惹き起こす色刺激だとポジティブな顔表情の認知が促進されるといった具合である。一種の**プライミング効果**である。だが，これらの効果も確定的ではなく，基本的には，知覚・認知の低次過程においては，感情の影響は少ないといってよい。

一方，注意の広がりのような，高次の認知過程に関しては，情動が影響するといわれている。注意の広がりとは，時間・空間的な広がりだけではなく，細部にこだわるか，大まかな特徴を抽出するか，つまり，「木を見るか森を見るか」といった情報処理様式も含まれる。一般的には，ポジティブ情動は注意の範囲を広げ，ネガティブ情動は逆に狭めるといわれている。

（2）感情と記憶

感情が認知に及ぼす影響で最も知られているのが記憶に及ぼす影響であろう。情動的で重要なイベントの記憶は，他の記憶にはない，持続性と明瞭さを有しているようだ。実際，どの程度，感情は記憶に影響するのだろうか。

例えば苦い思い出は，なぜ，いつまでも，覚えているのだろうか。これは，覚醒と関係していると思われる。つまり，情動的刺激に対して覚醒度（arousal）が高まり，記憶の貯蔵を促進するという図式が成り立つ。カヒルら（Cahill *et al*., 1995）は，扁桃体損傷患者では，覚醒による記憶促進効果は見られないと報告している。つまり，扁桃体は，情動的な事象の記憶に関連しているらしい。実際には，同じ大脳辺縁系を構成する**海馬**（hippocampus）との相互作用で，その効果を発揮しているようだ。

感情が記憶に及ぼす影響で最も有名なのが，**気分一致効果**（mood-congruent memory effect）（Bower, 1981）であろう。その効果とは，ネガティブな気分の時はネガティブな出来事が多く想起され，逆にポジティブな気分の時はポジティブな出来事が想起されやすい，という現象である。つまり，現在の気分と感情価が一致する出来事が想起されやすい。ただし，気分一致効果は，常に，観察されるわけではない。特に，再認記憶は，気分一致効果が現れにくい。また，ポジティブ気分の方が，気分一致効果は現れやすいといわれている。

気分一致効果はどのようにして生じるのだろうか。バウアー（Bower, 1981）は**情動ネットワーク・モデル**（emotion-network model：図

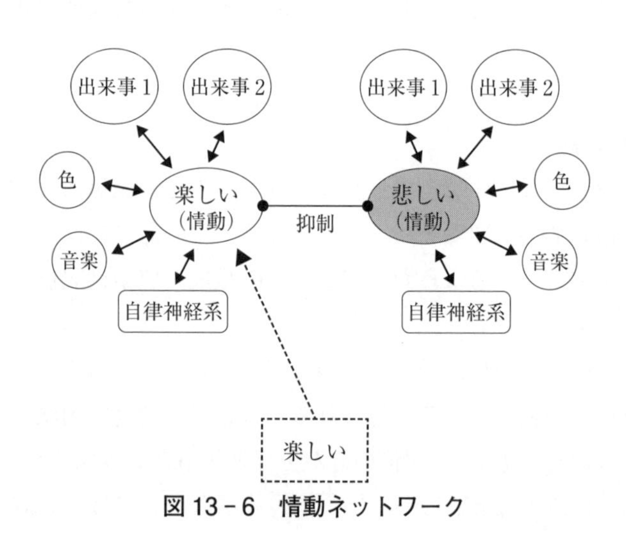

図 13－6　情動ネットワーク

13－6）を提唱している。そのモデルによれば，気分は，記憶を検索する際，アクセス可能性を変化させる。ある気分は，対応する情動を核とする記憶ネットワークを活性化して，ネットワーク構成項目のアクセス度を高める。その結果，それぞれの項目が想起されやすくなるというわけである。

（3）感情と意思決定

日常の認知行動で，最も感情に振り回されるのが，判断・意思決定ではなかろうか。例えば，怒って家を飛び出したとか，優しさにほだされて結婚したとか。後になって，その決定に後悔することもあるだろう。逆に，「後悔する」ことが頭にあると，決定が変わるかもしれない。ここでは，感情が判断・意思決定に及ぼす影響を概観する。

【ポジティブ感情の影響】

基本的にポジティブな気分にあると，意思決定に際し，リスク回避傾向になる（Blanchette & Richards, 2010）。例えば，競馬の最終レースでの賭け傾向を見ると，それまで勝っていてポジティブな気分になっていると，大穴は狙わない傾向にある。それは懐具合の問題（プロスペクト理論における参照点。第11章参照）かもしれない。しかし，実際，仮想的なギャンブル場面を設定した研究でも，ポジティブ気分の参加者はリスク回避傾向を示したという報告がある（Cahir & Thomas, 2010）。これは，ポジティブな気分を維持したいという，無意識的な働きかけがあるからだと説明されている。

また，ポジティブ気分は直感的でヒューリスティックな方略を導き，熟考・分析的な方略を減らすという指摘もある。ドブリースらの研究（de Vries *et al.*, 2008）では77名の大学生が意思決定実験に参加した。誘導される感情（楽しい，悲しい）と意思決定方略（直感的，分析的）

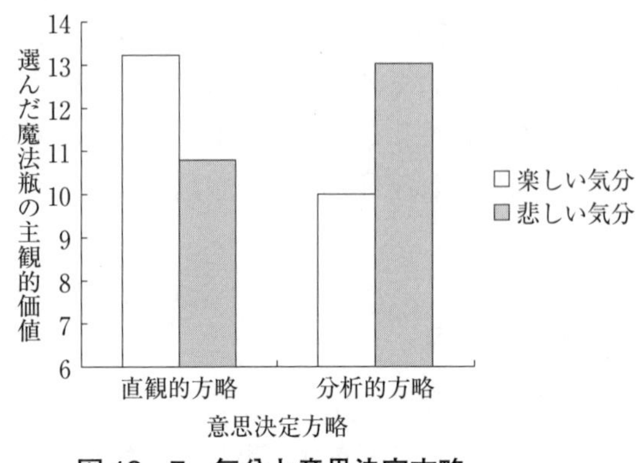

図 13－7　気分と意思決定方略

（de Vries *et al.*, 2008より作成）

の組み合わせによって，参加者は4群に分けられた。参加者の課題は，2つの魔法瓶のうちどちらが欲しいかを決めるというもので，直観群は「第一印象で決める」という方略，分析群は「長所・短所を，時間をかけて検討し，決める」という方略を指示される。最後に，選んだ魔法瓶の金銭的価値を推定するというもので，この主観的価値が測定値となる。結果は図13－7のようになった。楽しい気分の参加者は，直観的方略で決定した際の賞品を高評価し，逆に悲しい気分の参加者は，分析的方略で決定した賞品を高評価したのである。つまり，気分によって意思決定の際に用いられる方略が異なり，その方略に則った意思決定に満足することを示している。この点も，プロスペクト理論におけるフレーミング効果（第11章参照）と関連しているのかもしれない。

【ネガティブ感情の影響】

「気分はしめっても，しみったれではない misery-is-not-miserly effect」という現象がある。ネガティブ感情の代表例として，悲しみ感情があるが，悲しい時，人はいつも以上にモノにお金を払う傾向にあり

(Cryder *et al*., 2008)，さらに，リスク追求傾向にある。これは，悲しい時には，自己評価が低くなり，それを回復しようというモチベーションが働くためといわれている。しかし，悲しい気分でも自己注目（self-focus）の低い人には，そのモチベーションが湧かないため，上記のような傾向は見られない。

ネガティブ感情には，悲しみのほかに，怒りや不安もある。同じネガティブ感情でも，怒り感情にある人は，その場を統制していると考え，さらに，楽観的になるため，意思決定場面では，リスク追求傾向がみられる。この点は，モチベーションは異なるが，悲しみ感情と同様である（ただし，悲しみ感情の人は，悲観的傾向となる)。一方，不安感情にある人はリスク回避傾向にある。

意思決定の方略においては，同じネガティブ感情でも，怒り感情にある人は，認知的負荷がかからない直感型決定方略を用い，悲しみや不安感情にある人は，認知的負荷がかかる熟考型決定方略を用いる傾向にあるという（Coget *et al*., 2011)。

なんだか複雑で，一貫した説明が難しい。要するに，同じネガティブ感情でも，怒りや悲しみ，不安では，意思決定に及ぼす影響は異なることが多い。意思決定に及ぼす影響に関しては，単にネガティブ感情とひとくくりに考えることは問題と思われる。

3. 認知が感情に及ぼす影響

認知が感情に及ぼす影響とは，何らかの認知機能によって，生起した感情を調整（regulation）することである。感情調整の研究では，通常反応群（情動生成群）と特定の方略を用いて情動反応を調整する群（情動調整群）を設け，自己報告や脳活動を比較する。

例えば，情動刺激に直面した人に，認知的評価（cognitive appraisal)

を操作させることで，情動状態を変えることが出来るか，という問いが考えられる。シャルトーら（Schartau *et al.*, 2009）は，悲惨な映像を参加者に提示した。そして，ポジティブ評価訓練（「どんな状況でも，探せばきっと良いものがある」という教示）を受けた参加者は，訓練の事前事後では，恐れや苦痛感情が低下したと共に，生理的な反応である皮膚電位反応も低下したと報告している。

実生活では，このような訓練に参加することはまれであり，人は自ら様々な認知的方略を用いて，感情を調整している。グロスとトンプソン（Gross & Thompson, 2007）は，生成された情動反応を調整するのは複数のステージからなる，というプロセスモデルを提唱した（図 13－8）。

図の左から右に行くにつれて，つまり，時間の進行と共に，状況はより深刻になり，情動は強くなると想定する。この図が示すように，情動調整方略は，様々な時点で行われる。例えば社会不安症傾向のある人は，まず，①潜在的にストレスフルな状況を避ける（状況選択方略），②友人に付いてきてもらう（状況修正方略）などの方略を採る。それが適用できない場合，③別なことで気を紛らせる（注意反らし方略），④現在の状況を改善するために，周りの人はよい人だと思い込み，何か言われても，悪意はないと判断する（認知的変容方略），⑤感情を表に出さな

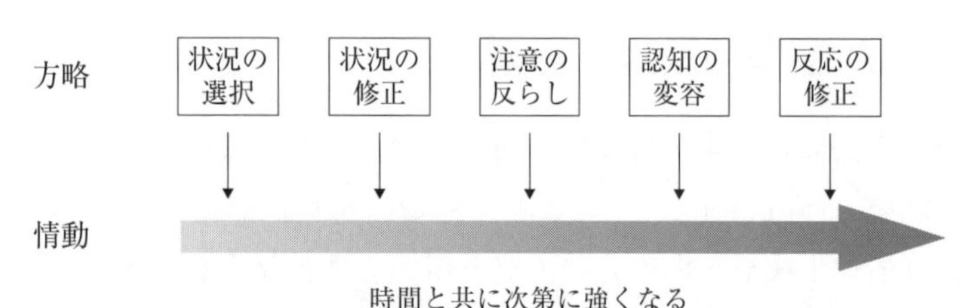

図 13－8　情動調整のプロセスモデル
（Gross & Thompson, 2007 より作成）

い（反応調整方略）といった方略が適用される。最後の方略は，感情を表出すると，その場を繰り返し想起することになり，感情生起を促進してしまうという知見（Bushman, 2002）を基にしているが，逆の報告もあるので，効果は疑問である。

情動調整方略の中でも，「認知の変容」に関して，その脳神経基盤を検討した研究もある。コーンら（Kohn *et al.*, 2014）によれば，「認知の変容」による情動の調整は，3 段階のプロセスから成り立つ。まずは，情動の評価段階である。この段階には，前頭前野の腹外側の部分（図 13－9 の BA47 付近）が関与する。この段階は，認知的評価プロセスを起動し，情動の調整が必要であるという信号を発生する段階である。次に，調整の立ち上がり段階である。この段階には前頭前野の背外側の部分，（図 13－9 の BA9，BA46 付近）が関与する。最後に，調整の実行と監視の段階である。この段階には側頭葉の上の部分のふくらみである上側頭回（図 13－9 の BA22 付近），前頭葉の一次運動野の前に位置す

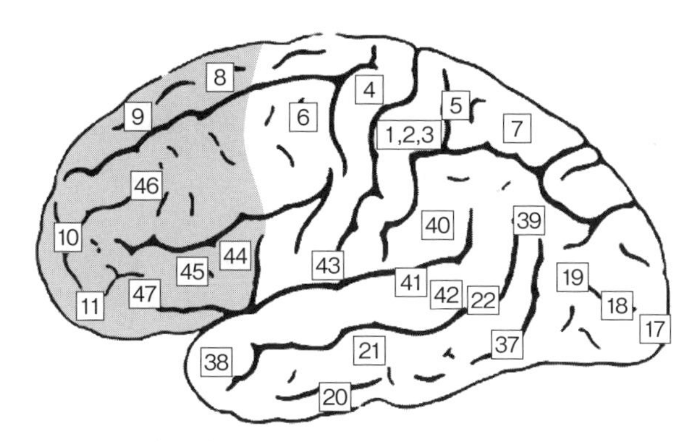

灰色部分は前頭前野，図の数字はブロードマンの脳地図番号

図 13－9　情動の調整と関連する脳部位

（Ward, 2020 より作成）

る補足運動野（図 13－9 の BA6 付近），頭頂葉の外側面にある角回（図 13－9 の BA39 付近）などが関与する。

このように，前頭前野は，意識的にせよ無意識的にせよ感情の調整に与している。この調整が，扁桃体の暴走を抑え，人が社会的な生活を送る基盤となっているのだろう。

学習課題

課題 1 感情の発生に関する代表的な理論を違いがわかるようにまとめなさい。

課題 2 記憶に関する気分一致効果を説明しなさい。

課題 3 感情が判断・意思決定に及ぼす影響をまとめなさい。

課題 4 図 13－8 を用いて，情動調整のプロセスモデルを説明しなさい。

学習課題のポイント

課題 1 ジェームズ＝ランゲ説，キャノン＝バード説，情動 2 要因説，認知的評価理論に関してまとめればよい。できれば図も用いて説明すると，なおよい。

課題 2 気分一致効果の特徴を説明するだけでなく，バウアーの情動ネットワーク理論を，具体例を用いて説明する。

課題 3 判断・意思決定への影響に関して，ポジティブ感情，ネガティブ感情に分けてまとめる。リスク回避，リスク追求，ヒューリスティックなどがキーワードとなる。

課題 4 Gross & Thompson（2007）のモデルを説明する。図 13－8 内の 5 段階が何を意味するのか，自分なりに具体例を考えて，説明することが肝要である。自らの体験を踏まえて説明すると，なおよろしい。

参考文献

川合伸幸（2017）『怒りを鎮める　うまく謝る』　講談社現代新書

★比較認知科学者による「怒り」や「謝罪」に特化した内容。新書版なので，すらっと読める。

大平英樹（編）（2010）『感情心理学・入門』　有斐閣

★感情の心理学に関し，文字通り，入門的な書物。全体像をつかむのに，手ごろである。

戸田正直（1992）『感情　人を動かしている適応プログラム』　東京大学出版会

★感情を含む情報処理システムとしてのアージ理論の提唱者による，いろいろな意味で，独創的な書物。

14 知覚・認知の発達

池田まさみ

《目標＆ポイント》 人間は生物学的「ヒト」に生まれ，社会に生きる「人」へと発達する。知覚・認知心理学では，その発達プロセスを受精から死にいたるまでの脳の構造や機能の変化に伴う「情報処理メカニズムの発達」として捉える。本章では，乳幼児期を中心に，前半は知覚の熟達化について，後半は他者の心を推論する機能について，それぞれ先行研究を基に理解を深める。

《キーワード》 シナプス刈り込み，可塑性，知覚の熟達化，知覚的狭窄，社会的参照，共同注意，心の理論，誤信念課題

人間は進化的に最も高等な動物でありながら，発達的には心身の成長に長い時間を要する。スイスの生物学者ポルトマン（Portmann, A）は，人間が未熟な状態で生まれてくることを「生理的早産」と呼んだ。生理的早産となった理由は，人間が二足歩行になって骨盤が狭くなったこと，そして，何より，大きな「脳」を持つようになったことによる。そこでまず，脳の発達，特に神経ネットワークの発達について説明しよう。

1. 発達初期の神経ネットワーク

（1）個体発生における脳と神経ネットワークの形成

受精後，胎内で最初にできる身体部位はどこか（たまに心臓という答えが返ってくることがある）。答えは「脳」である。受精後2週間ほどで神経の元ができ始め，3～4週で神経管が出来あがる。この神経管が脳の起源である（Cowan, 1979：図14－1）。生まれた時の脳の重さは約

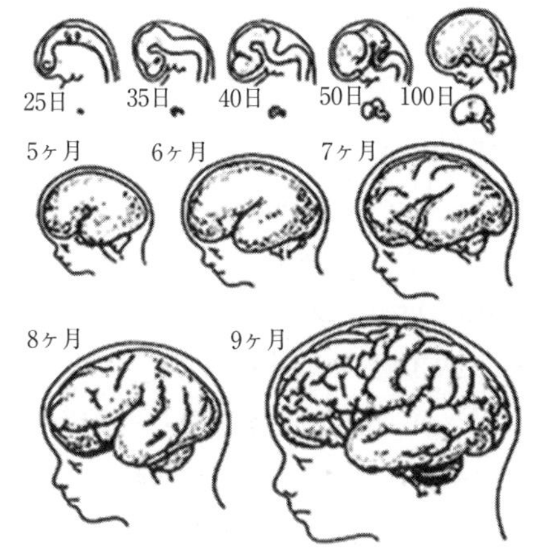

脳の発達に伴う変化，25 日から 100 日までの大きさを
5 ヶ月以降と同じ縮小率で描いたものを上段の下に示す

図 14－1　脳の発達的変化（25 日〜100 日まで）
（Cowan, 1979）

400g，9 歳頃には成人（約 1300g）の 95％となり，13 歳頃に成人とほぼ同じになるとされている。脳の重さは，神経細胞自体の大きさと神経ネットワークを形成するシナプスが増すことで増加していく。

シナプスの数は，ハッテンロッカーら（Huttenlocher *et al.*, 1982）の研究によると，生後 8 〜12ヶ月の間に成人の 1.5 倍ほどになるという。これは，生涯でシナプスの数がピークになる時期で，以降シナプスの数は徐々に減少し始める。この現象は，**シナプス刈り込み**（synapse elimination）と呼ばれ，生後間もない動物の脳で普遍に見られることが知られている。これにより，必要なシナプス結合だけが強化され，不要なシナプス結合は除去され，成熟した機能的な神経ネットワークが形成されることになる。

（2）シナプスの刈り込みと脳部位の関係

シナプス刈り込みの「度合い」は脳の部位によって異なること，そしてその違いは情報処理のレベルと関係していることがわかってきた。

サルの脳で，生後2日目から2歳半までのシナプス数（密度）を測定した結果（図14-2），いずれの脳部位でも，3.5ヶ月頃にシナプス数がピークとなった（Elston *et al.*, 2009）。一方，高度な情報処理に関わる脳部位，すなわち，一次視覚野（図中のV1）よりも側頭葉の視覚連合野（図中のTE）のほうが，視覚連合野よりも前頭前野（図中のPFC）のほうが，生まれた時から多くのシナプスを持ち，多くのシナプスを形成し，そして多くのシナプス刈り込みが行われることが明らかとなった。

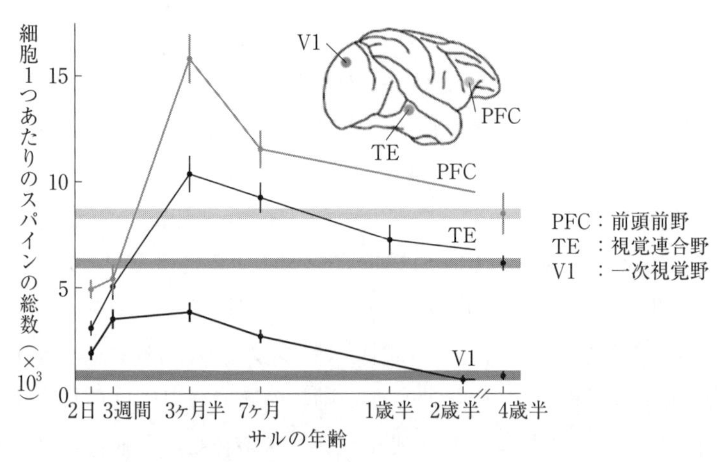

＊スパインには他の細胞からの情報を受け取る場であるシナプスが形成され，1つのスパイン（樹状突起棘）には平均1つのシナプスがあるとされている

図14－2　サルの脳におけるシナプス密度の変化
（Elston *et al.*, 2009）

2. 知覚における熟達化

シナプス刈り込みは知覚の熟達化と深く関わる。ここでの熟達化とは，情報が速く正確に自動的に処理されるようになることを指す。熟達化が進むと，その処理に関わる脳領域は省エネモードになる（第10章参照）。本節では，その発達的過程をみていく。

人間の場合，シナプス刈り込みが始まるのは生後8～12ヶ月であった。この変化と同期するように，乳児に対してある知覚弁別課題を行うと，生後6ヶ月頃にできていたことが，9ヶ月頃にはできなくなる現象が見られる。その研究を紹介する前に，乳児の反応を測定する方法を説明しておこう。

（1）乳児の実験パラダイム

伝統的な方法に，ファンツ（Fantz, 1958）が考案した**選好注視法**（preferential looking method）がある。これは，乳児には興味をもった対象を注視するという性質があり，それを利用したものである。2種類の刺激を横に並べて対提示すると，乳児の好む刺激のほうに注視時間や注視頻度が偏る。この方法により，乳児はパターンを弁別できること，また，より複雑なパターンを好むこと，特に人の顔を好んで注視する傾向があることが示された。ただし，この方法は，乳児の好みが刺激間で同程度の場合，有効ではなくなる。

そこで，確実に乳児の弁別能力を測定する方法として，**馴化脱馴化法**（habituation/dishabituation method）が考案された。乳児には目新しい刺激（新奇刺激）に対して，「顔を向ける」定位反応が起きる。この反応を利用して，実験では，まず馴化のための刺激（例えば，クマのぬいぐるみ）を乳児に提示する。乳児はこの目新しい刺激をすぐに注視するが，見慣れてくると見なくなる。そこで次に，新奇刺激（例えば，ウサギのぬいぐるみ）を提示して，乳児がその刺激を注視したとすれば慣れからの回復，すなわち「脱馴化」が生じた（刺激は異なるものとして区別された）とみなす。脱馴化が起きなければ，それは乳児にとって見慣れたもの，すなわち，刺激は同じものとして知覚された，ということになる。刺激の提示方法は，馴化した後で，新奇刺激のみを提示する場合と，新奇刺激と馴化刺激を対提示する場合とがある。解析には，課題遂行時の刺激に対する乳児の視線注視時間などが用いられる。

（2）乳児はサルの顔を見分けられる

パスカリスら（Pascalis *et al*., 2002）は，馴化脱馴化法を用いて，乳児がヒト同士あるいはサル同士の顔の違いを弁別できるかどうか，それぞれの顔写真（図 14－3）を使って調べた。参加者は，生後6ヶ月児，生後9ヶ月児，成人の3群であった。実験の結果，6ヶ月児では，ヒトとサルの両方の実験系列で，それぞれの顔を弁別することができた。一

図 14－3　顔の弁別課題で用いられた刺激例
（Pascalis *et al*., 2002）

方，9ヶ月児と成人はヒトの顔であれば弁別できたが，サルの顔ではほとんど弁別できなかった。

これは，生後9ヶ月頃までに接触頻度の高い情報（この場合，ヒトの顔）に対する感度が維持され，接触頻度の低い情報に対する感度は低下する**知覚的狭窄**（perceptual narrowing）が生じたためである。同様の現象は，音声弁別の実験でも検証されている。例えば，日本人の大人でも聞き分けることが難しいとされる英語の「R」と「L」の発音を新生児は聞き分けることができた。しかし，そうした外国語に対する音声弁別も，母国語が発達する一方で，生後1年頃にはできなくなることが報告されている（Kuhl *et al.*, 2006など）。また，近赤外線分光法（第3章参照）を用いて，生後3ヶ月児の音声弁別時（「ba」と「pa」）の脳活動を調べた結果，音声提示の最初と脱順化が生じた時に，聴覚野と前頭葉の神経活動が強くなり，この時期すでに新奇刺激に選択的に注意を向ける役割が機能し始めていることがわかった（Nakano *et al.*, 2009）。

（3）知覚の熟達化と発達的戦略

改めて，知覚的狭窄が生じるメカニズムについて考えてみよう。そこには，複雑多岐にわたる情報を効率よく処理するための「発達的戦略」がとられているようだ。できることを絞り込み，そこに経験値を反映させていく。つまり，母語の獲得や同じ種の顔識別などに特化した機能（生きていくうえで優先すべき機能）の情報処理を効率化させていく。一方，脳内ではシナプス刈り込みによって，接触頻度の低い不要な情報ネットワークを削除し，そこに新たな機能を展開するための「余地」を残す。さらにいえば，刈り込みによってボトムアップ処理のさらなる効率化が進み，トップダウン処理を展開する余地が出てくる。すなわち，トップダウン処理を発達させる戦略が発達の早期から始まっていると考えられる。

情報処理の観点からすると，知覚的狭窄は「知覚の熟達化」と同義に解釈できる。驚くのは，こうした現象が生後わずかの赤ちゃんの「脳」で見られることである。脳には自ずと「熟達化」と「効率化」を促す情報処理の発達的戦略が備わっているようだ。

（4）生後初期の感覚様相の分化・未分化

知覚の熟達化は視覚や聴覚といった感覚内に留まらず，感覚間についても見られる。生後初期の段階では，視覚と聴覚，視覚と触覚など異なる感覚同士が影響し合うことがわかっている。刺激の入力経路を触覚から視覚に変更しても，つまり見ないで触っただけのものを新生児に見せると，一致する対象物を選択することができる（Meltzoff & Borton, 1979）。これは，異なる知覚情報を対応づける**感覚様相間マッチング**（cross-modal matching）が，生後間もない時期にすでに成立していることを示す。感覚間の転移や統合された感覚が存在することからも，仮説として，新生児の感覚は未分化であり，**共感覚**（synesthesia）の状態にある可能性が指摘されている。これはいわば，五感に関する神経の交通整理が出来ていない状態であり，交通整理が進むと，特定の刺激に特化して反応するように感覚の分化（感覚間の熟達化）が見られる。

ところで，視覚や聴覚の先天的な障害によって，その感覚情報を処理する脳部位（一次視覚野などの感覚野）に入力がない場合も，その脳部位が別の機能をサポートすることが知られている。例えば，視覚障害のある人が点字を読んだり，音声で言語を聞いたりすると，視覚野も活動する。聴覚障害をもつ人の場合も同様に，視覚情報に対して聴覚野の活動が見られる。これは，**感覚様相間可塑性**（cross-modal plasticity）と呼ばれており（Bavelier, 2002），上述した共感覚のメカニズムと関連する可能性がある。ただし，この可塑性を説明する発達メカニズムについては現在も研究途上にある。

3.「考える」システムの発達

赤ちゃんは，能動的かつ戦略的に外界の情報を処理する認知的基盤を持っていることを見てきた。知覚弁別の実験を振り返ると，そこには知覚だけでなく，注意や記憶などの認知機能も関与していることがわかる。例えば，馴化脱馴化においては，馴化刺激の記憶表現を脳内にとどめ，新奇刺激に注意を向け，そこで記憶と新奇刺激の照合を行い，刺激間のズレ（一致か，不一致か）を判断する，すなわち「考える」必要がある。では，その考える機能はどのように発達していくのだろうか。

（1）顔から「心」を推測する

赤ちゃんは人の顔を選好するとされているが，表情の認知についてはどうだろうか。表情を読み取ることはできるのだろうか。

【表情を参照する】

ギブソンとウォーク（Gibson & Walk, 1960）は，乳児の奥行き知覚を調べるために，**視覚的断崖**（visual cliff）と呼ばれる装置（図14－4）を考案した。装置の天板はガラスで，ガラスのすぐ下の板と床は市松模様で連続して見える。実際は，装置の半分から先は板が底の方に離れて敷かれているため，奥行き知覚が成立していれば下に落ちるように見える仕掛けになっている。実験の結果，奥行き知覚は生後3ヶ月頃に成立すること，また生後6～12ヶ月では断崖のところで泣いて立ち止まることから，この頃から知覚と恐怖感情が連合することが示唆される（感情については第13章を参照）。ところが，この実験で，断崖の向こうから親が手招きをすると，乳児は，断崖の前で一度は躊躇するものの，親の

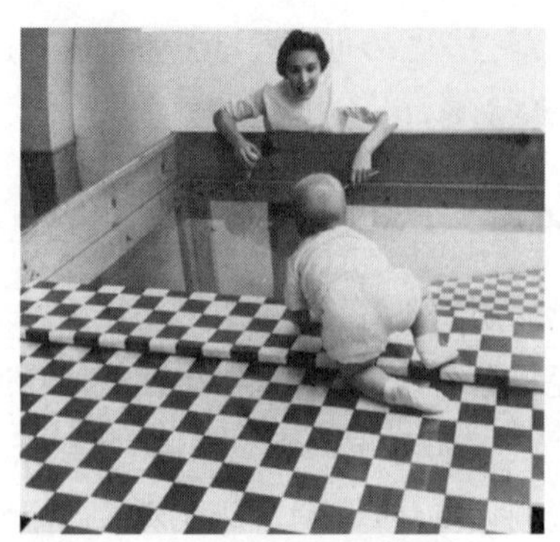

図 14－4　視覚的断崖実験
(Gibson & Walk, 1960)

顔を見て，笑顔など肯定的な表情であれば親の方に進んでいき，不安や心配そうな否定的な表情であると，断崖の前で止まったまま動こうとしなくなる。この結果は，生後 1 歳前後で大人の表情を自分の行動選択の手がかり，すなわち**社会的参照**として利用できる（Sorce *et al.*, 1985）ことを示している。

【視線を参照する】

乳児は，親と見つめ合う「二項関係」から，9ヶ月を過ぎる頃になると，親と同じ対象に目を向ける「三項関係」（図 14－5 左）へと注意の範囲を拡げる。この視線追従は**共同注意**（joint attention）と呼ばれるが，それだけでなく，12ヶ月ごろには親の視線が同じ対象に向いているかをチェックするようになる（図 14－5，右③）。これは，視覚的断崖実験でも見られたように，自分が見ている対象について，大人の視線や表情から，その意図を評価するといった社会的参照が機能しているといえる。

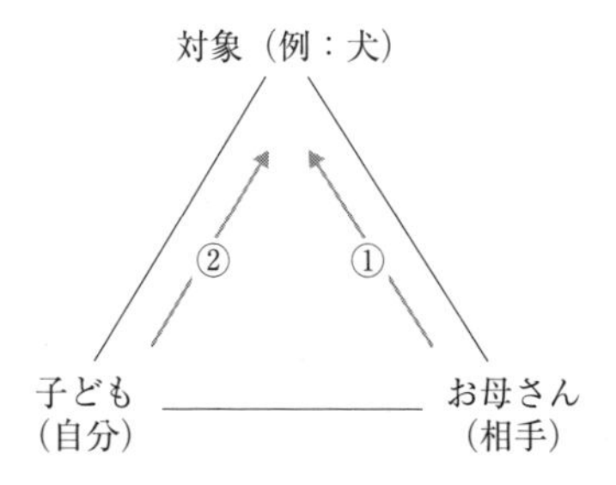

12ヶ月頃以前：
お母さんが対象を指す（①）と，
その対象に自分も注意を向ける（②）

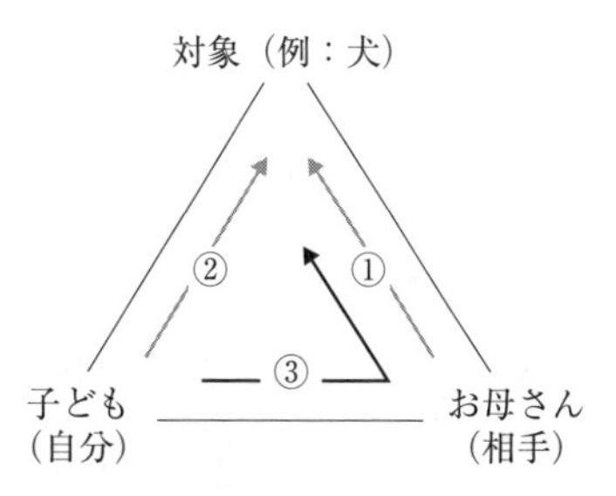

12ヶ月頃以降：
お母さんが対象を指す（①）と，
その対象に自分も注意を向け（②），
お母さんも対象を見ているかどうか
チェックする（③）

図 14－5　共同注意の発達的変化
（子安，2005 より作成）

【共同注意から語彙発達へ】

共同注意は，その後の語彙獲得や他者とのコミュニケーション形成にも大きく関わる。一般に，生後 1 歳半を過ぎる頃から話せる語彙が急に増える**語彙爆発**（vocabulary explosion）が起きるが，その後も幼児が語彙の意味を獲得するまでにはいくかの困難が生じる。その 1 つに「指示対象の不確定問題」がある。身のまわりに，「あれ」「それ」といった指示対象の意味するものが無限に存在する中で，幼児が正確に他者の意図した対象を選ぶことができるのはなぜか。それは，まさに共同注意の発達を通して，大人の意図を示す何らかの情緒的手がかりや，次に起こり得ることについての知識的手がかりなどを利用できるようになるからだと考えられている。

【他者の心を推測する】

ところで，もし他者が予想に反する意外な行為をしたとしたら，幼児はそれを見てどのような反応を示すだろうか。大人であれば，他者の顔を見て表情からその理由を考える（探ろうとする）だろう。こうした他者の心の状態を推論する機能はいつ頃から備わるのだろうか。

このことについて，生後12ヶ月児，3.5歳児，成人，チンパンジー成体を対象に，ヒトの行為（予想通りの行為，予想に反した行為）をそれぞれ観察している時の視線を解析した研究（Myowa-Yamakoshi *et al.*, 2015）がある。解析の結果，行為の展開（実験ではジュースを「コップ」か「机」のどちらかに注ぐ）に関係なく，チンパンジーはヒトの顔を見ることはほとんどなかったが，生後12ヶ月児では持続的にヒトの顔を見た。一方，3.5歳児では，成人と同様に，行為の展開によって，ヒトの顔に対する注意の向け方が時系列的に変化した。この結果は，他者の心の状態を推論する機能が生後3～4年には獲得されることを示唆する。この時期は「心の理論」が芽生える時期とも一致する。

（2）「心の理論」の発達

子どもが他者の心の状態を推論できるかという問題は，心理学では，**心の理論**（theory of mind）に基づいて議論されてきた。この理論は，動物心理学者のプレマックとウッドラフ（Premack & Woodruff, 1978）が，チンパンジーなどの霊長類動物に，他の個体の心の状態を推測したような行動が見られたという報告に端を発する。例えば，エサをもったチンパンジーは，他の個体も「エサを欲しがる」ことを推測して，エサから目をそらし，その個体が通り過ぎるのを待つ「あざむき行動」を示す。心の理論では，こうした他者の心の状態を推測したような行動が見られるようになるには，ある程度の体系的な知識，すなわち「心」についての素朴理論（素朴心理学）を有している必要があると仮定する。素朴理論は，誰かに教わらずとも人が持っているとされるもので，他にも素朴物理学や素朴生物学などがあり，それらの事象に関わる「因果推論」

の発達に重要な役割を果たすとされている。

幼児の「心の理論」を調べる実験パラダイムに，**誤信念課題**（false belief task）がある。この課題は，人の心は「欲求」と「信念」から成るとして，それらが人の行動を決定づけるという考え（Wimmer & Perner, 1983）に基づいている。課題では，子どもに，あるストーリを提示し，その後，登場人物がどのような行動をとるかを尋ねる。下記は，有名な「サリーとアンの課題」である。

サリーとアンの課題

サリーとアンが，部屋で一緒に遊んでいます。
サリーはビー玉を，かごの中に入れて部屋を出て行きました。
サリーがいない間に，アンがビー玉を別の箱の中に移しました。
サリーが部屋に戻ってきました。
問：サリーはビー玉を取り出そうと最初にどこを探すでしょう

正解が「かごの中」であることは，われわれにはすぐにわかる。この課題では，サリーが現実とは異なる誤った信念（誤信念）に基づいて行動するはずだ，という読み手の「一次的信念」を問うもので，先行研究では，4～6歳の間で正しく答えられようになるが，高い正答率になるのは7歳頃だとされている。3歳でも，わかりやすい言葉を使うなどして課題の言語的・認知的負荷を軽くすれば正答できるという報告もある。

では次に，この課題文の途中（サリーが「部屋を出ていきました」の後）に，「実は，サリーは，部屋を出て鍵穴から部屋を覗いていました」という一文を挿入して，問いを「サリーがビー玉のありかを知っているかをアンは知っているでしょうか？」に変えるとどうだろうか。これは，ある人が思っていることを他の人が思っている（この場合，サリーが鍵穴から部屋を覗いていることをアンは知らないので，サリーはビー玉はかごの中だと思っていると，アンは思っている）という「二次的信念」の表現を読み手に問うもので，下線部が入れ子構造になっている。

パーナーとウィマー（Perner & Wimmer, 1985）は，7歳児，8歳児，9歳児，10歳児の4群（計24名）の参加者に，入れ子構造の誤信念課題を用いて複数の実験を行った。その結果，二次的信念の理解は7～8歳児では難しく，9～10歳頃までに発達することが示唆された。

二次的信念が理解できるようになると，子どもは「自己理解」が進むと同時に，より高次の「三次的信念」（例えば，Aさんは「サリーがビー玉はかごの中だと思っていると，アンは思っている」ということを知っている）という理解もできるようになる。以降，物語理解や複雑な人間関係の理解だけでなく，問題解決，論理といった社会とより密接に関わる思考の能力獲得にもつながっていくと考えられる。

（3）推論する心の発達と脳の関係

【共同注意と脳の関係】

他者の視線がどこに向けられているのかを推論している時，脳では側頭葉の脳溝の1つ「上側頭溝」が活動する。この部位は，顔の物理的特徴を解析する脳部位（側頭葉・後頭葉）とは異なり，対人的・社会的な認知機能を担っていると推定されている。また，上側頭溝は，他者の感情がどこへ向けられているかの判断や，バイオロジカルモーションなどの生物的な動きに対しても活動することが報告されている。

【心の理論と脳の関係】

他者の心の状態を推論する時，脳内ではどのような情報処理がなされているのだろうか。心の理論に関する2つの仮説に即してみていこう。

1つは，「こころの理論（theory）を生得的に持つ」という説・理論（theory）で，**理論説**あるいは**理論理論**（theory-theory）と呼ばれるものである。バロン・コーエン（Baron-Cohen, 1994）によると，理論説とは，他者の心に関する因果関係を推論（計算）する機能単位，すなわち「心の理論モジュール」が，人の脳内に生得的に備わっているとする説である。ただ，これを脳科学的に見た場合，ある部位が活動したとして，それがモジュールの計算機能を反映しているのか，あるいは計算ではない別の処理によるものなのか，その情報処理過程を検証することは難しい。また，生得的か否かについても意見が分かれるところである。

もう1つは，**シミュレーション説**（simulation theory）である。これは，自分が他者の立場になったと仮定して，他者の心の状態を模倣＝シミュレートするという説である。簡単にいえば，相手の立場になって考えることを指す。この説を支持する脳内活動としては，「ミラーニューロン」（他の個体の行動を見て，自分自身も同じ行動をとっているかのように反応をする高等動物の脳内の神経細胞）の関与が指摘されている。ただし，この点については議論の余地がある。なぜならば，ミラーニューロンは「模倣」や「共感」に関連することは知られているが，それが心の理論をシミュレートしているという確かなデータは存在しないからである。

（4）「考える」システムの発達研究

心を推論する機能に関して，近年，乳児を対象に，様々な社会性（例えば，援助行動，正義，共感）に関する研究が進められている。中には，そうした社会性の発達に関して，発達初期から（あるいは生得的に）他者の心を推論する機能が備わっていることを示す報告もある（Warneken & Tomasello, 2009；Hamlin *et al.*, 2013など）。

様々な推論機能が生後初期から相互に関わり合いながら発達することで，またその過程で言語を獲得することで，知識表現や事象間の関係を「考える」認知システムが大きく発達していくと考えられる。実際には，生得的な推論と経験による論理的な推論とが相互に関わり合いながら，高次の「向社会行動」や「道徳性」が形成されることになる。乳児期にそうした機能の芽生えが見られるとして，それが，その後どのような要因によって発達していくのか，そのメカニズムを解き明かすべく，今後の研究が期待されるところである。

本章では，「考える」システムの中でも，社会に生きる人間が他者との関係をいかに形成していくか，知覚の熟達化も含めて，他者の心を「推論」する機能の発達プロセスに焦点を当ててきた。考えるシステムの発達を検討するには，ほかにも，多くの「考える」機能を見ていく必要がある。例えば，因果推論，確率推論，論理的推論（演繹的・帰納的推論）の発達，言語や表現，記憶の発達，あるいは，現在の理論を理解するためにピアジェ理論をはじめとする古典的な発達理論も確認したほうがよいだろう。章末の参考図書などでぜひ理解を深めてもらいたい。

学習課題

課題 1　知覚的狭窄が生じるメカニズムを説明しなさい。説明には「シナプス刈り込み」「知覚の熟達化」「発達的戦略」を用いること。

課題 2　サルの脳でみられたシナプス刈り込みの特徴を説明しなさい。

課題 3　感覚様相間マッチングと感覚様相間可塑性について説明しなさい。

課題 4　共同注意はコミュニケーションの発達においてどのような意味をもつか，具体例を挙げながら説明しなさい。

課題 5　「心の理論」の発達について，実験課題や理論を挙げて説明しなさい。

学習課題のポイント

課題1　まず，知覚的狭窄とはどのような現象かを実験例を挙げて説明する。次に，知覚的狭窄が起きる時期に脳内ではどのようなことが起きているかを説明する。そのうえで，知覚的狭窄と知覚の熟達化の関係を説明する。最後に，知覚的狭窄がどうして生じるのか理解したことを述べる。

課題2　脳の領域によってシナプス刈り込みの「度合い」が異なる。その違いが情報処理レベルと関係していることを，脳の領域に照らして説明する。

課題3　感覚様相間マッチングの説明では「知覚の熟達化」がキーワードになる。感覚様相間可塑性については，感覚器官の具体例を挙げて説明する。

課題4　まず，共同注意を具体的に説明する。次に，共同注意と言語獲得がどのような時系列関係にあるかを示し，具合例を挙げながらコミュニケーションに関わる共同注意の意味について理解したことを述べる。

課題5　まず「心の理論」とは何かを説明する。次に，心の理論を調べるために用いられる「誤信念課題」を具体的に説明する。そのうえで，心の理論に関する具体的な理論・説を説明する。

参考文献

子安増生（編）(2005)『よくわかる認知発達とその支援』ミネルヴァ書房
★入門書。事象やキーワードごとに簡潔な説明と豊富な図表で理解しやすい。
外山紀子・中島伸子（2013）『乳幼児は世界をどう理解しているか：実験で読みとく赤ちゃんと幼児の心』新曜社
★乳幼児の認知機能を様々な実験法と共に解説。誤信念課題を解いている時やバイオロジカルモーションを見ている時の脳活動なども紹介されている。

15 知覚・認知の障害

池田まさみ

《**目標＆ポイント**》 最終章では，知覚・認知に関わる障害を取り上げる。障害の症候的特徴と脳との関係を理解することで，これまでの章で見てきた様々な知覚・認知心理学的事象のメカニズムをより深く理解することが目標である。理解を促進すべく，それぞれの障害について，神経心理学・臨床神経心理学を中心に関連諸領域の研究を交えて説明する。
《**キーワード**》 高次脳機能障害，失語・失行・失認，幻肢・幻肢痛，相貌失認，半側空間無視，読字障害，認知症，自閉スペクトラム症

高次脳機能障害（higher brain dysfunction）という言葉を聞くようになって久しい。これは，厚生労働省が2001年に開始した認知機能の障害に対する支援モデル事業の中で使用された。このことからも，高次脳機能（higher brain function）と認知機能（cognitive function）は，ほぼ同義と考えてよいだろう。

ここでは最初に，高次脳機能障害について概観したのち，本書の各テーマ・領域（知覚・注意，言語，記憶・感情）と関りの深い障害，特に高次脳機能障害を中心に，それ以外にも発達障害などの代表例を挙げ，それぞれについて解説する。障害から見えてきたことを通して，私たちの知覚・認知がいかに「考える」システムの基に成り立っているかを考察する。改めて「考えることの科学」としての知覚・認知心理学の学習を振り返る機会としたい。

1. 高次脳機能障害とは

（1）定義

高次脳機能障害を扱う臨床・研究領域は多岐にわたることもあり，その定義は一義的ではないが，国立障害者リハビリテーションセンター『高次脳機能障害者支援の手引き』（2008）では，「高次脳機能障害という用語は，学術用語としては，脳損傷に起因する認知障害全般を指し，この中にはいわゆる巣症状としての**失語・失行・失認**のほか，**記憶障害**，**注意障害**，**遂行機能障害**，**社会的行動障害**などが含まれる」としている（冒頭に挙げた厚生労働省の支援モデル事業では当初，失語・失行・失認は含まれていなかった）。

巣症状（focal sign）とは，一般に脳の限局的な部位（機能）が障害されることで生じる症状のことを指す。これに対して，記憶，注意，遂行機能，社会的行動の障害は，対応する脳部位が限局的とはいえないため，巣症状以外を指す。上記の手引きによると，高次脳機能障害の診断基準となる主要症状は，①脳の器質的病変の原因となる事故による受傷や疾病の発症の事実が確認されている，②現在，日常生活または社会生活に制約があり，その主たる原因が記憶障害，注意障害，遂行機能障害，社会的行動障害などの認知障害である，としている。因みに，小児の高次脳機能障害を診断する場合も，現在は上記の基準が用いられている。

（2）特徴と分類

失行・失認・失語は，行為・認識・言語に関する障害状態の総称であり，それぞれの中でも脳損傷の部位との関係で様々な症状（現象や行動など）が見られる。以下に，症状の特徴と損傷部位の対応関係を基にした障害の分類を示す。

【失行】

損傷は頭頂葉とその連絡路で見られることが多い。失行とは感覚障害や麻痺などの運動障害が無いにも関わらず，それまで出来ていた日常的な動作が出来ない状態を指す。例えば，コインをうまく掴めないなどの**肢節運動失行**，“バイバイ”や“おいでおいで”などの手の動きや，道具を（実際には用いずに）使う時の動作が出来ない**観念運動失行**，紙を三つ折りにして封筒に入れるといった一連（複数）の動作が出来ない**観念失行**，図形の模写や描画が出来ない**構成障害**，衣服のボタンを掛けたり表裏を区別して着たりなどが出来ない**着衣失行**，などがある。

これらの障害から，慣習的となった運動パターンの記憶は，頭頂葉とその連絡路に保持されていることがわかる。次に紹介する失認と併せて，失行の種類と関連する脳部位を表15－1に整理しておく。

【失認】

第4，5章で感覚・知覚に関わる脳の情報処理経路を学んだ。その経路に損傷や変性が生じると失認となり，モノを認知することが出来なくなる。通常，1つの感覚様相（視覚，聴覚，体性感覚など）に限局して生じるが，いずれも感覚器官の機能自体に問題はない。例えば，見えてはいるが，それが何かがわからない**視覚性物体失認**，知っている顔でも誰かはわからない**相貌失認**，聞こえるが何の音かはわからない**聴覚失認**（言語音がわからない純粋語聾，環境音失認，音楽失認，全ての音がわからない皮質聾など），触っているモノが何かがわからない**触覚失認**などがある。街並みや道順がわからない**地理的障害**もある。さらに，対象物の認知障害ではないが「失認」と称されるものに，自分の病気や障害を否認する**病態失認**，自己の半身が無いかのようにふるまう**半側身体失認**がある。ほかにも，**手指失認**，**左右失認**などがある。

本章第2節では，身体失認とは逆の現象である「幻肢」と，視覚失認

表 15－1　失行・失認の種類と関連する脳部位
（田川，2020 を基に作成）

	失　行	
1	肢節運動失行	患肢の反対側の中心前回・中心後回
2	観念運動失行	左半球，脳梁
3	観念失行	びまん性病巣，両側病巣
4	構成障害	左右・頭頂後頭葉
5	着衣失行	右・頭頂葉
	失　認	
1	視覚性物体失認	両・頭頂後頭葉
2	相貌失認	右（両？）・後頭側頭葉内側
3	地理的障害	
	①街並失認	右・側頭後頭葉内側
	②道順障害	右・脳梁膨大後部ー頭頂葉内側
4	聴覚失認	
	①純粋語聾	両（左？）・側頭葉
	②環境音失認	両（右？）・側頭頭頂葉
	③皮質聾	両・聴覚皮質，聴放射
5	触覚失認	頭頂葉連合野

の１つで誰の顔かがわからない「相貌失認」を取り上げ，その情報処理がいかに「考える」システムと結びついているかを見る。

【失語】

言語機能には音声（聞く・話す）と文字（読む・書く）に関するものがあり，多くの場合その情報処理は左脳（言語優位半球）で行われる。失語症は，この言語中枢の損傷によって，感覚器官や構音器官に障害がないにも関わらず，いったん獲得した言語機能が障害されることを指す。第 12 章で紹介された障害も含めて，表 15－2 に失語症の種類と症状の特徴，それに関連する脳部位を整理する。

失語症といった場合，主に音声言語に関わる障害を指す。例えば，言

表 15－2　失語症の種類と特徴（Bear *et al.*, 2016）

種類	脳の損傷部位	理解力	発話能力	復唱障害	錯誤
ブローカ失語症	前頭葉の運動連合野	良い	流暢でない，非文法的	あり	あり
ウェルニッケ失語症	側頭後頭部	悪い	流暢，文法的に正しい，意味的に乏しい	あり	あり
伝道性失語症	弓状束	良い	流暢，文法的に正しい	あり	あり
全失語症	側頭葉と前頭葉を含む領域	悪い	ごくわずか	あり	—
超皮質性運動性失語症	ブローカ野前方の前頭葉	良い	流暢でない，非文法的	なし	あり
超皮質性感覚性失語症	側頭葉，頭頂葉，後頭葉の連結部近傍の皮質	悪い	流暢，文法的に正しい，意味的に乏しい	なし	あり
名称失語症	側頭葉下部	良い	流暢，文法的に正しい	なし	

葉の理解は比較的良いが，発話が困難となる**ブロカ失語**，発話は流暢だが，理解が乏しく言い間違いやジャーゴン（新造語：意味不明語）が見られる**ウェルニッケ失語**，発話も理解も良好だが，音韻性錯誤（例えば，「だるま」が「なるま」になるなど）や復唱に困難を示す**伝導性失語**がある。この伝導性失語の特徴は，第12章で紹介された「復唱」に関わる経路（図12－4：**ウェルニッケ＝ゲシュヴィントモデル**）の損傷予測に合致する。つまり，ブロカ野やウェルニッケ野に損傷があると復唱に困難をきたすが，逆に，両領野が無傷でこの経路に損傷があると，発話や理解に問題はなく特に復唱が困難となる。さらに，ブロカ野やウェルニッケ野に関連する別の部位に損傷があって，この経路が保たれていれば「超皮質性失語」となる。この失語には**超皮質性運動失語**と**超皮質性感覚失語**があり，前者では発話は乏しいが復唱は保たれており，後者では理解は乏しいが復唱は保たれている。また，**健忘失語**では，発話が流

暢で理解も良好であるが言葉が思い出せない（失名詞），あるいは言葉に出来ない（喚語困難）といったことが生じる。健忘失語は，**名称失語**，**失名詞失語**とも呼ばれる。ブロカ失語とウェルニッケ失語の合併症では**全失語**となる。

音声言語に関わる障害を見てきたが，文字言語に関わる障害については，後ほど「読字障害」を取り上げ，その神経的基盤を確認する。

【記憶障害】

第7章で記憶の種類（分類）とそれに関連する脳部位（図7－7）を見てきた。脳損傷など臨床的知見に基づく分類は，そのまま障害の評価（例えば，健忘が前向性か逆向性か，記憶の保持時間が短期か長期かなど）に有用となる。詳細は第7，8章を参照のこと。本章では器質的原因で生じる記憶障害「認知症」の中でも「アルツハイマー型」と「レビー小体型」を第4節で取り上げる。

【注意障害】

第6章で紹介された内因性注意（背側ネットワーク）や外因性注意（内側ネットワーク），また空間性注意（図15－1）を見ても，注意の神経ネットワークは広範にわたっていることがわかる。脳のどこを損傷しても何らかの注意障害が生じるといっても過言ではないだろう。

神経心理学や臨床では，神経的基盤の観点から，注意機能を，①深い処理を行うための覚醒状態の維持機能，②情報を選択・指向する定位機能，③課題遂行のためのコントロール機能，の3システムに分けている（Petersen & Posner, 2012）。

これらの機能は相互に作用するが，それぞれに関わる主な脳部位と神経路はある程度特定されている。①では，右半球が関与し，広範囲の損傷では「せん妄」が見られる。覚醒状態を維持する機能は「全般性注意」に関わり，大脳皮質の内側にある脳幹網様体から視床，前頭－頭頂葉へ

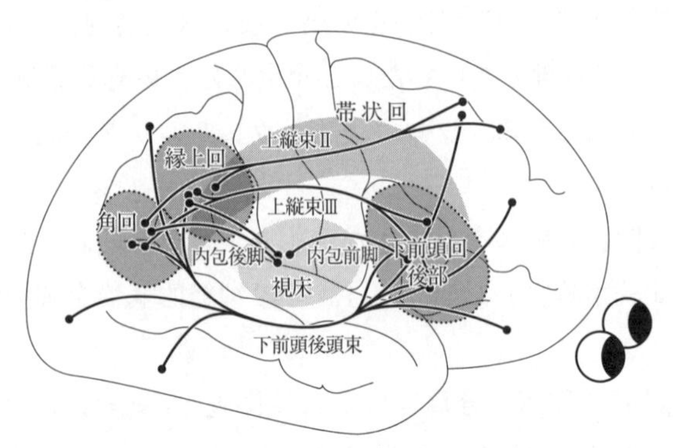

図 15－1　空間性注意の神経ネットワーク
（石合，2016 をもとに一部改変）

と投射する神経系が担っている。障害されると，知覚に対する感受性の低下と共に，選択した対象の処理が継続できなくなる。②では，前頭－頭頂葉を中心とする神経ネットワーク（腹側路・背側路）関与する。腹側路は右半球に存在し，定位（ボトムアップ処理）に関わる。この経路が損傷されると「左半側空間無視」が生じる（この障害については後ほど解説を加える）。背側路の損傷は視空間的注意（トップダウン処理）の障害が生じる。③では，課題遂行中の持続的注意は帯状回が担うとされ，両側の損傷では「無動性無言」となり，開眼はしていても自発的動作や発語がなくなる（一側の障害では一過性となる）。課題の開始や切り替えといった注意に関しては，外側の前頭－頭頂葉が担っている。

【遂行機能障害】

代表的な症例は前頭前野を損傷したフィニアス・ゲージ（第 13 章を参照）に見られる。前頭前野は主に，外側部，内側部，眼窩部の 3 領域に大別される（図 15－2）。このうち，外側部の損傷が遂行機能障害に関わることがわかってきた。外側部はワーキングメモリをはじめ，プラ

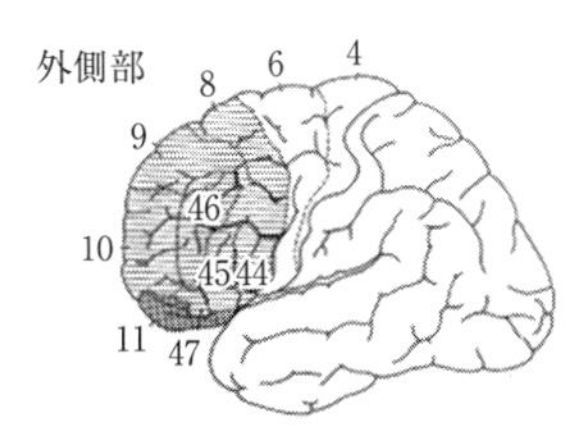

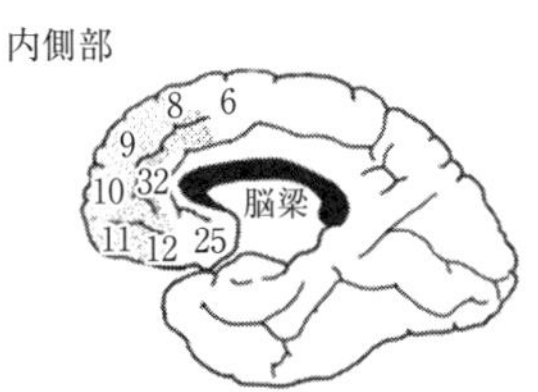

外側面は外側から見える面，内側面は大脳を左右に二分して現れる面，眼窩面は下から見える面。図中の数字はブロードマンの領野を示す。

図15－2　前頭前野の3領域（渡邊，2013）

ンニング，推論，反応抑制といった情報の統合や行動のコントロールに関わる。因みに，内側部と眼窩部の損傷は「社会的行動障害」に関わる。

遂行機能といった場合，推論や問題解決，意思決定（第9～11章）が関わる。神経心理学の観点では，遂行機能は，①意識的なゴールの設定，②プランニングと意志決定，③目的に適った行動，④効果的な実行，の4つに区分される（Lezak, 2012）。また，注意とアイディアの生成も遂行機能に含むとする見方もある（D'Souza *et al.*, 2019）。つまり，遂行機能で求められるのは，お決まりの行動ではなく，新しい行動や考え方（発想など）である。

遂行機能障害で頻繁に見られる20の徴候（Burgess & Robertson, 2002）の中でも顕著なのは，計画性のなさ，洞察の欠如，注意散漫，意思決定能力の低さ，社会的ルールへの関心の低さ，である。ただし，明らかに限局的な脳損傷であっても，その影響は単一の機能に留まらず，他の部位の機能にも影響するという。興味深い症状の1つに病識が乏しいことが挙げられる。患者の多くは，自分は計画性があり社会的ルールにも関心があると報告するようだ。病識が乏しいと，治療やリハビリテーションを進める上で支障になることがあるという。

【社会的行動障害】

社会的行動障害と脳の損傷部位とは一対一の対応関係ではないものの，脳の損傷部位とその行動パターンの間には，一定の関連が見られる（村井，2018）。前頭前野の主な3領域のうち，内側部は注意（課題遂行中の持続的注意）に関わる帯状回が中心的役割を担っており，損傷すると意欲の低下（アパシー：apathy）が顕著となる。また，眼窩部は辺縁系と連絡路をもち，損傷すると情緒不安定（例えば，不機嫌症と多幸症が交代で現れる）などの情動面の問題の他，社会性やマナーが損なわれるなどの脱抑制が見られる。社会性の問題に関して，例えば，典型的な眼窩部損傷患者は，アイオワ・ギャンブリング課題（Bechara *et al.*, 2000）といった意思決定の場面において，目の前の見通しに左右されるハイリスク・ハイリターンを選択し続けるという。

以上見てきたように，高次脳機能障害は多岐にわたる。以下では，これまで取り上げてきた障害および，それ以外の「考える」ことに関連する認知障害について，それぞれ代表例を挙げて脳との関係を考察する。

2. 知覚・注意の障害例

最初に，様々な失認がある中から「相貌失認」について解説する。相貌失認は，顔認知に複数の神経路があること，またボトムアップとトップダウンの処理が相互に作用していることを示す興味深い症例である。

次に，脳がいかに感覚・知覚を生み出しているかを示す，身体失認とは逆の現象である「幻肢」を取り上げる。

そして，この節の最後に，知覚とも深く関連する注意機能に関して「半側空間無視」を取り上げ，その特徴と神経メカニズムに迫る。

（1）知覚の障害例① 相貌失認

顔認知に関する脳内ネットワークは，後頭葉から側頭葉にある。**相貌失認**（prosopagnosia）の起因となる脳損傷部位は，両側の後頭葉とする症例（Damasio *et al.*, 1982 など）と一側性の右後頭葉とする症例（Landis *et al.*, 1986 など）があり，必ずしも症例間で一致しない。

この失認では，目や鼻，口といった形態認知や表情認知に問題はなく，顔の性別も識別出来るが，よく見知った有名人などの顔であっても誰であるかはわからない。自分の顔でさえ自分であることがわからない。家族の似顔絵を描くことはできるが，実際にその家族の顔を見ても誰であるかはわからなかったという報告（河村，2001）もある。声を手がかりにすれば誰かわかるので，記憶が損なわれているわけではない。

この症例は，顔認知の情報処理には，目や口などの要素を処理する「部分処理システム」と，要素間の空間関係など顔全体の布置関係（コンフィギュレーション：configuration）を処理する「全体処理システム」があることを示す。前者はボトムアップ処理，後者はトップダウン処理に関係する。相貌失認は後者のみの障害であることがわかる。

（2）知覚の障害例② 幻肢・幻肢痛

例えば，熱湯の入ったカップを持てば手が熱いと感じる。この「熱さ」は手そのものにあるように感じるかもしれないが，感じているのは勿論「脳」である。第 4 章でも説明されたように，触覚受容器からの電気信号は，脳の「視床」を経由して，最終的に頭頂葉にある一次体性感覚野（primary somatosensory cortex：S1 野）に届く（第 2 章の図 2－10 参照：BA1, 2, 3 に相当）。身体のどこにその感覚が生じるかは，S1 野のどの部分に信号が届くかで決まる。因みに，体性感覚は皮膚感覚（触覚，痛覚，温度感覚）と深部感覚（筋，腱，関節など）から成る。

感覚が脳で生み出されていることを如実に示す症例がある。事故や病気で腕や足を切断した患者の多くが，その後も失くした身体部位が在るように感じられる**幻肢**（phantom limb）や，失くした部位の一部に痛みを感じ続ける**幻肢痛**（phantom pain）を経験することが報告されている。また，温度感覚やマッサージされる感覚などは，幻肢上の正確な位置に出現するという。一方，そのような患者では，他の身体部位を刺激することでも幻肢は生じうる。例えば，顔面を刺激すると手の幻肢が生じる（Halligan *et al.*, 1999）。これは，失われた四肢を担当していた皮質の代わりに，近傍の顔領域の神経が活動するようになるという，一次体性感覚野の「可塑性」（変形する性質）を示している。感覚・知覚は経験によって形成されていくため，切断期の年齢が若いと幻肢は生じない。一方，脳損傷などが起因となる感覚遮断や運動麻痺でも幻肢（余剰幻肢）が生じることが知られている。

幻肢痛の改善には，ラマチャンドランらによって鏡を用いて錯覚を生じさせるリハビリテーションが考案されている（Ramachandran & Rogers-Ramachandran, 1996）。そこでは健常側の手を鏡に映して，それを幻肢の手があるはずの場所に重なるようにして患者に見せる。そうすると，あたかも幻肢が健常側の手の動きに従っているかのような感覚（随意運動）を獲得し幻肢痛が緩和されるという。

（3）注意の障害例：半側空間無視

第6章で紹介された**半側空間無視**（Unilateral Spatial Neglect：USN）を再び取り上げる。USNは感覚や運動の障害が無いにもかかわらず，病巣と反対側の刺激や状況に気づかない（報告しない，反応しない，定位できない）状態とされている（Heilman, 1993）。ただし，左半球の損傷で右半側空間無視が生じることは稀で，脳損傷直後（急性期）

には左右の無視が見られても一過性のことが多い（石合，2008 など）。USN は，視覚，聴覚，体性感覚のいずれでも起こりうる。

病巣としては，下頭頂葉（角回・縁上回）や側頭－頭頂葉接合部とされているが，中・上側頭回や前頭葉背外側など（Mort *et al.*, 2003），さらには皮質領域における空間性注意の神経ネットワーク（図 15－1）の関与が指摘されている。USN の症状は様々で，例えば，空間座標軸に基づく分類では，自己の身体を基準に左側を無視する「自己中心空間の半側無視」，対象の左側を無視する「物体中心空間の半側無視」となる。

USN の診断には，行動性無視検査（BIT：Behavioral Inattention Test, Wilson *et al.*, 1987）が広く使用されている。BIT には，3 種の抹消検査（線分，文字，星），模写試験，線分二等分試験，描画試験の 6 種類の他，9 種類の行動検査が含まれる。他にもリンゴ抹消試験（Bickerton *et al.*, 2011）や Ogden の描画試験（Ogden, 1985）などがあ

半側空間無視の机上検査の例
左上：線分抹消検査　　右上：線分二等分試験
左下：模写試験　　　　右下：Ogden の描画試験

図 15－3　半側空間無視の評価に用いられる机上検査の例
（Chechlacz *et al.*, 2012 より抜粋）

る。机上のテストの例を図 15 - 3 に示す。脳の損傷部位によって無視の症状が異なることから，検査を組み合わせて診る必要がある。

3. 言語の障害例

言語の神経ネットワークは他の認知機能とも密接に関わっており，たとえ症状は同じでも，予想とは異なる脳部位で損傷が見つかることもあり，機能と脳との関係は単純ではない。その一方で近年，脳神経生理学（第 3 章）の手法によって（測定技術などの向上もあり）解明されてきたことも多い。特に脳機能イメージング手法による障害部位の確定は，治療だけでなく，保たれている認知機能を明らかにする意味でも重要であり，効果的な心理支援とリハビリテーションが期待できる。「読字障害」もその 1 つで，関連する脳部位が明らかになりつつある。

（1）言語の障害例：読字障害

まず，脳損傷で生じる読み・書きの障害を確認しておこう。例えば，読むことが困難な**純粋失読**，読むことに問題はないが書字が困難な**純粋失書**，読み書き共に困難を示す**失読失書**がある。失読では左後頭葉内側から側頭葉内側にかけて損傷が見られ，失読失書では左頭頂葉の損傷が見られる。この損傷が小さいと失書が生じるようだ。

一方，**読字障害（ディスレクシア**：dyslexia）は発達障害の中の学習障害の 1 つとされている。読字に困難があると書字にも困難が生じるため，読字障害は「発達性読み書き障害」とも呼ばれる。知的能力や勉強不足が原因ではなく，脳の機能的発達に問題があるとされている。

読字と書字の脳内機構（近藤，2016）を図 15 - 4 に示す。読字障害の人はブロードマンの 39 野（左角回）と 40 野（左縁上回）が上手く機能していないことがわかってきた。この部位は，文字という視覚情報が音

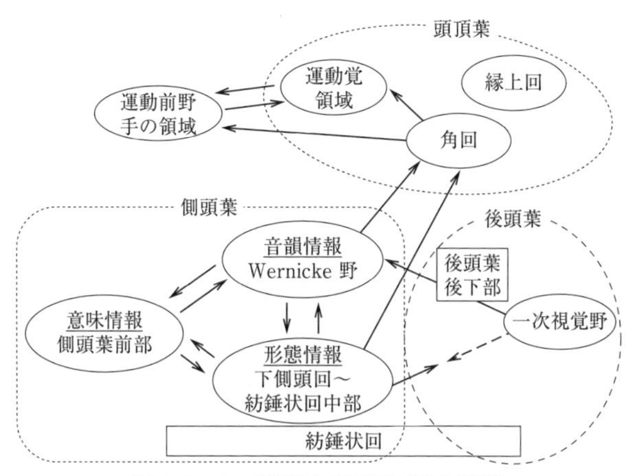

図 15 − 4　読字と書字の脳内機構
（近藤，2016 をもとに一部改変）

情報に変換されたのち，それを統合する役割を担っている。図に示される通り，文字の読み・書きには脳内の様々な領域が関わっていることがわかる。これは，人類が産み出した文字というツールを使いこなすために，あらゆる脳部位が総動員され連動することになった結果かもしれない。

読字障害は早期発見が重要で，例えば，様々な感覚と動きを連動させた効果的な学習支援によって障害が改善されるという。

4．記憶・感情の障害例

（1）記憶の障害例：認知症

記憶障害は心因性の原因で生じることもあるが，ここでは器質性の原因，特に神経変性によるものに焦点を当て，「アルツハイマー型」と「レビー小体型」の**認知症**（amnesia）を取り上げる。

加齢による健忘と認知症による健忘には明確な違いがある。加齢の場合は朝食の内容を忘れるなど体験したことの一部を忘れるが，認知症の場合は朝食をとったこと自体，つまり体験したこと自体を忘れてしまう。また，加齢の場合は忘れたことに対する自覚があるが，認知症の場合はその自覚がない。

【アルツハイマー型認知症】

認知症の中でも最も多いとされるのが**アルツハイマー型認知症**であり，皮質型認知症に分類される。原因は，アミロイドカスケード仮説やアセチルコリン仮説など諸説あるが，詳細は専門書に委ねるとして，よく知られているところでは，脳の高度の萎縮，神経細胞の変性と消失，老人斑（アミロイドβ蛋白などの沈着）の出現が挙げられる。病変は海馬を含む側頭葉内側部に始まり，次第に側頭－頭頂連合野や前頭連合野に及ぶとされる。

発症初期は，健忘失語がみられ，具体名が出てこないため，「あれ」や「それ」といった代名詞ばかりの会話が多くなる。健忘は，順向および逆向に生じるが，逆向での時間勾配は見られない。見当識障害，頻繁な物忘れ，繰り返し同じことを尋ねるなどの短期記憶障害に始まり，次第に勤務先や職業など自分に関することを思い出せなくなったり，人物誤認が生じたりするなどして，長期記憶障害へと進行する。

【レビー小体型認知症】

アルツハイマー型に次いで多いとされる認知症に，**レビー小体型認知症**がある。この認知症は，アルツハイマー病が皮質型認知症であるのに対し，皮質型と皮質下型の特徴を併せ持つ。皮質型では，上記のように，記憶や言語，思考，社会的行動などに問題が生じやすく，皮質下型では記憶の他，感情や行動に変化が生じやすい。つまり，レビー小体型における認知障害は，アルツハイマー型と似ているが，記憶障害が比較的軽度で，遂行機能障害と視空間認知障害が発症早期から目立つ。また，注意機能をはじめ，認知機能が変動するという特徴をもち，幻視（人，動物，虫など）などの特有の症状が見られ，パーキンソニズム（パーキンソン病とは異なる原因によるパーキンソン病特有の症状）を示す。

上述した障害の他にも，不安，抑うつ，幻覚，妄想，興奮などの**行動心理症状**（Behavioral and Psychological Symptoms of Dementia：BPSD）が生じてくることが知られている。詳細は臨床心理学や精神疾患に関する専門書を参照してほしい。

（2）感情の障害例：共感の障害－自閉スペクトラム症－

最後に，感情との関連で，「共感」の観点から，他者の心を推論する機能障害として，**自閉スペクトラム症**（Autism Spectrum Disorder：ASD）を取り上げる。主な症状として「興味の対象が限定されていること」や「社会的コミュニケーションを苦手とすること」が見られる。

例えば，心の理論（第 14 章参照）に関して，ASD 児では誤信念課題の通過率（課題をクリアする児童の割合）は低いが，遅れて発達する（8～9 歳頃に可能になる）ことがわかっている。

共感という点では，米田ら（Komeda *et al.*, 2015）は，実験参加者（10～40 代）が，自分と類似した他者に対して共感を示すかどうかを調べている。ASD の行動パターンを示す人物を記述した文（ASD 文）と，定型発達（TD）の行動パターンを示す人物を記述した文（TD 文）を用いて，①その内容が自分に当てはまるか（自己判断課題），②自分と似ているか（他者判断課題）を，ASD 者と TD 者にそれぞれ判断してもらった。その結果，①と②いずれの課題においても，ASD 者は ASD 文を，TD 者は TD 文を判断する時に「自己意識」や「共感」と関連する前頭前野の腹内側部（図 15－2 を参照）が活動することが示された。この結果は，従来 ASD 者は共感性が乏しいことされてきたが，ASD 者の行動パターンに対しては共感できることを示唆している。

これらの知見は，ASD の特性理解やそのメカニズムの解明に繋がる可能性があり，また ASD 児・者とのコミュニケーションのあり方を模索する上でも有用だろう。

障害や臨床研究を通して知覚・認知機能と脳との関係を考察することは，情報処理としての「心」の機能，すなわち「考える」システムの成り立ちを考えることであり，人間の知覚・認知機能を総合的に理解する上で重要である。

例えば，アルツハイマー病は今世紀最大の研究課題の 1 つとされているが，こうした障害をはじめ，知覚・認知に関する様々なメカニズムが解き明かされることは，人間の心理・行動に対する理解だけでなく，また臨床だけでなく，発達・教育などあらゆる方面において，多様な個に応じた適切な支援に繋がっていくに違いない。

学習課題

課題 1　高次脳機能障害について説明しなさい。

課題 2　伝道性失語に見られる症状の特徴と，関連する脳部位を説明しなさい。

課題 3　前頭前野の 3 領域とそれぞれの機能を障害の観点から説明しなさい。

課題 4　急性期を過ぎると右半側無視が見られなくなるのはなぜか，調べなさい。

課題 5　「考える」システムについて理解したことを，障害例を挙げて説明しなさい。

学習課題のポイント

課題 1　『高次脳機能障害者支援の手引き』（2008）に記載されている対象障害やその診断基準を確認，整理する。その上で，神経心理学における対象障害との違いについて説明する。

課題 2　ブロカ失語症，ウェルニッケ失語症と併せて説明することが鍵となる。

課題 3　図 15 - 2 を基に「遂行機能障害」「社会的行動障害」について整理する。

課題 4　左半球と右半球の「注意機能」がどのように異なっているかを調べる。

課題 5　「考える」システムとは何か，第 1 章から振り返ってみる。

参考文献

田川皓一・池田学（編）（2020）『神経心理学への誘い 高次脳機能障害の評価』西村書店

★各分野の専門家が，事例，臨床画像，データを用いてわかりやすく解説。

Halligan, P. W. *et al. Handbook of Clinical Neuropsychology*. Oxford University Press. 監訳：田川皓一（2011）『臨床神経心理学ハンドブック』西村書店

★神経心理学をより深く学びたい人向け。

第 2 章・第 5 章の参考文献（『神経科学　脳の探究　改訂版』や『もうひとつの視覚：〈見えない視覚〉はどのように発見されたか』）も参照のこと。

引用文献

1　知覚・認知心理学の概要

郡司利男（1984）『ことばの遊び 12 講』大修館書店
石井威望　他（1984）『情報システムとしての人間』中山書店
Palmer, S. E. (1999). *Vision Science.* Cambridge: MIT Press.
Pezdek, K. (2003) Event memory and autobiographical memory for the event of September 11, 2001. *Applied Cognitive Psychology,* 17, 1033–45

2　知覚・認知の神経的基盤

Carlson, N. R. (1994). *Physiology of Behavior. 5th Edition.* Boston: Allyn and Bacon.
真鍋俊也ら（編）（2013）『改訂第 3 版　脳神経科学イラストレイテッド』羊土社
長田乾（2017）「認知機能を脳循環代謝画像から繙く」臨床神経生理学 45 巻 3 号, p146–153
Sekuler, R. & Blake, R. (1993) *Perception, 3rd ed.* New York: McGraw–Hill
Ward, J (2020) *The Student's Guide to Cognitive Neuroscience, 4th ed.* New York: Psychology Press.

3　知覚・認知心理学の研究方法

Corkin, S. *et al.* (1997). H. M.'s Medial Temporal Lobe Lesion: Findings from Magnetic Resonance Imaging. *Journal of Neuroscience,* 17 (10), 3964–3979.
星詳子（2014）「近赤外線スペクトロスコピー」脳科学事典　DOI：10.14931/bsd.800
市原茂，阿久津洋巳，石口彰（編）（2017）『視覚実験研究ガイドブック』朝倉書店

Kolb, B. & Whishaw, I. Q. (2002) *Fundamentals of human neuropsychology, 5th ed.* New York, Worth/Freeman.

Ludvig, E. A. *et al.* (2011). A Primer on Reinforcement Learning in the Brain: Psychological, Computational, and Neural Perspectives. In *Computational Neuroscience for Advancing Artificial Intelligence: Models, Methods and Applications*. Chapter: 6: New York, Medical information science reference

Ward, J. (2015) *Student's Handbook of Cognitive Neuroscience, 3rd ed.* New York: Psychology Press.

4 感覚のしくみ

ベアー 他 著，加藤宏司 他 監訳 (2007)『神経心理学―脳の探求－』西村書店

Goycoolea, M. V. *et al.* (1986). Effect of life in inductrialized societies on hearing in natives of Easter Island. *Laryngoscope*, 96:1391-1396.

Sekuler, R. & Blake, R. (1994). *Perception, 3rd ed.* New York: The McGraw-Hill Companies, Inc.

Wolfe, J. M. *et al.* (2015). *Sensation & Perception, 4th ed.* Sunderland: Sinauer Associates, Inc.

5 知覚のしくみ

ベアー 他 著，加藤宏司 他 監訳 (2007)『神経心理学―脳の探求－』西村書店

Biederman, I. (1987). Recognition-by-components: A theory of human image understanding. *Psychological Review*, 94. 115-147

Goodale, M. A. & Milner, A. D. (2004). *Sight Unseen: An Exploration of Conscious and Unconscious Vision.* Oxford: Oxford University Press.

Gregory, R. L. (1970). *The Intelligent Eye.* New York: McGraw-Hill

Palmer, S. (1999). *Vision Science: Photons to Phenomenology.* Cambridge, MA: The MIT Press.

Perenin, M. T. & Rossetti, Y. (1996). Grasping without form discrimination in a hemianopic field. *Neuroreport: An International Journal for the Rapid Communication of Research in Neuroscience*, 7 (3), 793-797

Selfridge, 0. G. (1955). Pattern recognition and modern computers. *AFJPS'55 (western): Proceedings of the Western Joint Computer Conference*, 91-93.

Selfridge, 0. G. (1959). Pandemonium: A paradigm for learning. *Mechanisation of thought processes; Proceedings of a symposium held at the National Physical Laboratory on 24th, 25th 26th and 27th* November 1958, 511-526.

Ward, J (2020) *The Student's Guide to Cognitive Neuroscience, 4th ed.* New York: Psychology Press

Wolfe, J. M. *et al.* (2019) *Sensation & Perception, 5th ed.* Sunderland: Sinauer Associate.

Zeki, S. (1990). A century of cerebral achromatopsia. *Brain* 113 (Pt 6), 1721-1777.

Zihl. J *et al.* (1983). Selective disturbance of movement vision after bilateral brain damage. *Brain* 106 (Pt 2), 313-340.

6 注意のしくみ

Anderson, J. R. (2020). *Cognitive psychology and its implications. 9'" ed.* New York: Worth Publishers.

Broadbent, D. E. (1958). *Perception and Communication.* New York: Pergamon.

Cherry, E. C. (1953). Some experiments on the recognition of speech, with one and two ears. *The Journal of the Acoustical Society of America*, 25 (5). 975-979..

Eysenck, M. W. & Keane, M. T. (2020). *Cognitive psychology. A student's handbook. 8th ed.* New York: Psychology Press.

Kahneman, D. (1973). *Attention and Effort.* New Jersey: Prentice Hall.

Kertzman, C. *et al.* (1990). Effects of physostigmine on spatial attention in patients with progressive supranuclear palsy. *Archives of Neurology*, 47 (12), 1346-1350.

O'Craven, K. M. & Kanwisher, N. (2000). Mental imagery of faces and places activates corresponding stimulus-specific brain regions. *Journal of Cognitive*

Neuroscience, 12, 1013-1023

Posner, M. L. (1980). Orienting of attention. *Quarterly Journal of Experimental Psychology*, 32 (1), 3-25.

Simons, D. J. & Chabris, C. F. (1999) Gorillas in our midst: Sustained inattentional blindness for dynamic events. *Perception*, 28, 1059-1074.

Treisman, A. M. (1960). Contextual cues in selective listening. *Quarterly Journal of Experimental Psychology*, 12 (4), 242-248

Treisman, A. M. & Gelade, G. (1980). A feature-integration theory of attention. *Cognitive Psychology*, 12 (1). 97-136.

Wickens, C. D. (2008). Multiple resources and mental load. *Human Factors*, 50, 449-455

Wolfe, J. M. (1994). Guided search 2.0: A revised model of visual search. *Psychonomic Bulletin & Review*, 1. 202-238

Wolfe, J. M. *et al.* (2019) *Sensation & Perception, 5th ed.* Sunderland: Sinauer Associates.

Woods, K. J. P. & McDermott, J. H (2018) Schema learning for the cocktail party problem. *Proceedings of the National Academy of Sciences*, 115, E3313-E3322

7 記憶のしくみ

Atkinson, R. C. & Shiffrin, R. M. (1968). Human memory: A proposed system and its control processes. *The Psychology of Learning and Motivation: Advances in Research and Theory*, 2, 89-195.

Baddeley, A. D. (2000). The episodic buffer: a new component of working memory? *Trends in Cognitive Sciences*, 4, 417-423.

Baddeley, A. D. & Hitch, G. (1974). "Working memory," *Psychology of learning and motivation*, 8. 47-89.

Craik, F. I. M. & Tulving, E. (1975). Depth of processing and the retention of words in episodic memory. *Journal of Experimental Psychology: General*, 104 (3), 268-294.

Gazzaniga, M. S. *et al.* (1998). Cognitive neuroscience: The biology of the mind. W. W. Norton & Company.

Glanzer, M. & Cunitz, A. R. (1966). Two storage mechanisms in free recall. *Journal of Verbal Learning and Verbal Behavior*, 5 (4), 351-360.

Kandel, E. R. (2001). The molecular biology of memory storage: a dialogue between genes and synapses. *Science*, 294, 1030-1038.

Miller, G. A. (1956). The magical number seven, plus or minus two: Some limits on our capacity for processing information. *Psychological Review*, 63, 81-97.

Rogers, T. B. *et al.* (1977). Self-reference and the encoding of personal information. *Journal of Personality and Social Psychology*, 35 (9), 677-688.

Scoville, W. B. & Milner, B. (1957). Loss of Recent Memory after Bilateral Hippocampal Lesions. *Journal of Neurology, Neurosurgery, and Psychiatry*, 20, 11-21.

Sejnowski T. J. *et al.* (2014). Prospective optimization. *Proceedings of the IEEE*, 102 (5), 799-811.

Sperling, G. (1960). The information available in brief visual presentations. *Psychological Monographs*, 74, 1-29.

高橋直矢・池谷裕二・松本則夫（2014）「ヘブ則」脳科学辞典

https://bsd.neuroinf.jp/wiki/%E3%83%98%E3%83%96%E5%89%87（2021 年 12 月 28 日）

8　日常の記憶

Anderson, J. R. (1974). Verbatim and propositional representation of sentences in immediate and long-term memory. *Journal of Verbal Learning and verbal behavior*, 13, 149-162.

Buckner, R. L. *et al.* (2008). The Brain's Default Network: Anatomy, Function, and Relevance to Disease. *Annals of the New York Academy of Sciences*, 1124, 1-38.

Carmichael, L. *et al.* (1932). An experimental study of the effect of language on the reproduction of visually perceived form. *Journal of Experimental*

Psychology, 15 (1), 73-86.

Gernsbacher. M. A. (1985). Surface information loss in comprehension. *Cognitive Psychology*, 17 (3), 324-363.

Godden, G. & Baddeley, A. D. (1975). Context-dependent memory in two natural environments: On land and underwater. *British Journal of Psychology*, 6 (3), 355-369.

Godden, D. R. & Baddeley, A. D. (1980). When does context influence recognition memory. *British Journal of Psychology*, 71 (1), 99-104.

Herz, R. S. *et al.* (2004). Neuroimaging evidence for the emotional potency of odor-evoked memory. *Neuropsychologia*, 42 (3), 371-378.

Hyman, I. E. *et al.* (1995). False memories of childhood experiences. *Applied Cognitive Psychology*, 9 (3), 181-97.

Kenealy, P. M. (1997). Mood-state-dependent retrieval: The effects of induced mood on memory reconsidered. *The Quarterly Journal of Experimental Psychology A: Human Experimental Psychology*, 50A (2), 290-317.

Loftus, E. F. (1997). Creating false memories. Scientific American, 277 (3), 70-75.

Loftus, E. F. & Palmer, J. C. (1974). Reconstruction of automobile destruction: An example of the interaction between language and memory. *Journal of Verbal Learning and Verbal Behavior*, 13 (5), 585-589.

Neisser, U. & Harsch, N. (1992). Phantom flashbulbs: False recollections of hearing the news about Challenger. In E. Winograd, U. Neisser (Eds.), *Emory symposia in cognition, 4. Affect and accuracy in recall: Studies of 'flashbulb' memories*: New York Cambridge University Press 9-31.

越智啓太（2014）『つくられる偽りの記憶－あなたの思い出は本物か？』 化学同人

Pickel, K. L. (1999). The influence of context on the "weapon focus" effect. Law and Human Behavior, 23, 299-311.

Proust, M. 著, 高遠弘美訳（2010）『失われた時を求めて 1：第一篇 スワン家のほうへ I』光文社

Rubin, D. C. & Schulkind, M. D. (1997). Distribution of important and word-cued autobiographical memories in 20-, 35-, and 70-year-old adults. *Psychology and Aging*, 12, 524-535.

Spanos, N. P. *et al.* (1999). Creating false memories of infancy with hypnotic and non-hypnotic procedures. *Applied Cognitive Psychology*, 13 (3), 201-18.

龍野正実 (2007)「メモリーリプレイと記憶の固定化」生物物理, 47 (6), 368-377.

Tulving, E. & Pearlstone, Z. (1966). Availability versus accessibility of information in memory for words. *Journal of Verbal Learning and Verbal Behavior*, 5 (4), 381-391.

Wickens, D. D. (1973). Some characteristics of word encoding. *Memory & Cognition*, 1 (4), 485-490.

9 推論のしくみ

Bruner *et al.* (1956). *A study of thinking*.: New York: John Wiley

Cheng, P. W. & Holyoak, K. J. (1985). Pragmatic reasoning schemas. *Cognitive Psychology*, 17, 391-416.

Cosmides, L. (1989). The logic of social exchange: Has natural selection shaped how humans reason? Studies with the. Wason selection task. *Cognition*, 31, 187-316.

Evans, J. St. B. T., *et al.* (1983). On the conflict between logic and belief in syllogistic reasoning. *Memory & Cognition*. 11, 295-306

Evans, J. Stb. T. (1993). Bias and rationality. In K. Manktelow & D. E. Over (eds), *Rationality: Psychological and philosophical perspectives*. London: Routledge.

Griggs, R. A., & Cox, J. R. (1982). The elusive thematic-materials effect in Wason's selection task. *British Journal of Psychology*, 73, 407-420

Johnson-Laird, P. N. (2005). Mental model and thoughts. In K. J. Holyoak & R. G. Morrison (eds.), *The Cambridge Handbook of thinking and reasoning*. Cambridge: Cambridge University Press.

Marcus, S. L. & Rips, L. J (1979). Conditional Reasoning. *Journal of Verbal Learning and Verbal Behavior*, 18, 199-223

Oaksford, M. & Chater, N. (2007). *Bayesian Rationality. The Probabilistic Approach to Human Reasoning*. Oxford: Oxford University Press.

Trouche, P. J. *et al.* (2016). The Selective Laziness of Reasoning. *Cognitive Science*, 40, 2122-2136

Wason, P. C. (1960). On the failure to eliminate hypothesis in a conceptual task. *Quarterly Journal of Experimental Psychology*, 12, 129-140

Wason, P. C. (1966). Reasoning. In B. M. Foss (ed.) *New horizons in psychology*, 20, 273-281.

10 問題解決と熟達化

Anderson, J. R. (2015). *Cognitive Psychology and Its Implications. 8th ed.* New York: Worth

Duncker, K. (1945). On problem solving. *Psychological Monographs*, 58.

Ericsson *et al.* (1993). The roll of deliberate practice in the acquisition of expert performance. *Psychological Review*, 100, 363-406

Gick, M. L. & Holyoak, K. J. (1980) Analogical problem solving. *Cognitive Psychology*, 12, 306-355

Newell, B. R. & Simon, H. A. (1972). *Human Problem Solving*. New Jersey: Prentice Hall.

German, T. & Defeyter, M. A. (2000). Immunity to functional fixedness in young children. *Psychonomic Bulletin & Review*, 7, 707-712

Poldrack, R. A. & Gabrieli, J. D. E. (2001) Characterizing the neural mechanisms of skill learning and repetition priming: Evidence from mirror reading. *Brain*, 124, 67-82

Qin, Y. S. *et al.* (2003). Predicting the practice effect on the blood oxygenation level-dependent (BOLD) function of fMRI in a symbolic manipulation task. *Proceedings of the National Academy of Science, USA*, 100, 4951-4956

Robertson, S. I. (2001). *Problem Solving*. New York: Academic Press

Scheerer, M. (1963). Problem-solving. *Scientific American*, 208, 118-128

Woollett, K. & Maguire (2011). Acquiring “the Knowledge” of London’s layout drives structural brain changes. *Current Biology*, 21, 2109-2114

Wertheimer, G. H. (1945). *Problem Solving*. New York: Harper & Row

11　判断と意思決定

Gigerenzer, G. (2002). *Calculated risks*. New York: Simon & Shuster.

Kahneman, D., & Tversky, A. (1979). Prospect Theory: An Analysis of Decision under Risk. *Econometrica*, 47, 263-291.

Lichtenstein, S. *et al.* (1978). Judged frequency of lethal events. *Journal of Experimental Psychology: Human Learning and Memory*, 4 (6), 551-573

Markowitz, H. (1952). The Utility of Wealth. *Journal of Political Economy*, 60, 151-158.

Smith, E. E. & Kosslyn, S. M. (2007). *Cognitive Psychology, Mind and Brain*. New York: Pearson.

Tversky, A. (1969). Intransitivity of preference. *Psychological Review*, 76 (1), 31-48

Tversky, A. & Kahneman, D. (1981). The framing of decisions and the psychology of choice. *Science*, 211, 453-458

12　知覚・認知と言語

天野成昭（2010）　単語の認知.（重野純（編）『言語とこころ』新曜社　第７章）

Anderson, J. R. (2020). *Cognitive Psychology and Its Implications. 9th edition*. NY: Worth Publishers.

Bear, M. F. *et al.* (2016). *Neuroscience: exploring the brain.4th edition*. Kluwer.

Carmichael, L. *et al.* (1932). An experimental study of the effect of language on the reproduction of visually perceived form. *Journal of Experimental Psychology*, 15 (1), 73-86.

Dell, G. S. (1986). A spreading-activation theory of retrieval in sentence production. *Psychological Review*, 93, 283-321

Dell, G. S. & Reich, P. A. (1981). Stage in sentence production: An analysis of speech error data. *Journal of Verbal Learning and Verbal Behavior*, 20, 611-629.

Fodor, J. A. (1983). *The modularity of mind*. MA: The MIT Press

Fromkin, V. (1971). *Speech errors as linguistic evidence*. The Hargue: Mouton

Gazzaniga, M. S. (2000). Cerebral specialization and interhemispheric communication: Does the corpus callosum enable the human condition? *Brain*, 123, 1293-1326

Geschwind, N. (1979). Specializations of the human brain. *Scientific American*, 241 (3), 180-99

Kintsch, W. (1998). *Comprehension: A paradigm for cognition*. NY: Cambridge University Press.

Levelt, W. J. M. (1989). *Speaking: From Intention to Articulation*. MA: The MIT Press.

Levelt, W. J. M *et al.* (1999). A theory of lexical access in speech production. *Behavioral and Brain Science*, 22 (1), 1-75.

Nakayama, M., & Saito, S. (2014). Within-word serial order control: Adjacent mora exchange and serial position effects in repeated single-word production. *Cognition*, 131, 415-430.

Roberson, D. *et al.* (2000) Color categories are not universal. Replications and new evidence from a stone-age culture. *Journal of Experimental Psychology: General*, 129, 369-398

Rosch, E. (1973) On the internal structure of perceptual and semantics categories. In T. E. Moore (Ed.), *Cognitive development and the acquisition of language* (pp. 111-144). New York, NY: Academic Press.

Saito, S., & Baddeley, A. D. (2004). Irrelevant sound disrupts speech production: Exploring the relationship between short-term memory and experimentally induced slips of the tongue. *Quarterly Journal of Experimental Psychology*, 57A, 1309-1340.

Tyler, R. & Marslen-Wilson, W. (1977). The on-line effects of semantic context on syntactic processing. *Journal of Verbal Learning and Verbal Behavior*, 16, 683-692

Whorf, B. L. (1956). Language, thought, and reality. Massachusetts: The MIT Press 池上嘉彦訳 (1993)『言語・思考・現実』(講談社学術文庫)

13 知覚・認知と感情

Bower, G. H. (1981). Mood and memory. *American Psychologist*, 5, 73-99.

Blanchett, M. & Richards, A. (2010). The influence of affect on higher level cognition: A review of research on interpretation, judgment, decision making and reasoning. *Cognition and Emotion*, 24, 561-595.

Bushman, B. J. (2002). Does venting anger feed or extinguish the flame? Catharsis, rumination, distraction, anger, and aggressive responding. *Personality and Social Psychology Bulletin*, 28, 724-731.

Cahill, L. *et al.* (1995). The amygdala and emotional memory. *Science*, 377, 295-296

Cahir, C. & Thomas, K. (2010). Asymmetric effects of positive and negative affect on decision making. *Psychological Reports*, 106, 193-204.

Carlson, N. R. (2013) *Physiology of Behavior. 11th ed.* New York: Pearson.

Coget, J. -F. *et al.* (2011). Anger and fear in decision-making: The case of film directors on set. *European Management Journal*, 29, 476-490.

Cryder, C. E. *et al.* (2008). Misery is not miserly: Sad and self-focused individuals spend more. *Psychological Science*, 19, 525-530.

Damasio, A. (2003). *Looking for Spinoza.* Harcourt Inc.

ダマシオ (著) 田中 (訳) (2005)『感じる脳』 ダイヤモンド社

Darwin, C. J. (1872/1965). *The expression of the emotions in man and animals.* Chicago: University of Chicago Press.

Davidson, R. *et al.* (1990). Approach/withdrawal and cerebral asymmetry: Emotional expression and brain physiology. *Journal of personality and Social Psychology,* 38, 330-341.

de Vries, M. *et al.* (2008). Fitting decisions: Mood and intuitive versus deliberative decision-strategies. *Cognition and Emotion*, 22, 931-943.

Ekman, P. *et al.* (1972). *Emotion in the human face: Guidelines for research and an integration of findings*. New York: Pergamon.

Ekman, P. (1992). An argument for basic emotions. *Cognition and Emotion*, 6, 169-200.

Eysenck, M. W. & Keane, M. T. (2020). *Cognitive psychology. A student's handbook. 8th ed.* New York: Psychology Press.

Gross, J. J. & Thompson, R. A. (2007). Emotion regulation: Conceptual foundation. In J. J. Gross (ed.), *Handbook of Emotion Regulation*. New York: Guilford Press.

Kohn, *et al.* (2014). Neural network of cognitive emotion regulation: An ALE meta-analysis and MACM analysis. *NeuroImage*, 87, 345-355

Russell, J. A. & Barrett, L. F. (1999). Core affect, prototypical emotional episodes, and other things called emotion: Dissecting the elephant. *Journal of Personality and Social Psychology*. Vol. 76. 805-819

Schachter, S. & Singer, J. (1962). Cognitive, social, and physiological determinants of emotional state. *Psychological Review*, 69, 379-399.

Schartau, P. E. S. *et al.* (2009). Seeing a big picture: Training in perspective broadening reduces self-reported affect and psychophysiological response to distressing films and autobiographical memories. *Journal of Abnormal Psychology*, 118, 15-27.

Scherer, K. R. & Ellsworth, P. C. (2009). Appraisal Theories. In D. Sander & K. R. Scherer (eds.) *The Oxford Companion to Emotion and Affective Sciences*. Oxford: Oxford University Press.

Smith, E. E. & Kosslyn, S. M. (2007). *Cognitive Psychology, Mind and Brain*. New York: Pearson.

Ward, J. (2020). *The student's guide to cognitive neuroscience. 4th ed.* New York: Psychology Press.

14 知覚・認知の発達

Baron-Cohen, S. (1994). *Mindblindness: An essay on autism and theory of mind*. Cambridge: The MIT Press.

Bavelier, D. & Neville H. J. (2002). Cross-modal plasticity: where and how? *Nature Review Neuroscience*, 3 (6), 443-452.

Cowan, W. M. (1979). The development of the brain. *Scientific American*, 241 (3), 112-133.

Elston, G. N. *et al.* (2009). Spinogenesis and pruning scales across functional hierarchies. *The Journal of Neuroscience*, 29 (10), 3271-3275.

Fantz, R. L. (1958). Pattern vision in young infants. *The Psychological Record*, 8, 43-47.

Gibson, E. J. & Walk, R. D. (1960). The "visual cliff." *Scientific American*, 202, 64-71.

Hamlin, J. K. *et al.* (2013). Moral judgment and action in preverbal infants and toddlers: Evidence for an innate moral core. *Current Directions in Psychological Science*, 22 (3), 186-193.

Huttenlocher, P. R. *et al.* (1982). Synaptogenesis in human visual cortex: Evidence for synapse elimination during normal development. *Neurosci. Lett*ers. 33 (3), 247-252.

Kuhl, P. K. *et al.* (2006). Infants show a facilitation effect for native language phonetic perception between 6 and 12 months. *Developmental Science*, 9 (2), 13-21.

子安増生編 (2005)『よくわかる認知発達とその支援』ミネルヴァ書房

Meltzoff, A. N. & Borton, R. W. (1979). Intermodal matching by human neonates. *Nature*, 282 (5737), 403-404.

Myowa-Yamakoshi, M. *et al.* (2015). Humans but Not Chimpanzees Vary Face-Scanning Patterns Depending on Contexts during Action Observation. *PLOS ONE*, 10 (11).
http://doi:org/10.1371/journal.pone.0139989.

Nakano, T. *et al.* (2009). Prefrontal cortical involvement in young infants' analysis of novelty. *Cerebral Cortex*, 19 (2), 455-463.

Pascalis, O. *et al.* (2002). Is face processing species-specific during the first year of life? *Science*, 296 (5571), 1321-1323.

Perner, J. & Wimmer, H. (1985). "John thinks that Mary thinks that..." Attribution of second-order beliefs by 5 to 10 years old children. *Journal of Experimental Child Psychology*, 39 (3), 437-471.

Premack, D. G. & Woodruff, G. (1978). Does the chimpanzee have a theory of mind? *Behavioral and Brain Sciences*, 1 (4), 515-526.

Sorce, J. F. *et al.* (1985). Maternal emotional signaling: Its effect on the visual cliff behavior of 1-year-olds. *Developmental Psychology*, 21 (1), 195-200.

Warneken, F. & Tomasello, M. (2009). Varieties of altruism in children and chimpanzees. *Trends in Cognitive Science*, 13, 397-402.

Wimmer, H. & Perner, J. (1983). Beliefs about beliefs: Representation and constraining function of wrong beliefs in young children's understanding of deception. *Cognition*, 13 (1), 103-128

15 知覚・認知の障害

Bear, M. F. *et al.* (2016). *Neuroscience: Exploring the Brain. 4th Edition.* New York: Wolters Kluwer. 邦訳：藤井他（2021）『神経科学　脳の探究　改訂版』西村書店

Bechara, A. *et al.* (2000). Characterization of the decision-making deficit of patients with ventromedial prefrontal cortex lesions. *Brain*, 123, 2189-2202.

Bickerton, W. L. *et al.* (2011). Separating forms of neglect using the Apples Test validation and functional prediction in chronic and acute stroke. *Neuropsychology*, 25, 567-580.

Burgess, P. W. & Robertson, I. H. (2002). *Principles of the rehabilitation of frontal lobe function.* In Stuss, D. T., Knight, R. T. (Eds.), Principles of Frontal Lobe Function. (pp. 557-572). New York: Oxford University Press.

Chechlacz, M. *et al.* (2012). Neuroanatomical dissections of unilateral visual neglect symptoms: ALE meta-analysis of lesion-symptom mapping. *Frontiers in Human Neuroscience*, 6, 230.

Cocchini, G. *et al.* (2001). The Fluff Test: A simple task to assess body representation neglect. *Neuropsychological Rehabilitation*, 11 (1), 17-31.

Damasio, A. R. *et al.* (1982). Prosopagnosia：Anatomical basis and behavioral mechanisms. *Neurology*, 32, 331-341.

D'Souza, A. (2019). Measuring change overtime: A systematic review of evaluative measures of cognitive functioning in traumatic brain injury. *Frontiers in Neurology*, 10, 353

Halligan, P. W. *et al.* (1999). Phantoms in the brain. *British Medical Journal*, 319, 587-588

Heilman, K. M. (1993). *Neglect and related disorders*. In Heilman, K. M., Valenstein, E. (Eds.), Clinical Neuropsychology. (pp. 279-336). New York: Oxford University Press.

石合純夫（2008）「半側空間無視へのアプローチ」高次脳機能研究（旧 失語症研究, 28, 247-256.

石合純夫（2016）「半側空間無視」脳科学事典，DOI：10.14931/bsd.4069.

鹿子木康弘（2013）「共感・同情行動の発達的起源」ベビーサイエンス，13，26-35.

河村満（2001）「街の顔」と「人の顔」失語症研究，21（2)，128-132.

国立障害者リハビリテーションセンター 高次脳機能障害情報・支援センター(2008) 高次脳機能障害者支援の手引き（改訂第 2 版）
http://www.rehab.go.jp/brain_fukyu/data/（2022 年 2 月 18 日）

Komeda, H. *et al.* (2015). Autistic empathy toward autistic others. *Social Cognitive and Affective Neuroscience*. 10, 145-52.

近藤正樹（2016）「後頭葉病変による読み書き障害」32, 311-321.

Landis, T. *et al.* (1986). Are unilateral right posterior cerebral lesions sufficient to cause prosopagnosia? Clinical and radiological findings in six additional patients. *Cortex*, 22, 243-252.

Lezak, M. D. *et al.* (eds) (2012). *Neuropsychological Assessment*. Fifth Edition. Oxford University Press, New York.

前島伸一郎（2006）「半側無視の下位分類」高次脳機能研究（旧 失語症研究）26, 235-244.

Mort, D. *et al.* (2003). The anatomy of visual neglect. Brain, 126, 1986-1997.

村井俊哉（2018）「高次脳機能障害の臨床―特に社会的行動障害について―」日本リハビリテーション医学会，55, 46-51.

Ogden, J. A. (1985). Anterior-posterior interhemispheric differences in the loci of lesions producing visual hemineglect. *Brain Cognition*. 4, 59-75.

Petersen, S. E. & Posner, M. I. (2012). The attention system of the human brain: 20 years after. *Annual Review of Neuroscience*, 35, 73-89.

Ramachandran, V. S. & Rogers-Ramachandran, D. (1996). Synaesthesia in phantom limbs induced with mirrors. *Proc Biol Sci*; 256: 377-386.

田川皓一・池田学（編）(2020)『神経心理学への誘い 高次脳機能障害の評価』西村書店

Tanabe, H. *et al.* (2012) Hard to "tune in": neural mechanisms of live face-to-face interaction with high-functioning autistic spectrum disorder. *Frontiers in Human Neuroscience*, 6, 1-15.

渡邊正孝（2013）「前頭前野」脳科学事典，DOI：10.14931/bsd.1657.

Wilson, B. *et al.* (1987). Development of a behavioral test of visuo-spatial neglect. *Archives of Physical Medicine and Rehabilitation*, 68, 98-102.

索引

●配列は五十音順

●さ 行

●た 行

●な　行

●は　行

●ま　行

●や　行

●ら　行

●わ 行

分担執筆者紹介

（執筆の章順）

薬師神玲子（やくしじん・れいこ）

・執筆章→4，5，6

1971年　千葉県に生まれる
1998年　お茶の水女子大学大学院人間文化研究科博士後期課程修了
現在　青山学院大学教育人間科学部教授・博士（学術）
専攻　認知心理学，人間情報学
主な著書　3次元視空間におけるオブジェクト認知とノイズ処理（風間書房）
認知心理学演習　視覚と記憶（共著，オーム社）
大学1・2年生のためのすぐわかる心理学（共著，東京図書）
視覚実験研究ガイドブック（分担執筆，朝倉書房）
認定心理士資格準拠　実験・実習で学ぶ心理学の基礎（分担執筆，金子書房）
知覚・認知心理学（共著，放送大学教育振興会）

池田まさみ（いけだ・まさみ）

・執筆章→7，8，14，15

1963年　山口県に生まれる
2001年　お茶の水女子大学大学院人間文化研究科博士後期課程修了
現在　十文字学園女子大学教授・博士（学術）
専攻　認知心理学，実験心理学
主な著書　視覚系による3次元曲面上の対称構造の検出（風間書房）
認知心理学演習　日常生活と認知行動（編著，オーム社）
認知心理学演習　言語と思考（編著，オーム社）
視覚実験研究ガイドブック（分担執筆，朝介書店）
心理学の神話をめぐって（編著，誠信書房）
知覚・認知心理学（共著，放送大学教育振興会）

編著者紹介

石口　　彰（いしぐち・あきら）

・執筆章→1，2，3，4，5，6，9，10，11，12，13

1955年　群馬県に生まれる
1988年　東京大学大学院人文科学研究科博士課程修了
現在　お茶の水女子大学名誉教授・文学博士
専攻　認知心理学，人間情報学
主な著書　視覚（新曜社）
認知心理学演習　言語と思考（監著，オーム社）
認知心理学演習　日常生活と認知行動（監著，オーム社）
視覚実験研究ガイドブック（編著，朝倉書店）
キーワードコレクション　心理学（共著，新曜社）
最新心理学事典（編著，平凡社）
知覚・認知心理学（編著，放送大学教育振興会）

放送大学教材　1529706-1-2311（テレビ）

改訂版　知覚・認知心理学

発　行　　2023年3月20日　第1刷
編著者　　石口　彰
発行所　　一般財団法人　放送大学教育振興会
〒105-0001　東京都港区虎ノ門1-14-1　郵政福祉琴平ビル
電話　03（3502）2750

市販用は放送大学教材と同じ内容です。定価はカバーに表示してあります。
落丁本・乱丁本はお取り替えいたします。

Printed in Japan　ISBN978-4-595-32385-0　C1311